현대 철학 사상의 지침서
윤리 도덕 덕치의 교과서

大學 中庸의 名言 名句

朱子 集註 選譯

張基槿 編著

明文堂

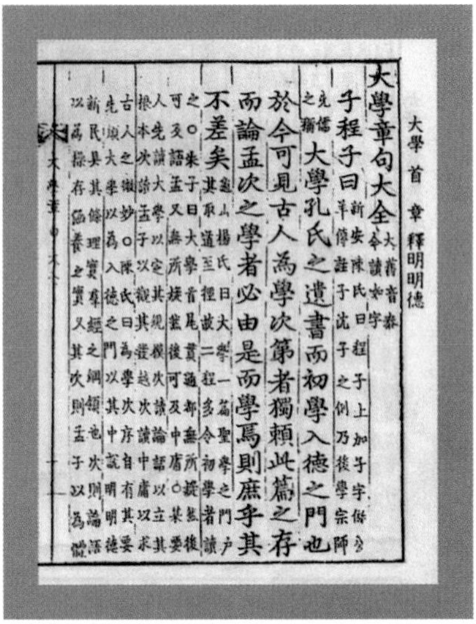

大學章句大全

子程子曰大學孔氏之遺書而初學入德之門也
於今可見古人爲學次第者獨賴此篇之存
而論孟次之學者必由是而學焉則庶乎其
不差矣

▲ 대학장구대전(大學章句大全) 경진신간(庚辰新刊) 내각장판(內閣藏板)의 영인본

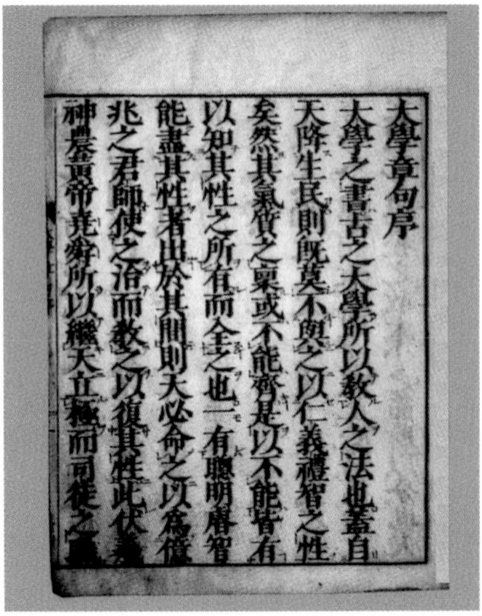

大學章句序

大學之書古之大學所以教人之法也蓋自
天降生民則既莫不與之以仁義禮智之性
矣然其氣質之稟或不能齊是以不能皆有
以知其性之所有而全之也一有聰明睿智
能盡其性者出於其間則天必命之以爲億
兆之君師使之治而教之以復其性此伏羲
神農黃帝堯舜所以繼天立極而司徒之

▲ 대학(大學) 서문(序文)

▶ 공자입상(孔子立像) 공자는 유교의 개조(開祖)로 인(仁)을 바탕으로 하는 덕치(德治)를 강조했다.

▼ 문왕(文王:왼쪽)과 무왕(武王:오른쪽) 문왕은 주(周)나라를 창건했고, 무왕은 문왕의 아들이다.

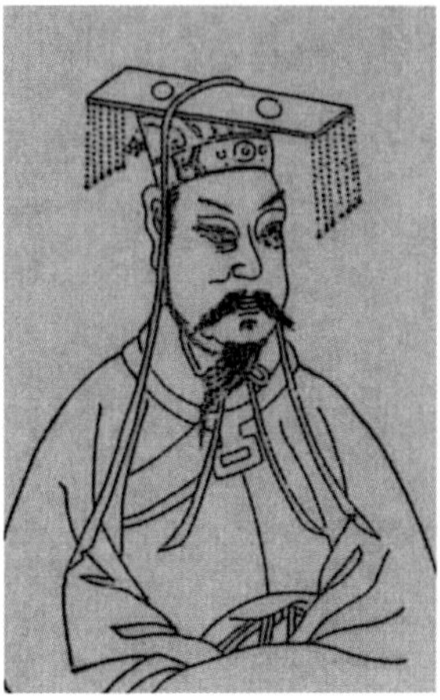

▲ 주자상(朱子像) 사서(四書)에 주(註)를 달아 편찬한 주희(朱熹)

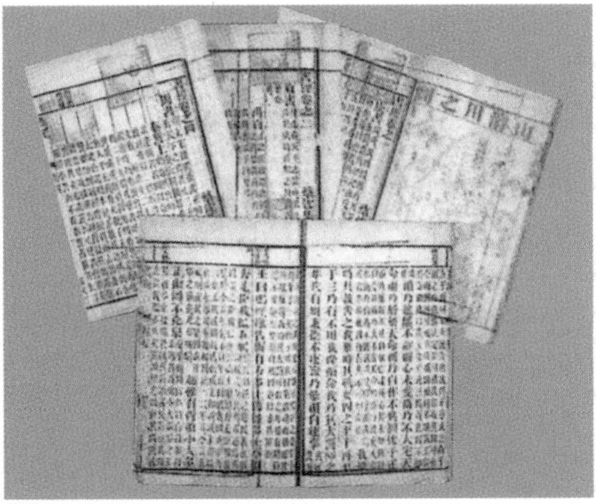

▲ 서경(書經) 채침집전(蔡沈集傳)

▼ 정호(程顥)와 정이(程頤) 형 정호와 동생 정이는 이정자(二程子)로 불리는데 대학의 기본적인 의미와 요강을 밝혔다.

▲ 맹자상(孟子像) 증자(曾子)와 제자들은 대학의 바른 해석과 주석을 하였는데, 맹자는 증자의 학문을 계승했다.

▲ 공자시교도(孔子示敎圖) 단(壇) 위의 사람이 공자로 덕치(德治)를 강조한 그는 만년에는 교육과 저술에 전념했다.

▼ 사서오경(四書五經) 유가(儒家)의 기본 경전의 총칭으로, 논어(論語)·맹자(孟子)·대학(大學)·중용(中庸)이 사서이고, 오경은 시경(詩經)·서경(書經)·역경(易經)·춘추(春秋)·예기(禮記)이다.

머리말 : 저자의 소망

사람은 육체적으로는 혼자 태어나 혼자 간다. 육체적 삶은 곧 식색(食色)을 바탕으로 한 개별적 삶이다.

그러나 사람은 영장(靈長)이다. 고로 「영적 · 정신적 · 도덕적 삶」을 살아야 한다.

하늘이 내려준 탁월한 본성을 바탕으로 「인의 도덕적 · 공동체적 삶」을 살게 마련이다.

가정적 차원에서는 육친애를 바탕으로 부모 형제 및 일가친척이 하나로 뭉쳐야 한다.

국가적 차원에서는 상하 좌우가 하나로 뭉치고 충(忠)과 성(誠) 을 실천해야 한다. 그래야 민족 국가가 하나로 뭉치고, 더 나아가서는 세계 인류가 하나 되는 진정한 평화를 누리게 된다.

뿐만이 아니다. 개인이나 국가의 현실적 · 기능적 삶은 결국은 인류의 역사 문화 발전에 선가치적으로 기여해야 한다.

이와 같은 도리가 곧 천도(天道)다. 삶의 기능은 곧 인행(人行)이다. 천도를 인행으로 실천하면 지덕(地德)이 세워진다.

이를 「천공인기대지(天工人其代之)」라고 한다.

필자는 특히 지식인이 대학 중용을 공부하고 윤리 도덕적 삶을 살고 하늘 대신 공을 세우기를 간절히 바란다.

2010. 7. 16. 미수생일(米壽生日)

현옥련재거사(玄玉蓮齋居士)

차 례

머리말 : 저자의 소망 ··· 5

대학의 명언 명구

경문(經文) ··· 16

전문(傳文) ··· 29

제1장 ··· 30

제2장 ··· 33

제3장 ··· 36

제4장 ··· 45

격물 보전 제5장 ··· 47

제6장 ··· 52

제7장 ··· 59

제8장 ··· 62

제9장 ··· 66

제10장 ··· 76

대학의 참고 보충 차례

주자(朱子)와 대학(大學) 15

공자의 학문정신 15

명덕(明德) 16

대학의 삼강(三綱) 18

대인(大人) 18

「지선(至善)을 얻는 단계」 20

「본말(本末) 시종(始終) 선후(先後)」 22

「대학의 팔조(大學八條)」 25

「삼강(三綱)과 팔조(八條)의 상관 관계」 27

「삼강령(三綱領)과 팔조목(八條目)」 28

「이(理)의 극치」 50

「도심(道心) · 인심(人心) · 수심(獸心)」 51

「대전주소선역(大全註疏選譯)」 57

「심자 신지주(心者 身之主)」 61

「제가(齊家)」의 깊은 뜻」 65

「대전주소선역(大全註疏選譯)」 75

「말(末)의 뜻」 84

「외본내말(外本內末)과 쟁민시탈(爭民施奪)」 86

「중이(重耳)와 자범(子犯)」 90

「덕치(德治)와 재물」 98

「악덕한 폭군」 100

중용의 명언 명구

중용장구서(中庸章句序) · · · 107

중용장구(中庸章句) · · · 123

제1장 · · · 126
제2장 · · · 136
제3장 · · · 140
제4장 · · · 142
제5장 · · · 145
제6장 · · · 146
제7장 · · · 149
제8장 · · · 152
제9장 · · · 154
제10장 · · · 156
제11장 · · · 162
제12장 · · · 166
제13장 · · · 172
제14장 · · · 180
제15장 · · · 185
제16장 · · · 188
제17장 · · · 195
제18장 · · · 202
제19장 · · · 207
제20장 · · · 216
제21장 · · · 259
제22장 · · · 263
제23장 · · · 267
제24장 · · · 270

제25장 · · · 274
제26장 · · · 279
제27장 · · · 293
제28장 · · · 301
제29장 · · · 309
제30장 · · · 316
제31장 · · · 322
제32장 · · · 327
제33장 · · · 332

찾아보기 — 대학 · · · 348
찾아보기 — 중용 · · · 354

중용의 참고 보충 차례

「중용과 도덕」 138
「도덕 교육의 중요성」 141
「선능지미(鮮能知味)」 144
「모르면 행하지 않는다」 145
「중용의 도」 150
「지(知)의 참뜻」 153
「이이난(易而難)」 155
「자로호용(子路好勇)」 161
「군자 · 지인용(知仁勇)」 165
「충서(忠恕)」 178
「수신(修身)과 제가(齊家)」 187
「귀신, 공능(功能)」 193
「음양(陰陽), 굴신(屈伸), 귀신」 193
「주자학(朱子學)과 귀신」 194
「효의 깊은 뜻」 199
「순(舜)의 대효(大孝)」 200
「제사와 귀신」 201
「문왕(文王), 무왕(武王), 주공(周公)의 연대」 206
「달효(達孝)의 깊은 뜻」 214
「애공(哀公)」 216
「주자(朱子)의 인(仁) 해석」 223
「인도민정(人道敏政)」 224
「오달도(五達道) · 삼달덕(三達德)」 226
「생지(生知) · 학지(學知) · 곤지(困知)」 229
「안행(安行) · 이행(利行) · 면행(勉行)」 229
「호학(好學) · 역행(力行) · 지치(知恥)」 232
「구경(九經)」 235

「천도(天道)와 성(誠)」 243
「성(誠)과 구경(九經)」 244
「범사(凡事)는 예즉립(豫則立)」 246
「도(道)·이(理)·성(誠)·일(一)」 248
「성(誠)의 깊은 뜻」 252
「성자 천지도야(誠者 天之道也)」 253
「박학·심문·신사·명변·독행」 255
「성(性)·도(道)·교(敎)·성(誠)」 258
「자성명 위지성(自誠明 謂之性)」 260
「자명성 위지교(自明誠 謂之敎)」 261
「성즉명의 명즉성의(誠則明矣 明則誠矣)」 261
「천지화육(天地化育)에 참여」 265
「곡능유성(曲能有誠)」 269
「지성지도(至誠之道) 가이전지(可以前知)」 271
「동호사체(動乎四體)」 272
「성(誠)·성기(成己)·성물(成物)」 277
「지성무식(至誠無息)」 279
「불식즉구(不息則久) 구즉징(久則徵)」 280
「유원(悠遠)·박후(博厚)·고명(高明)」 281
「재물(載物)·복물(覆物)·성물(成物)」 282
「박후(博厚)·고명(高明)·유구(悠久)」 283
「하늘과 성인의 덕」 284

「박후고명유구(博厚高明悠久)」 286
「천지산천(天地山川)」 290
「천도(天道)와 지성무식(至誠無息)」 292
「대인후행(待人後行)」 295
「명철보신(明哲保身)」 299
「위대하다, 성인의 도리(大哉聖人之道)」 299
「재급기신(災及其身)」 302
「나는 주를 따른다(吾從周)」 306
「비천자 불의례(非天子 不議禮)」 307
「금천하(今天下)」 307
「예악」 308
「왕도덕치의 우주적 의의」 315
「예법·제도·문자의 통일」 315
「우주의 생명력」=「성(誠)」 319
「소덕(小德)과 대덕(大德)」 320
「만물병육(萬物竝育) 도병행(道竝行)」 320
「성인의 덕(聖人之德)」 321
「보박(溥博)·연천(淵泉)·배천(配天)」 326
「준준기인(肫肫其仁)」 330
「지극한 성인」 331
「제1장과 제33장」 341
「독공이천하평(篤恭而天下平)」 342
「중용의 현대적 의의」 343
「중용의 체(體)와 용(用)」 344
「중용 공부의 3단계」 344
「심법(心法)」 345
「착한 마음과 악한 욕심」 346
「중용과 도통(道統)」 346

대학의 명언 명구

【참고 보충】 주자(朱子)와 대학(大學)

대학 원문은 본래, 예기(禮記) 속에 있는 한 편의 고문이었다. 이를 송대(宋代)의 정자(程子)가 중시했다.

특히 주자(朱子)가 장(章)과 구(句)를 개편해서 주자장구(朱子章句)라 했으며, 아울러 여러 학자들의 주(註)를 붙여서 주자집주(朱子集註)라 했다.

[集註 選譯] (1)子程子曰 大學孔子之遺書 而初學入德之門也. : 정자 선생이 말했다. 대학은 공자가 남긴 글이며, 초학자가 덕에 들어가는 문에 해당하는 가르침이다.

(2)於今可見 古人爲學之次第者 獨賴此篇之存 而論孟次之. : 오늘 옛사람들의 공부하던 순서를 알 수 있는 것도 이 대학편의 글이 있기 때문이다. <먼저 대학을 공부하고> 다음에 논어 맹자를 배워야 한다.

(3)學者 必由是而學焉 則庶乎其不差矣. : 배우는 사람은 반드시 순서를 따라서 배워야 한다. 그러면 대체로 가깝게 되고 어긋나지 않을 것이다.

【참고 보충】 공자의 학문정신

공자는 논어에서 말했다. 「학이시습지(學而時習之)」 즉 도(道)를 배우고 실천을 해서 덕(德)을 세우는 것이 곧 학(學)이다.

경문(經文)

경문 1장 1절

大學之道 在明明德 在親民 在止於至善.

대학지도 재명명덕 재친민 재지어지선

대학의 기본 도리는 <다음의 세 가지 강령을 행함이다.> 먼저 위정자가 자신의 밝은 덕성을 밝혀내야 한다. 다음에 만민을 사랑으로 교화해서 저마다 새롭게 혁신케 해야 한다. 마지막으로 위정자와 만민이 함께 지극한 선의 경지에 머물러야 한다.

【참고 보충】 명덕(明德)

대학의 핵심은 명덕(明德)이다. 사람은 영장(靈長)이다. 사람은 절대선(絶對善)의 천도(天道)를 따라 광명정대(光明正大)한 덕치(德治)를 할 수 있다.

[集註 選譯] (1) 程子曰 親當作新. : 정자가 말했다. 친(親)을 신(新)으로 고쳐야 한다.

(2) 大學者 大人之學也. : 대학은 큰사람 되는 학문이다.

(3) 明 明之也. : 앞의 명(明)은 밝힌다는 뜻이다.

(4) 明德者 人之所得於天 而虛靈不昧 以具衆理 而應萬事者也. : 명덕은 사람이 하늘로부터 받아서 지니고 있는 덕성으로, 그 형체나 모양은 공허하지만, 그 작용이나 기능은 영특하다. <설사 일상생활에 그 밝음이 제대로 발휘되지 않는 수가 있으되> 완전히 꺼져 어둡게 되는 법은 없다. 그 명덕에 모든 도리가 다 갖추어져 있으며, 아울러 그 명덕은 만사에 적응되고 또 만사를 처리할 수 있다.

(5) 但爲氣稟所拘 人欲之所蔽 則有時而昏 然其本體之明 則有未嘗息者 故學者 當因其所發而遂明之 以復其初也. : 그러나 선천적으로 타고난 기질에 구속되고 또 이기적 욕심에 가려서 이따금 어둡고 흐리게 되기도 한다. 그러나 그 본체의 밝음은 절대로 꺼지고 없어지는 법이 없다. 그러므로 글공부를 하는 사람은 마땅히 <명덕이> 발현할 수 있는 계기와 단서를 따라 자신의 명덕을 충분히 밝혀내야 한다. 그렇게 함으로써 하늘이 내려준 본연으로 돌아가야 한다.

(6) 新者 革其舊之謂也 言旣自明其明德 又當推及人 使之亦有以去其舊染之汚也.: 「새 신(新)」은 곧 「낡은 것을 혁신(革新)한다」는 뜻이다. 다음 같은 뜻을 말한 것이다. 「먼저 나 자신의 명덕을 밝히고 더 나아가 마땅히 남에게도 덕을 뻗고 미치게 해야 한다. 그리고 남으로 하여금 역시 오염된 허물과 때를 제거하게 해야 한다.」

(7) 止者 必至於是 而不遷之意 至善 則事理當然之極也 . : 「멈출 지(止)」는 「반드시 먼저 <지극히 좋은> 그곳에 가서 머무르고 다른 곳으로 옮기지 않는다」는 뜻이다. 「지극한 선(至善)」은 「사물의 당연한 도리의 극치이다.」

(8) 言明明德 新民 皆當止於至善之地 而不遷. : 다음 같은 뜻을 말한 것이다. 「명덕을 밝히거나(明明德), 백성을 새롭게 하거나(新民), 다 마땅히 지극한 선의 경지에 도달하고 다른 곳으로 옮기지 않아야

한다.」

(9) 蓋必其 有以盡夫天理之極 而無一毫人欲之私也. : 곧 「<지선의 경지에 머무름이란> 반드시 하늘의 도리의 극치를 다해야 한다. <그리고> 털끝만큼의 사사로운 욕심도 없게 함이다.」

(10) 此三者 大學之綱領也. : 이상 셋이 대학의 강령이다.

【참고 보충】 대학의 삼강(三綱)

옛날 대학에서 가르친 도덕정치의 핵심이 바로 삼강(三綱)이다. 나누어 설명하겠다.

명명덕(明明德) : 나라와 백성을 다스리는 임금 자신이 먼저, 하늘이 내려준 명덕(明德)을 밝히고 덕을 세워야 한다.

친민(親民)=신민(新民) : 백성을 사랑하고 백성을 교화해서 혁신해야 한다.

임금과 백성이 다 함께 최고선(最高善)의 경지, 즉 천도(天道) 천리(天理)를 따르고 실천해야 한다.(在止於至善)

천리의 극점은 크고 높은 데에만 있지 않고, 낮고 작은 데에도 있다. 우주 천지 만물이 다 천리에 따라 생성 변화하고 있다. 그러므로 천리를 따라야 한다. 욕심을 따르면 안 된다.

【참고 보충】 대인(大人)

맹자(孟子)는 「대인은 갓난아기의 순진한 마음을 잃지 않은 사람이다.(大人者 不失其赤子之心者也)」「대인은 자신을 바르게 하고 더 나아가서 남들도 바르게 하는 사람이다.(大人者 正己 而物正者也)」라고 말했다.

왕양명(王陽明)은 말했다. 「대인은 천지 만물과 일체를 이룬 사람이다.(大人者 與天地萬物 爲一體者也)」

역경(易經)은 다음과 같이 풀었다. 「대인은 하늘과 땅과 덕을 합치고, 해와 달과 밝음을 합치고, 사계절과 시간의 순서를 합치고, 귀신과 길흉을 합친다.(大人者 與天地合其德 與日月合其明 與四時合其序 與鬼神合其吉凶)」

공자(孔子)는 논어에서 「극기복례(克己復禮)」라 했다. 이 말을 주자(朱子)는 다음과 같이 풀었다. 「극(克)은 이김이다. 기(己)는 자신의 사사로운 욕심이다. 복(腹)은 돌아감이다(返). 예(禮)는 천리(天理)의 절문(節文)이다.(克勝也 己謂身之私欲也 復返也 禮者天理之節文也)」

경문 1장 2절

知止而后有定 定而后能靜 靜而后能安 安而后能慮 慮而后能得.

지지이후(에) 유정(이니) 정이후(에) 능정(하며) 정이후(에) 능안(하며) 안이후(에) 능려(하며) 여이후(에) 능득(이니라)

머무를 곳을 알아야 정함이 있고, 정해야 조용할 수 있고, 조용해야 편안할 수 있고, 편안해야 사려할 수 있고, 사려해야 얻을 수 있다.

▶ 어구 설명

- 知止而后有定(지지이후유정) : 머무를 곳을 알아야 마음이 정해진다. 「지(知)」는 「알고 행한다」 「지(止)」는 「좋은 곳, 혹은 도리」의 뜻이다. 「유정(有定)」은 「마음이 안정된다. 즉 향방(向方)이나 지향(志向)이 바르게 정해진다.」
- 定而后能靜(정이후능정) : 향방과 도리가 바르게 정해지면 마음이 영정(寧靜), 평정할 수 있다. <마음이 동요하지 않고 안정된다.>

· 靜而后能安(정이후능안) : 마음이 안정된 다음에 비로소 몸가짐이 안온(安穩)하게 된다. 즉 태도와 행동이 편하고 온당하다.
· 安而后能慮(안이후능려) : 몸가짐과 행동이 안온해야 사려를 깊이 정밀하게 할 수 있다.
· 慮而后能得(여이후능득) : 사려가 깊고 정밀해야 지선(至善)을 얻을 수 있다.

[集註 選譯] (1) 止者 所當止之地 卽至善之所在也. : 「나가서 머무를 곳」은 「마땅히 가서 머물러야 할 곳, 즉 지극한 선의 경지이다.」

(2) 知之 卽志有定向 靜謂心不妄動 安謂所處而安 慮謂處事精詳 得謂得其所止. : 「지지(知之), 즉 지극한 선의 경지에 가서 머무를 곳을 알아야 뜻을 세움에 있어, 향방이 바르게 정해진다.」「정(靜)」은 곧 「마음이 망동하지 않고 영정(寧靜)하게 된다」는 뜻이다. 「안(安)」은 「어디에 처해도 안정된다」는 뜻이다. 「여(慮)」는 「사물을 처리함에 있어 정밀하고 자상하게 생각한다」는 뜻이다. 「득(得)」은 「마땅히 머무를 곳, 즉 지선(至善)의 경지를 얻는다」는 뜻이다.

【참고 보충】「지선(至善)을 얻는 단계」

지지(知止) : 「머무를 곳을 안다」고 함은 곧 「절대선(絶對善)의 천도(天道)를 알고 천도를 따르고 행한다」는 뜻이다.

유정(有定) : 「마음이 안정된다」. 즉 「삶을 살거나 또는 사물을 처리하는 바른 향방(向方)이나 지향(志向)이 바르게 정해진다」는 뜻이다.

능정(能靜) : 「향방과 도리가 바르게 정해지고 서면」. 곧 「마음이 영정(寧靜), 평정(平靜)해질 수 있다. 즉 마음이 동요하지 않고 안정된다.」

능안(能安) : 「마음이 안정된 다음에 비로소 몸가짐이 안온(安穩)하게 된다. 즉 태도와 행동이 편하고 온당하게 된다.」

능려(能慮) : 「몸가짐과 행동이 안온해야 사려를 깊이 정밀하게 할 수 있다.」

능득(能得) : 「사려가 깊고 정밀해야 지선(至善)을 얻을 수 있다」. 즉 「삶을 살거나 사물을 처리하거나 절대선의 천도를 따르고 실천할 수 있다.」

경문 1장 3절

物有本末 事有終始 知所先後 則近道矣.

물유본말(하고) 사유종시(하니) 지소선후(면) 즉근도의(니라)

물에는 본말(本末)이 있고 사에는 종시(終始)가 있다. 그러므로 먼저 할 바와 나중에 할 바를 알아야 곧 도에 가깝게 된다.

▶ 어구 설명

· 物有本末(물유본말) : 모든 사물에는 뿌리에 해당하는 근본이 있고 동시에 끝가지에 해당하는 결과적 효험이 있다. 「물(物)과 사(事)」를 나누어 말했으나 실은 「모든 사물」의 뜻이다.

· 事有終始(사유종시) : 모든 사물에는 시작과 끝이 있다. 「시(始)」는 원인에 해당하는 출발, 「종(終)」은 결과에 해당하는 종말의 뜻.

· 知所先後(지소선후) : 먼저 할 일과 뒤로 할 일을 알고 행해야.

· 則近道矣(즉근도의) : 도에 가까이 갈 수 있다.

[集註 選譯] (1) 明德爲本 新民爲末 知止爲始 能得爲終 本始所先 末終所後 此結上文兩節之意. : 자신의 덕을 밝히는 것이 근본 뿌리에 해당하고, 백성을 새롭게 혁신하는 것이 끝가지 효험에 해당한다. 지극한 선에 가서 머무름을 아는 것을 처음으로 삼아야, 능히 종말을

잘 지을 수 있다. 근본이 되는 것과 처음 할 일을 먼저 앞세우고, 끝가지와 결과에 해당하는 일을 뒤에 해야 한다. 이 경문은 앞의 두 경문의 뜻을 함께 묶은 것이다.

【참고 보충】「본말(本末) 시종(始終) 선후(先後)」

① 본말(本末) : 나무에 비유하면, 본(本)은 뿌리, 말(末)은 가지에 해당한다. 나무의 뿌리가 굳고 튼튼해야 가지들이 잘 뻗고 잎이나 꽃이 피어난다. 그와 마찬가지로 도덕정치에 있어서는 임금의 「명명덕(明明德)」이 근본이 된다. 임금이 「하늘이 내려준 천리를 따르고 실천하는 명덕을 밝히면」 자연히 「만민을 사랑하고 교화해서 그들을 혁신하여 저마다의 명덕을 밝히게 할 것이다.」 그때에 참다운 평천하(平天下)가 이루어진다. 그래서 「명덕(明德)은 본(本)이고, 신민(新民)은 말(末)에 해당한다」고 말한 것이다.

② 시종(始終) : 먼저 바르게 시작을 해야 나중에 좋은 결과를 얻는다. 먼저 바른 길을 알고 그 길을 타야 바르게 목적지에 도달할 수 있다. 도덕정치를 펴거나 사물을 처리할 때, 「지지(知止)」를 먼저 시발점으로 삼아야, 종착점에 해당하는 「능득(能得)」한다. 「지지」는 「가장 좋고 합당한 도리를 알고 또 굳게 지킨다」는 뜻이고, 「능득」은 「가장 좋고 합당한 도리대로 사물을 처리할 수 있다」는 뜻이다.

③ 선후(先後) : 앞세우고 먼저 할 일과 뒤에 할 일. 「명덕(明德)과 지지(知止)」를 앞세워 먼저 하고, 그것을 바탕으로 「신민(新民)과 능득(能得)」해야 한다. 도덕정치나 사물 처리에는 「본말(本末), 시종(始終), 선후(先後)」가 있게 마련이다.

경문 1장 4절

古之欲明明德於天下者 先治其國 欲治其國者 先齊其家 欲齊其家者 先修其身 欲修其身者 先正其心 欲正其心者 先誠其意 欲誠其意者 先致其知 致知在格物.

고지 욕명명덕어천하자(는) 선치기국(하고) 욕치기국자(는) 선제기가(하고) 욕제기가자(는) 선수기신(하고) 욕수기신자(는) 선정기심(하고) 욕정기심자(는) 선성기의(하고) 욕성기의자(는) 선치기지(하니) 치지(는) 재격물(하니라)

옛날에 밝은 덕을 천하에 밝히고자 하는 자는 먼저 그 나라를 다스리고, 그 나라를 다스리고자 하는 자는 먼저 그 집안을 가지런히 하고, 그 집안을 가지런히 하고자 하는 자는 먼저 그 몸을 닦고, 그 몸을 닦고자 하는 자는 먼저 그 마음을 바르게 하고, 그 마음을 바르게 하고자 하는 자는 먼저 그 뜻을 성실하게 하고, 그 뜻을 성실하게 하고자 하는 자는 먼저 바르게 알아야 한다. 바른 앎은 곧 사물의 도리를 터득함에 있다.

▶ 어구 설명

- 古之欲明明德於天下者(고지욕명명덕어천하자) : 옛날에 명덕을 천하에 밝히려고 한 성왕은. <옛날의 성왕이 명덕을 천하에 밝히기 위해서는.>
- 先治其國(선치기국) : 먼저 자기 나라를 다스린다.
- 欲治其國者(욕치기국자) : 그 나라를 잘 다스리려는 사람.
- 先齊其家(선제기가) : 먼저 집안을 가지런히 한다. 「제(齊)」는 「가족 각자가 도를 따르게 한다」는 뜻. <* 각자가 윤리 도덕을 한결같이 지킨다.>

· 欲齊其家者(욕제기가자) : 자기 집안을 가지런히 하기 위해서는.
· 先修其身(선수기신) : 먼저 자기 몸을 잘 닦는다. 가장(家長)이 솔선해서 인덕(仁德)을 베풀고, 또 윤리 도덕을 실천해야 한다. <그래야 가족들이 감화된다. 즉 윗사람이 「명명덕(明明德)」하면, 모든 가족이 「신민(新民)」하게 된다.>
· 欲修其身者(욕수기신자) : 자기 몸을 잘 수양하기 위해서는.
· 先正其心(선정기심) : 먼저 자기의 마음을 바르게 한다.
· 欲正其心者(욕정기심자) : 마음을 바르게 하기 위해서는.
· 先誠其意(선성기의) : 먼저 자기의 뜻을 성실하게 한다. 「의(意)」는 「의식, 의욕, 의지.」 <동기나 목적의식 등으로 확대 해석할 수 있다.> 이때의 「성(誠)」은 「성실」, 즉 「하늘의 도리를 성실하게 따르고 행해서 좋은 열매를 거둔다」는 뜻이다.<* 악덕하게 돈을 벌고 부를 축적하는 것은 참다운 「성실」이 아니다.>
· 欲誠其意者(욕성기의자) : 자기의 뜻을 성실하게 하려면.
· 先致其知(선치기지) : 먼저 모든 사물의 도리를 잘 알아야 한다.
· 致知在格物(치지재격물) : 올바르게 안다는 것은 곧 사물에 <내재하고 있는> 깊은 도리를 바르게 파악함에 있다.

[集註 選譯] (1) 明明德於天下者 使天下之人 皆有以明其明德也. : 「명덕을 천하에 밝힌다」고 함은 「천하 모든 사람들로 하여금 저마다의 명덕을 밝히게 한다」는 뜻이다.

(2) 心者身之所主也 誠實也 意者心之所發也 實其心之所發 欲其必自慊 而無自欺也. : 「마음(心)」은 「몸의 주체」이다. 「성(誠)」은 「참되고 실하다」는 뜻이다. 「의(意)」는 「마음의 나타남이다.」 「마음의 나타남」을 성실하게 하는 것은 곧 「반드시 자신에게 즐겁고 흡족하며, 스스로 속이는 바 없게 함이다.」

(3) 致推極也 知猶識也 推極吾之知識 欲其所知無不盡也 格至也 物猶事也 窮至事物之理 欲其極處無不到也 此八者大學之條目也. : 치

(致)는 끝까지 밀고 나간다는 뜻이다. 지(知)는 식(識)과 같은 뜻이다. 나의 지식을 끝까지 밀고 나가서 자기의 앎에 미진함이 없게 함이다. 격(格)은 도달함이다. 물(物)은 사(事)와 같은 뜻이다. 사물의 도리를 끝까지 구명하고 <앎에 있어> 이르지 못함이 없게 함이다. 이상의 여덟 가지가 대학의 팔조목(八條目)이다.

【참고 보충】「대학의 팔조(大學八條)」

도덕정치의 여덟 단계를 「팔조(八條)」라고 한다.

평천하(平天下)하기 위해서는 치국(治國)해야 한다. 그러기 위해서는 제가(齊家)해야 한다. 제가의 바탕은 수신(修身)이다. 수신의 바탕은 곧 정심(正心)과 성의(誠意) 및 치지(致知)와 격물(格物)이다.

격물과 치지해야 성의(誠意)와 정심할 수 있다. 그렇게 하는 것이 곧 수신의 바탕이다. 가장을 비롯해서 가족 모든 사람이 수신해야 제가(齊家)가 이루어진다. 제가해야 치국(治國)과 평천하가 이루어진다.

경문 1장 5절

物格而后知至 知至而后意誠 意誠而后心正 心正而后身修 身修而后家齊 家齊而后國治 國治而后天下平.

물격이후(에) 지지(하고) 지지이후(에) 의성(하고) 의성이후(에) 심정(하고) 심정이후(에) 신수(하고) 신수이후(에) 가제(하고) 가제이후(에) 국치(하고) 국치이후(에) 천하평(하니라)

물(物)이 격(格)한 후에 지(知)이 지(至)하고, 지(知)이 지(至)한 후에 의(意)이 성(誠)하고, 의(意)이 성(誠)한 후에 마음이 정(正)하고,

마음이 정(正)한 후에 몸이 닦아지고, 몸이 닦아진 후에 집안이 고르게 되고, 집안이 고르게 된 후에 나라가 치(治)해지고, 나라가 치해야 천하가 평(平)하게 된다.

〔의역〕 사물의 도리를 잘 구명한 후에 사물을 참되게 알 수 있고, 사물을 참되게 안 후에 뜻을 성실하게 세울 수 있고, 뜻을 성실하게 세운 다음에 마음을 바르게 잡을 수 있고, 마음이 바르게 된 다음에 몸을 닦을 수 있고, 몸이 닦아진 다음에 집안을 가지런하게 할 수 있고, 집안이 가지런하게 된 연후에 나라를 잘 다스릴 수 있고, 나라가 잘 다스려진 다음에 비로소 천하를 평화롭게 할 수 있다.

[集註 選譯] (1) 物格者 物理之極處 無不到也 至知者 吾心之所知無不盡也 知旣盡 則意可得而實矣 意旣實 則心可得而正矣. :「물격(物格)」은 사물의 도리의 궁극의 경지에 이르지 못함이 없다는 뜻이다. 「지지(至知)」는 내 마음의 아는 바에 다하지 못함이 없다는 뜻이다. 이름을 다하면 즉 「뜻의 발동」을 성실하게 할 수 있다. 뜻이 먼저 성실하게 되어야 마음을 바르게 할 수 있다.

(2) 修身以上 明明德之事也 齊家以下 新民之事也 物格知至 則知所止矣 意誠以下 皆得所止之序也. :「수신(修身)」 이상은 명덕을 밝히는 일이다. 「제가(齊家)」 이하는 모두 백성을 혁신케 하는 일이다. 「물격(物格) 지지(知至)」는 곧 「머무를 곳을 아는」 일이다. 「의성(意誠)」 이하는 「머무를 곳을 바르게 얻는」 단계이며 순서이다.

경문 1장 6절

自天子以至於庶人 壹是皆以修身爲本.

자천자이지어서인(이) 일시개이수신위본(이니라)

천자에서 서민까지 다 수신을 근본으로 삼는다.

[集註 選譯] (1) 壹是一切也 正心以上 皆所以修身也 齊家以下 則擧此而錯之耳. : 일시(壹是)는 일체의 뜻이다. 정심 이상, 즉 「격물 치지 성의 정심」은 다 수신의 바탕이다. 제가 이하, 즉 「제가 치국 평천하」는 수신만을 높이 내세우고 다른 것은 버려도 된다.

경문 1장 7절

其本亂 而末治者 否矣 其所厚者薄 而其所薄者厚 未之有也.

기본란 이말치자(는) 부의(며) 기소후자(에) 박(하고) 이기소박자(에) 후(는) 미지유야(니라)

근본이 흐트러지고 끝이 다스려질 수 없다. 후하게 할 바를 박하게 하고, 박하게 할 바를 후하게 하는 일이 있어서는 안 된다.

[集註 選譯] (1) 本謂身也 所厚謂家也 此兩節結上文兩節之意. : 「본(本)」은 몸을 말한다. 「후하게 할 바」는 곧 「가(家)」를 말한다. 이 두 구절은 앞의 두 경문, 즉 「경문 4절, 5절」의 뜻을 묶은 것이다.

【참고 보충】「삼강(三綱)과 팔조(八條)의 상관 관계」

① 「명덕(明德)」의 바탕 : 「격물(格物), 치지(致知), 성의(誠意), 정심(正心)」.

② 「명덕을 밝힘(明明德)」 : 「수신(修身)」이다.

③ 「친민(親民)과 신민(新民)」 : 백성을 사랑으로 교화해서 저마다 새롭게 혁신함은 곧 저마다 「명명덕(明明德)」하게 함이다. 이는 가정에서는 제가(齊家)이고, 국가에서는 치국(治國)이고, 세계적인 차

원에서는 평천하(平天下)다.

④「지어지선(止於至善)」: 임금과 백성이 다 함께 최고선(最高善)의 경지, 즉 천도(天道) 천리(天理)를 따르고 실천함을 뜻한다.

【참고 보충】「삼강령(三綱領)과 팔조목(八條目)」

대학의 핵심은「삼강령(三綱領)」이다. 삼강령을 실천하는 단계를「팔조목(八條目)」이라 한다.「삼강령」과「팔조목」의 관계를 다음같이 도시할 수 있다.

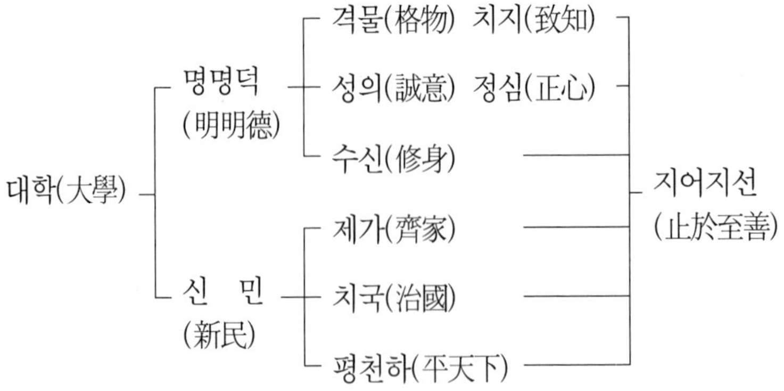

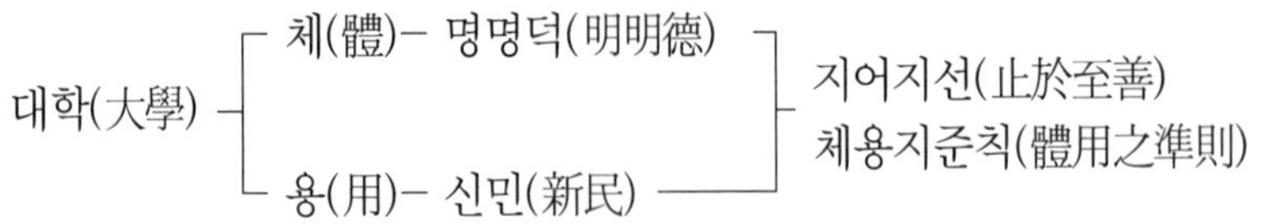

전문(傳文)

* 주자(朱子)는 전문(傳文)을 총 10장으로 추렸다. 다시 「1장」을 「여러 절(節)」로 나누어 주석(註釋)했다. 이 책은 원칙적으로 주자의 분절(分節)을 따랐다. 그러나 학습의 편의상 절을 다시 세분하고 풀이한 경우도 있다.

* 전문(傳文) 10장의 내용은 대략 다음과 같다.

1장 : 「명명덕(明明德)」에 대한 주석
2장 : 「신민(新民)」에 대한 주석
3장 : 「지어지선(止於至善)」에 대한 주석
4장 : 「본말(本末)」에 대한 주석
5장 : 「격물치지(格物致知)」에 대한 보전(補傳)
6장 : 「성의(誠意)」에 대한 주석
7장 : 「정심수신(正心修身)」에 대한 주석
8장 : 「수신제가(修身齊家)」에 대한 주석
9장 : 「제가치국(齊家治國)」에 대한 주석
10장 : 「치국평천하(治國平天下)」에 대한 주석

전문(傳文) 제1장

* 「제1장」은 「명명덕(明明德)」에 대한 풀이다.

전문 1장 1절
康誥曰 克明德.

강고(에) 왈 극명덕(이라하며)

서경 주서 강고편에 적혀 있다. 「문왕이 능히 명덕을 밝혔다.」

▶ 어구 설명

· 康誥曰(강고왈) : 서경(書經) 주서(周書)의 강고편(康誥篇)이다. 「서경」은 상서(尙書)라고도 하며 고대의 「우(虞) · 하(夏) · 상(商) · 주(周)」 네 나라 임금들의 훈계나 기록을 추린 경전이다. 「주서」는 주(周)나라의 기록이다. 「강고편」을 고주(古注)에서는 「성왕(成王)」이 「강숙(康叔 : 무왕의 동생)」을 은(殷)의 유민(遺民)이 살고 있는 위(衛)나라에 봉하면서 내린 훈계를 적은 글이라고 했다. 「성왕」은 당시 어렸으므로 실제로는 「섭정(攝政)한 주공(周公)」이 「강숙」에게 한 말이다. 이를 주자는 「무왕(武王)」이 「동생 강숙」에게 내린 훈계라고 수정했다.

· 克明德(극명덕) : 문왕(文王)께서 능히 덕을 밝혔다. 주자(朱子)는 극(克)을 능(能)으로 풀었다. 즉 「사욕(私欲)을 극복하고 능히 명덕(明德)을 밝힐 수 있었다」는 뜻이다.

전문 1장 2절
大甲曰 顧諟天之明命.

태갑(에) 왈 고시천지명명(이라하며)

태갑편에 적혀 있다.「탕왕은 하늘이 내린 밝은 명령을 항상 주시하고 지켰다.」

▶ 어구 설명

· 大甲(태갑) :「대(大)」를「태(泰)」로 읽는다.「서경 상서(商書) 태갑편(太甲篇)」이다.「상(商)」을 나중에는「은(殷)」이라 했다.「태갑」은 은나라 탕왕(湯王)의 손자다. 탕왕이 죽고 태자도 요절하고 뒤를 이은 외병(外丙)도 2년 만에 죽었다. 그래서 손자 태갑이 자리에 올랐다. 그러나 무도(無道)했으므로 이윤(伊尹)이 글을 지어 훈계했다. 이윤은 탕왕을 보좌하고 은나라를 창건한 개국공신(開國功臣)이자 현명한 재상이었다.

· 顧諟天之明命(고시천지명명) : <은나라를 창건한 탕왕은> 하늘의 밝은 명령, 즉 하늘이 사람의 본성 속에 내려준 명덕(明德)을 돌아보고 따랐다.「고(顧)」는 돌아보고 살피다.「시(諟)」는「시(是)」의 옛 글자로「차(此)」와 같다. 혹은「살필 심(審)」으로 풀기도 한다.「천지명명(天之明命)」은 하늘이 내려준 밝은 명령. 주자는 곧「명덕(明德)」의 뜻으로 풀었다. 즉 하늘이 엄한 명령으로 내려준 것은 곧 사람이 받은 명덕이다.

[傳文註] (1) 天之明命 卽天之所以與我 而我之所以爲德者也 常目在之 則無時不明矣. :「하늘의 밝은 명령」은 곧 하늘이 나에게 준 것이며, 따라서 내가 덕으로 삼고 있는 것 <즉 명덕>이다. 항상 눈을 그곳에 두고 있으면 언제나 밝지 않음이 없다.

전문 1장 3절
帝典曰 克明峻德.

제전(에) 왈 극명준덕(이라하니)

요전(堯典)에 있다.「요임금이 능히 큰 덕을 밝힐 수 있었다.」

▶ **어구 설명**

· 帝典(제전) : 서경 우서(虞書)의 요전편(堯典篇).
· 峻(준) :「크다」는 뜻이다.

전문 1장 4절
皆自明也.

개자명야(니라)

모두가 스스로 명덕을 밝혔음을 말한 것이다.

▶ **어구 설명**

· 皆自明也(개자명야) : 세 구절이 다 <옛날의 성군이> 명덕을 밝힌 역사적 사실을 말한 것이다.

[傳文註] (1) 結所引書 皆言自明己德之意. : 인용한 바의 글뜻을 종합하면 그 모두가 <옛날의 성군들이> 저마다 명덕을 밝혔다는 뜻을 말한 것이다.

전문(傳文) 제2장

* 경문 삼강령의 두 번째 강령 「신민(新民)」에 대한 풀이다.

전문 2장 1절

湯之盤銘曰 苟日新 日日新 又日新.

탕지반명(에) 왈 구일신(이어든) 일일신(하고) 우일신(이라하며)

탕왕(湯王)의 대야 명문에 「진실로 <지난날의 낡고 얼룩진 때와 허물을 씻고> 날로 새롭게 하며, 또 나날이 계속해서 새롭게 하고, 또 거듭 날로 새롭게 한다」고 적혀 있다.

▶ 어구 설명

- 湯之盤銘(탕지반명) : 탕왕(湯王)의 세숫대야의 명문. 반(盤)은 목욕할 때 쓰는 대야이다. 「명(銘)」은 기명(器皿)에 새겨서 스스로 훈계로 삼는 글귀이다. 반명(盤銘)은 청동(靑銅)으로 만든 세숫대야에 새겨놓은 글, 명문(銘文). 「반(盤)」을 목욕하는 물동이로 해석하기도 한다.
- 苟日新(구일신) : 진실로 날로 새롭게 되다. 「구(苟)」는 성(誠)의 뜻.
- 日日新(일일신) : 하루하루 새롭게 되다.
- 又日新(우일신) : 또 날로 더욱 새롭게 되다. 과거의 잘못을 청산하고 새롭게 혁신한다는 뜻.

[傳文註] (1) 湯以人之洗濯其心 以去惡 如沐浴其身以去垢 故銘其盤 言誠能一日 有以滌其舊染之汚 而自新 則當因其已新者 而日日新之 又日新之 不可略有間斷也. : 탕왕은 사람이 마음을 세척하여 낡은

허물을 제거하는 것을 마치 목욕하고 몸의 때를 씻는 것과 같다고 생각했으므로 자기가 일상 쓰는 대야에 명문을 새겨넣었다. 「진실로 어느 하루 능히 자신의 낡고 오염된 더러움을 씻고 스스로 새롭게 덕을 밝힐 수 있어야 하며, 또 마땅히 새로워진 자기를 바탕으로 쉬지 않고 나날이 새로워지고, 또 날로 더욱 새로워져야 한다.」 즉 「새로워지는 데 잠시도 사이가 있으면 안 된다」는 뜻을 말한 것이다.

전문 2장 2절

康誥曰 作新民.

강고(에) 왈 작신민(이라하며)

서경 강고편에는 「임금은 백성을 진작해서 그들이 스스로 새롭게 혁신되도록 교화해야 한다」는 구절이 있다.

▶ 어구 설명

- 康誥(강고) : 서경 상서(商書) 강고편(康誥篇).
- 作新民(작신민) : <백성들을 사랑으로 교화해서> 그들이 스스로 새롭게 혁신되도록 진작하고 돋아준다.

[傳文註] (1) 鼓之舞之 之謂作. : 북을 치고 춤을 추게 하는 것이 곧 「작(作)」이다.

전문 2장 3절

詩曰 周雖舊邦 其命維新.

시(에) 왈 주수구방(이나) 기명유신(이라)

시경 대아 문왕편에 「주나라는 비록 오래된 나라이지만 <문왕에 이르러 스스로 덕을 밝히고 백성들도 저마다의 덕을 밝히고 혁신되게 했으므로> 하늘이 천명을 새롭게 내렸다」는 말이 있다.

▶ **어구 설명**

· 詩(시) : 시경 대아(大雅) 문왕편(文王篇).

· 周雖舊邦(주수구방) : 주나라는 비록 오래된 나라이지만.

· 其命維新(기명유신) : <문왕(文王)에게> 내린 명이 새롭다. 「유(維)=유(惟)」.

[傳文註] (1) 言周國雖舊 至於文王 能新其德 以及於民 而始受天命也. :「주나라가 오래되었으나 문왕에 이르러 덕을 새롭게 하고 백성들에게 미칠 수가 있었다. 그래서 <하늘로부터> 천명을 새로 받게 되었다.」

전문 2장 4절

是故 君子 無所不用其極.

시고(로) 군자 무소불용기극(이니라)

그러므로 군자는 스스로 덕을 밝히거나, 또는 백성들을 새롭게 혁신케 함에 있어 항상 지극한 최선의 경지에 있어야 한다.

▶ **어구 설명**

· 無所不用其極(무소불용기극) : 지극한 선(善)을 쓰지 않음이 없다.

[傳文註] (1) 自新新民 皆欲止於至善也. : 스스로 새롭게 함에 있어서나 백성을 새롭게 혁신함에 있어서나, 모두 지극한 선의 경지에 가서 머물러 있고자 해야 한다.

전문(傳文) 제3장

* 「지어지선(止於至善)」에 대한 풀이다.

전문 3장 1절

詩云 邦畿千里 惟民所止.

시운 방기천리(여) 유민소지(라하니라)

시경 상송 현조편에 「왕도 주변 사방 천리 지방이 바로 백성들이 머물러 살 곳이다」라고 했다.

▶ 어구 설명

- 詩(시) : 시경 상송(商頌) 현조편(玄鳥篇). 「현조편」은 상(商), 즉 은(殷)나라의 개국을 칭송하는 시다. 탕왕(湯王)이 세운 은나라의 시조는 설(契)이다. 탕왕의 어머니 간적(簡狄)이 하늘에서 떨어진 현조의 알을 먹고 그를 잉태했다.
- 邦畿(방기) : 왕기(王畿)라고도 한다. 왕도(王都)를 중심으로 사방 천리(千里)를 말한다. 천자의 직속 영지다. 그러므로 백성들이 안락하게 살 수 있는 곳이기도 하다. 왕기를 중심하고 밖으로 9개의 지역을 나누어 구기(九畿)라고 일컬었다.
- 惟民所止(유민소지) : 오직 그곳이 백성들이 머물러 살 곳이다. 시경에는 「유(惟)」를 「유(維)」로 썼다. 「지(止)」는 「산다는 뜻」이다.

[傳文註] (1) 言物各有所當止之處也. : <인용한 시는> 「모든 것에는 마땅히 머물러야 할 지극히 좋은 경지가 있음」을 말한 것이다.

전문 3장 2절

詩云 緡蠻黃鳥 止于丘隅 子曰 於止知其所止 可以人而不如鳥乎.

시운 면만황조(여) 지우구우(라하야늘) 자왈 어지(에) 지기소지(로소니) 가이인 이불여조호(아)

시경 소아 면만편에 「우짖고 있는 저 꾀꼬리, 숲이 우거진 높은 언덕 모퉁이에 머물고 있네」라는 시구가 있다. 이에 대해서 공자가 말했다. 「머무름에 있어 새도 마땅히 머무를 곳을 알거늘 사람이 새만 못해서야 되겠느냐.」

▶ 어구 설명

- 詩(시) : 시경 소아(小雅) 면만편(綿蠻篇)의 시.
- 緡蠻(면만) : 새의 우짖는 소리, 의성자(擬聲字). 작은 새의 형용으로 풀기도 하나, 주자는 새소리로 풀었다. 「면(緡)」을 시경에는 「면(綿)」으로 썼다.
- 黃鳥(황조) : 꾀꼬리.
- 丘隅(구우) : 숲이 울창한 언덕, 혹은 높이 솟은 산언덕 구석.
- 子曰(자왈) : 공자가 시의 구절을 인용해서 말했다.
- 於止知其所止(어지지기소지) : 새도 깃들거나 머무름에 있어 가장 안전하게 머무를 곳을 알고 있다.
- 可以人而不如鳥乎(가이인이불여조호) : 사람이 되어 새만큼도 <머무를 곳을> 알지 못하면 되겠는가?

[傳文註] (1) 子曰以下 孔子說詩之辭 言人當知所當止之處也. : 「자왈(子曰)」 이하는 공자가 시경의 뜻을 설명한 말이다. 즉 사람은 마땅히 가서 머물러 살아야 할 곳을 알아야 한다는 뜻이다.

전문 3장 3절

詩云 穆穆文王 於緝熙敬止 爲人君 止於仁 爲人臣 止於敬 爲人子 止於孝 爲人父 止於慈 與國人交 止於信.

시운 목목문왕(이여) 오즙희경지(라하니) 위인군(엔) 지어인(하시고) 위인신(엔) 지어경(하시고) 위인자(엔) 지어효(하시고) 위인부(엔) 지어자(하시고) 여국인교(엔) 지어신(이러시다)

시경 대아 문왕편에 「덕이 깊고 원대한 문왕은 계속해서 덕을 빛나게 밝히시고, 또 공경하게 지극한 선에 머무르셨다」고 했으니, 이는 곧 문왕이 「임금으로서는 인덕을 지극히 높이고 베풀었으며, 신하로서는 지극한 공경으로 임금을 섬겼으며, 아들 된 몸으로서는 지극한 효도로 어버이를 섬겼으며, 아버지로서는 지극한 자애로써 아들을 키웠으며, 나라 사람들과 사귈 때에는 지극하게 신의를 높이고 지켰음」을 말한 것이다.

▶ 어구 설명

· 詩(시) : 시경 대아(大雅) 문왕편(文王篇)의 시.

· 穆穆文王(목목문왕) : 깊고 원대한 덕을 지닌 문왕. 「穆(화목할 목)」. 주자는 「목목(穆穆)」을 「심원(深遠)의 뜻」으로 풀었다.

· 於(오) : 아! <감탄사>. 주(註)에 있다. 「어(於)의 음은 오(烏)다.」

· 緝熙(즙희) : <문왕이 자신의 명덕(明德)을> 계속해서 빛내고 밝히다. 「緝(빛날 집, 이을 즙)」

· 敬止(경지) : 항상 경건한 자세로, 지극한 선의 경지에 가서 머물다.

· 爲人君(위인군) : 임금이 되어서는, 남을 다스리는 임금으로서는.

· 止於仁(지어인) : 인(仁)에 머물다. 이때의 「지(止)」는 「지어지선(止於至善)」의 뜻이다. 그러므로 「위인군지어인(爲人君止於仁)」을 「임금으

로서는 인덕(仁德)을 지극한 선으로 높이고 행했다」로 풀이한다.

· 爲人臣止於敬(위인신지어경) : 남의 신하로서는 공경을 지극한 선으로 높이고 행했다. 문왕은 서백(西伯)으로서 나라를 다스리고, 또 제후들을 지도했다. 특히 문왕은 포학무도한 은(殷)나라 주왕(紂王)에게 충간하고 유리(羑里)에 갇히기도 했다.
· 爲人子止於孝(위인자지어효) : 남의 아들 된 몸으로서는 효도를 지극한 선으로 높이고 행했다. 문왕은 태공(太公) 계창(季昌)의 아들이며, 효성이 지극했다.
· 爲人父止於慈(위인부지어자) : 남의 아버지 된 몸으로서는 자애를 지극한 선으로 높이고 베풀었다. 문왕은 무왕(武王)과 주공(周公) 소공(召公) 등의 아버지이다.
· 與國人交止於信(여국인교지어신) : 나라 사람들과 사귀고 어울릴 때는 신의(信義)를 지극한 선으로 높이고 지켰다.

[傳文註] (1) 引此 而言聖人之止 無非至善 五者乃其目之大者也 學者於此 究其精微之蘊 而又推類以盡其餘 則於天下之事 皆有以知其所止 而無疑矣. : <증자(曾子)가> 시경의 시구를 인용해서 「성덕을 갖춘 문왕의 머무름이 지극한 선(善)의 경지가 아닌 것이 없음」을 말한 것이다. 이상의 다섯 가지는 덕목 중에서 큰 것만을 추린 것이다. 배우는 사람은 이것을 바탕으로 더욱 정밀하고 깊은 것을 추궁하고, 또 유추하여 <다섯 가지 이외의> 나머지 덕행들도 다 실천해야 한다. 그래야 천하의 모든 사물에 대해서 마땅히 머물러야 할 경지를 알고, 또 의심나는 점이 없게 된다.

전문 3장 4절

(1) 詩云 瞻彼淇澳 菉竹猗猗 有斐君子 如切如磋 如琢如磨 瑟兮僩兮 赫兮喧兮 有斐君子 終不可諠兮.

시운 첨피기욱(하니) 녹죽의의(로다) 유비군자(여) 여절여차(하며) 여탁여마(라) 슬혜한혜(며) 혁혜훤혜(니) 유비군자(여) 종불가훤혜(라)

시경 위풍 기욱편에 있다. 「저 기수 물 굽이 깊은 곳을 바라보니, 푸른 대나무 아름답게 우거졌네. 저렇듯 아름답고 빛나는 군자가, 절차탁마하며 더욱 학문을 높이고 자신을 수양하니, 그의 인품이 장엄하고 위엄이 있고, 용모가 의연하고 훤하게 빛나네. 저렇듯 아름답고 빛나는 군자를 영영 잊을 수가 없노라.」

▶ 어구 설명

- 詩(시) : 시경 위풍(衛風) 기욱편(淇澳篇)의 시. 이 시는 위(衛)나라 무공(武公)의 덕을 칭송한 시다. 무공은 주(周) 선왕(宣王) 16년(B.C. 812)에 위나라의 제후가 되었다. 그는 학식이 많고 또 예절을 잘 지킨 군자 중의 군자로, 나이 90이 넘어도 여전히 절차탁마(切磋琢磨)하여 학덕을 더욱 높였다. 주나라가 동천(東遷)할 때에는 평왕(平王)을 도운 공으로 재상이 되었으며, 평왕 16년(B.C. 758)에 죽었다.
- 瞻(첨) : 바라다본다.
- 淇澳(기욱) : 「기(淇)」는 강 이름. 「욱(澳)」은 물이 곡절(曲折)하는 깊고 후미진 곳. 시경에는 「오(奧)」라고 적었다. 속음은 「오」. 기수(淇水)는 하남성(河南省) 북쪽 대호산(大號山)에서 발원하여 위나라 기현(淇縣)을 지나 바다로 흘러간다.
- 菉竹(녹죽) : 푸른 대나무. 「녹(菉)」을 시경에는 녹(綠)으로 썼다.
- 猗猗(의의) : 아름답고 무성한 모양. 「의(猗)는 시운을 맞출 때는 '아'로

발음한다.(猗叶韻音阿)」라 했다. 「녹죽의의(菉竹猗猗)」는 「푸른 대나무가 아름답고, 잎이 무성하다」는 뜻이다. 이 구절은 곧 시경에서 말하는 「흥(興)」이며, 다음의 「유비군자(有斐君子)」를 이끌기 위한 시구다.

· 有斐君子(유비군자) : <학문과 덕성을 겸하여> 아름답게 빛나는 군자가 있다. 비(斐)는 무늬가 빛나고 화려한 모양.
· 如切如磋 如琢如磨(여절여차 여탁여마) : 「절차탁마(切磋琢磨)하듯 학문과 덕을 닦고 높인다는 뜻으로 쓰인다.」 「절(切)」은 칼이나 톱으로 자르고 절단하다. 「차(磋)」는 줄로 쓸거나 깎고 닦아서 연마(硏磨)하다. 「절차(切磋)」의 원래 뜻은 「기물을 만들기 위하여 뼈나 뿔을 쓸고 자르고 다듬는다.」 「탁(琢)」은 옥돌을 쪼고 다듬어 형상을 만들다. 「마(磨)」는 갈고 닦아서 부드럽게 윤을 내다. 「탁마(琢磨)」는 「옥이나 돌을 쪼아 모양을 내고 다시 갈고 닦아서 윤을 내다.」 즉 학문에 힘쓰고 더욱 덕행을 닦고 높이는 것을 비유하여 절차탁마라고 한다.
· 瑟兮(슬혜) : 장중(莊重)하고 엄숙한 품.
· 僩兮(한혜) : 굳세고 무위(武威)가 있다. 즉 위엄이 있고 의연하다.
· 赫兮(혁혜) : <외면적인 용모나 내면적인 덕이> 밝게 빛나다.
· 喧兮(훤혜) : 빛나다. 「喧(의젓할 훤)」. 여기서는 「빛날 훤(煊)」의 뜻.
· 終不可諠兮(종불가훤혜) : 끝내 잊을 수가 없다. 훤(諠)은 「잊을 훤(諼)」의 뜻으로 푼다.

전문 3장 4절

(2) 如切如磋者 道學也 如琢如磨者 自修也 瑟兮僩兮者 恂慄也 赫兮喧兮者 威儀也 有斐君子 終不可諠兮者 道盛德至善 民之不能忘也.

여절여차자(는) 도학야(요) 여탁여마자(는) 자수야(요) 슬혜한혜자(는) 순율야(요) 혁혜훤혜자(는) 위의야(요) 유비군자(이) 종불가훤혜자(는) 도성

덕지선(은) 민지불능망야(라)

시에서 「여절여차자(如切如磋者)」라고 한 것은 「위나라의 무공이 학문에 힘을 썼음」을 말한 것이다. 시에서 「여탁여마자(如琢如磨者)」라고 한 것은 「그가 스스로 덕을 닦았음」을 말한 것이다. 시에서 「슬혜한혜(瑟兮僩兮)」라고 한 것은 「그의 인품이 고결하고 위엄이 있다」는 뜻이다. 시에서 「혁혜훤혜(赫兮喧兮)」라고 한 것은 「그의 덕성이나 의용이 높고 의젓하다」는 뜻이다. 시에서 「유비군자 종불가훤혜(有斐君子 終不可諠兮)」라고 한 것은 「성덕(盛德)을 갖추고 지선(至善)의 경지에 있는 군자를 백성들이 언제까지나 잊지 못한다」는 뜻이다.

▶ 어구 설명

- 道學也(도학야) : 「도(道)는 말하다」의 뜻이다. 「학(學)」이라고 한 것은 「학문을 강습하고 토론한다」는 뜻이다.
- 自修也(자수야) : 「자신을 돌이켜 살피고 능히 자신을 다스리는 공부를 한다」는 뜻이다.
- 恂慄(순율) : 벌벌 떨고 두려워한다는 뜻이다. 「순(恂)」은 「준(峻, 俊)」, 「율(慄)」은 「위엄이 넘치고 두렵다」는 뜻.
- 威儀也(위의야) : 「위(威)」는 「높고 위엄이 있다」. 「의(儀)」는 의용(儀容)이나 태도가 모범적이라는 뜻.
- 道盛德至善 民之不能忘也(도성덕지선 민지불능망야) : 「성덕을 갖추고 지선의 경지에 머물고 있는 군자」를 「백성들이 잊지 못함」을 말한 것이다.

[傳文註] (1) 引詩而釋之 以明明明德者之止於至善 道學自修 言其所以得之之由 恂慄威儀 言其德容表裏之盛 卒乃指其實而歎美之也. : 시경의 시를 인용하여 해석하고 「위나라 무공의 명명덕(明明德)이 지어지선(止於至善) 했다는 뜻」을 밝힌 말이다. 「배움을 말하고 스스로 성찰하고 몸을 닦음」이라고 한 것은 그가 훌륭하게 될

수 있었던 연유를 말한 것이다. 「순율(恂慄)하고 위의(威儀)」하다고 한 것은 그의 학덕과 의용(儀容)이 겉으로나 안으로나 성대함을 말한 것이다. 결국 그의 실질과 실상을 가리키고, 아울러 「그의 성대한 학덕과 의용」을 높이고 감탄하고 미화한 것이다.

전문 3장 5절

詩云 於戲 前王不忘 君子賢其賢 而親其親 小人樂其樂 而利其利 此以沒世不忘也.

시운 오호(라) 전왕불망(이라하니) 군자(는) 현기현 이친기친(하고) 소인(은) 낙기락 이리기리(하나니) 차이몰세불망야(니라)

시경 주송(周頌) 열문편(烈文篇)에 「아아! 선왕들을 잊지 못하네!」라는 시구가 있다. 후세의 현명한 임금이나 군자들도 선왕의 현덕(賢德)을 슬기롭게 받들고, 선왕이 친애한 바를 친애했다. 한편 백성들도 <선왕이 안락하게 다스린 바탕 위에서> 안락하게 잘살았고, 또 <선왕이 이롭게 해준 바탕 위에서> 이롭게 잘살았다. 그러므로 <후세의 임금이나 백성들은> 선왕이 돌아간 후에도 그 은덕이나 공적을 잊지 않고 높인 것이다.

▶ **어구 설명**

- 於戲 前王不忘(오호 전왕불망) : 오호, 옛날의 임금을 잊지 못한다. 문왕(文王), 무왕(武王)의 은덕이나 공적을 잊지 못한다. 「오호(於戲)」= 「오호(烏乎)」.
- 賢其賢(현기현) : 선왕의 현덕(賢德)을 높이고 현명하게 따르고 행했다.
- 親其親(친기친) : 선왕이 친애한 바를 친애하다. 문왕과 무왕은 부모에게 효성하고 일가 친척을 친애하고, 또 제후들에게 예양(禮讓)하고, 또 백성들을 사랑했다.

· 樂其樂(낙기락) : 선왕이 안락하게 살게 해준 바탕 위에서 안락하게 산다.
· 利其利(이기리) : 선왕이 이롭게 해준 바탕 위에서 이롭게 잘산다. 「이(利)」는 경제적으로 부유하고 문화적으로도 발달한 삶을 산다는 뜻.
· 此以沒世不忘也(차이몰세불망야) : 선왕이 죽어도 은덕을 잊지 않는다.

[傳文註] (1) 此言 前王所以新民者 止於至善 能使天下後世 無一物不得其所 所以旣沒世 而人思慕之愈久而不忘也. : 시는 <다음 같은 뜻을 말한 것이다.> 전왕, 즉 문왕과 무왕이 신민(新民)에 있어 「지어지선(止於至善)」하여 능히 후세의 만민으로 하여금 모든 사물을 잘 이루게 해주었다. 그러므로 문왕과 무왕이 돌아간 후에도 길이 사모하고 더욱 잊지 않았던 것이다.

(2) 此兩節 咏歎淫泆 其味深長 當熟玩之. : <서경에 있는> 이 두 구절은 <문왕과 무왕에 대한> 감탄이 넘치고 있으며 의미가 심장(深長)하다. 그러므로 마땅히 잘 익히고 음미해야 한다.

전문(傳文) 제4장

*「본말(本末)」을 풀이한 것으로 증자(曾子)의 말이다. 증자는 「논어 안연편(顔淵篇)」에서 「자왈 청송 오유인야 필야사무송호(子曰 聽訟 吾猶人也 必也使無訟乎)」를 인용하고, 다시 자기의 말을 덧붙여 「이것이 근본을 앎이다(此謂知本)」라고 했다.

전문 4장 1절

子曰 聽訟 吾猶人也 必也使無訟乎 無情者不得盡其辭 大畏民志 此謂知本.

자왈 청송(은) 오유인야(이나) 필야사무송호(인져하시니) 무정자(로) 부득진기사(는) 대외민지(니) 차위지본(이니라)

공자가 말했다. 「백성들의 송사를 듣고 처리하는 일은 나도 남과 같이 할 수 있다. 그러나 나는 반드시 그들로 하여금 송사를 일으키지 않게 하겠다.」 <이에 대해서 증자가 다음같이 부연했다.> 「진실하지 않은 자는 자기의 거짓된 말을 끝까지 주장하고 세우지 못한다. <그 까닭은 명덕(明德)의 빛이> 크게 백성들의 마음을 두렵게 하기 때문이다. 이와 같이 하는 것이 곧 지본(知本)이다.」

▶ 어구 설명

· 子曰(자왈) : 공자의 말. 논어 안연편(顔淵篇)에 있다.
· 聽訟(청송) : 송사(訟事)를 듣고, 바르게 재판한다는 뜻.
· 吾猶人也(오유인야) : 나도 남같이 잘 처리할 수 있다. 유인(猶人)은

「남과 다르지 않다는 뜻」이다.

· 必也使無訟乎(필야사무송호) : 반드시 송사를 일으키지 않게 하겠다.
· 無情者(무정자) : 진정(眞情)이나 정성이 없는 사람. 즉 남을 속이는 사람. 「정(情)」은 진실되고 성실한 심정(心情)과 인정(仁情)의 뜻을 다 포함한다.
· 不得盡其辭(부득진기사) : 그 말을 다 하지 못한다. 즉 「무정자」는 자신의 거짓된 주장을 끝까지 펴지 못한다.
· 大畏民志(대외민지) : <임금이나 성인의 「명명덕(明明德)」이> 크게 백성들의 마음을 두렵게 하기 때문이다. 외(畏)는 두렵게 한다, 경외(敬畏)하게 만든다. 지(志)는 심지(心志), 마음이나 뜻.
· 此謂知本(차위지본) : 이를 「지본(知本)」이라고 한다. 윗사람이 「명명덕(明明德)」하면 백성들도 경외하고 감화되어 송사를 일으키지 않는다.

[傳文註] (1) 引夫子之言 而言聖人能使無實之人 不敢盡其虛誕之辭 蓋我之明德旣明 自然有以畏服民之心志 故訟不待聽 而自無也 觀於此言 可以知本末之先後矣. : 공자의 말을 인용해서 「성인이 능히 진실성이 없는 사람으로 하여금 감히 허망한 말을 끝내 통하지 못하게 한다는 뜻」을 말한 것이다. 무릇, 백성을 다스리는 임금의 명덕(明德)이 이미 밝혀졌으므로 자연히 백성의 심지(心志)가 경외하게 되며, 따라서 송사 듣기를 기다리지 않아도 백성들이 스스로 송사를 없게 한다. 이와 같은 말로써 본말(本末)과 선후의 뜻을 잘 알 수 있다.

보충 전문(傳文) 제5장

[설명] 間嘗竊取程子之意 以補之 曰補傳.

중간에 외람되게 정자의 뜻을 따라 글을 보충하고 「보전(補傳)」이라 했다.

* 「격물치지(格物致知)」에 대한 전문(傳文)이 일실(逸失)되었으므로 주자가 정자(程子)의 뜻에 따라 보충한 것이다. 이 「격물보전(格物補傳)」은 경문 팔조목 중 「격물치지」에 대한 풀이다.

격물 보전 5장 1절

所謂致知在格物者 言欲致吾之知 在卽物而窮其理也.

소위 치지재격물자(는) 언욕치오지지(면) 재즉물이궁기리야(이니라)

경문에서 「치지(致知)의 바탕은 격물(格物)에 있다」고 한 것은 다음 같은 뜻이다. 「내가 <사물을 바르게> 알려고 하면 직접 사물에 붙어, 그 도리를 궁구(窮究)함을 바탕으로 해야 한다.」

▶ **어구 설명**

· 致知在格物者(치지재격물자) : 치지(致知)가 격물(格物)에 있다고 함은. <다음 같은 뜻을 말한 것이다.>
· 欲致吾之知(욕치오지지) : 나의 앎을 이루기 위해서는.
· 卽物(즉물) : 직접 사물에 붙어서.
· 窮其理(궁기리) : 도리를 궁구(窮究)해야 한다.

격물 보전 5장 2절

蓋人心之靈 莫不有知 而天下之物 莫不有理 惟於理 有未窮 故其知 有不盡也.

개인심지령(이) 막불유지(요) 이천하지물(이) 막불유리(이나) 유어리(에) 유미궁(이라) 고(로) 기지 유부진야(니라)

무릇 인간의 마음은 영특하므로 알지 못하는 것이 없다. <즉 모든 것을 다 알게 마련이다.> 그리고 또 천하 만물에는 저마다 도리가 있지 않은 것이 없다. <즉 저마다 다 도리가 있다.> 다만 사람이 사물의 도리를 궁구(窮究)하지 않기 때문에 앎에 미진함이 있는 것이다.

▶ 어구 설명

· 蓋人心之靈(개인심지령) : 무릇 인간의 마음은 영특하다.
· 莫不有知(막불유지) : 알지 못하는 것이 없다.
· 而天下之物(이천하지물) : 그리고 천하 만물은.
· 莫不有理(막불유리) : 도리가 없는 것이 없다.
· 惟於理有未窮(유어리유미궁) : 다만 사람이 사물의 도리에 있어, 끝까지 추구하고 밝히지 않기 때문에.
· 故其知有不盡也(고기지유부진야) : 그 앎에 다함이 없게 되는 것이다.

격물 보전 5장 3절

是以大學始敎 必使學者 卽凡天下之物 莫不因其已知之理 而益窮之 以求至乎其極 至於用力之久 而一旦豁然貫通焉 則衆物之表裏精粗 無不到 而吾心之全體大用 無不明矣.

시이(로) 대학시교(에) 필사학자(로) 즉범천하지물(하야) 막불인기이지지리(하고) 이익궁지(하고) 이구지호기극(하나니) 지어용력지구(하여) 이일단활연관통언(이면) 즉중물지표리정조(이) 무부도(하고) 이오심지전체대용(이) 무불명의(리라)

그러므로 대학에서 처음 가르칠 때에 반드시 학생으로 하여금 모든 천하 만물에 대해서 <기왕의 지식을 바탕으로 하고> 더욱 사물의 이치나 도리를 끝까지 추궁하고, 그 극치에 도달하기를 구하게 해야 한다. 이 같은 공부와 노력을 오래 하게 되면 하루아침에 모든 사물의 도리가 훤하게 트이고 사방으로 관통하게 되며, 즉시 모든 사물의 겉과 속, 정밀함과 조잡한 것들을 다 <가리고> 알게 되고, 따라서 내 마음이 모든 도리를 갖추거나 모든 사물에 응용함에 있어 밝게 나타나지 않음이 없게 된다. <즉 명명덕(明明德)하게 된다.>

▶ 어구 설명

· 大學始敎(대학시교) : 대학에서 처음 가르칠 때에.

· 因其已知之理(인기이지지리) : 자기가 이미 알고 있는 도리를 바탕으로 하고.

· 而益窮之(이익궁지) : 더욱 도리를 추궁하고 구명하다. 「궁(窮)」은 「궁구(窮究)」, 즉 추궁하고 구명하다.

· 以求至乎其極(이구지호기극) : <도리의> 극치에 도달하기를 구하게 하고.

· 至於用力之久(지어용력지구) : <그와 같은> 공부와 노력을 오래 하게 되면.
· 而一旦(이일단) : 그렇게 하면, 하루아침에.
· 豁然貫通焉(활연관통언) : <모든 사물의 도리가> 훤하게 트이고 사방으로 관통하게 된다.
· 而吾心之全體大用(이오심지전체대용) : 아울러, 내 마음의 전체를 크게 씀에 있어. <즉 「구중리(具衆理)하고 응만사(應萬事)」 함에 있어>
· 無不明矣(무불명의) : 밝게 나타나지 않음이 없다. <즉 「명명덕(明明德)」하게 된다.>

격물 보전 5장 4절

此謂物格 此謂知之至也.

차위물격(이며) 차위지지지야(니라)

이러한 경지를 「사물의 도리에 도달했다[物格]」고 말한다. 이러한 경지를 「앎이 지극하게 되었다[知之至]」고 말한다.

【참고 보충】 「이(理)의 극치」

주자(朱子)는 「태극(太極)은 이(理)」라고 했다. 「이(理)」는 「우주의 이법(理法), 자연만물의 생성변화의 법칙, 사물을 처리하는 도리 및 인간의 도리」를 다 포함한다.

따라서 이(理)의 극치는 우주의 이법(理法), 천도(天道)이다.

사람에게 있어서는 윤리 도덕의 실천이고, 인의(仁義)의 도덕정치의 실현이다. 그 바탕이 대학의 가르침이다.

【참고 보충】「도심(道心) · 인심(人心) · 수심(獸心)」

마음을 크게 「도심(道心)」과 「인심(人心)」으로 나눈다.

천리를 깨닫고 윤리 도덕을 실천하고 남을 사랑하고 인류의 역사와 문화 발전에 창조적으로 기여하려는 마음이 도심(道心)이다.

이와 반대로 동물적 · 육체적 · 이기주의적 탐욕을 채우기 위해 남을 살상하고 남의 재물을 탈취하고, 나만의 순간적 쾌락을 취하려는 마음이 수심(獸心), 혹은 인심(人心)이다.

주자는 「마음은 사람의 신명이며, 모든 도리를 갖추고 만사에 대응한다.(心者人之神明 具衆理而應萬事) <大全疏註>」라고 말했다. 이 때의 마음은 곧 「명덕(明德)」 「도심(道心)」이다.

주자는 「도심(道心)을 바탕으로 바르게 알고, 바르게 사물을 처리하고, 바르게 살고, 더 나가서 제가(齊家), 치국(治國), 평천하(平天下)하기를 가르쳤다.」

전문(傳文) 제6장

* 경문 팔조목 중 「성의(誠意)」를 풀이했다. 대학장구에서는 앞의 「전문 제5장 : 격물 보전」과 함께 가장 중요한 전문으로 친다.

전문 6장 1절

所謂誠其意者 毋自欺也 如惡惡臭 如好好色 此之謂自謙 故君子必愼其獨也.

소위 성기의자(는) 무자기야(니) 여오악취(하며) 여호호색(이니) 차지위자겸(이라) 고(로) 군자(는) 필신기독야(하니라)

이른바 「마음속의 뜻을 성실하게 함」은 「자신을 속이지 않음」이다. 악취를 싫어하듯이 <악을 미워하고> 미색을 좋아하듯이 <선을 좋아하니> 이를 자겸(自謙)이라고 한다. 고로 군자는 자신을 신중하게 해야 한다. <즉 자기 혼자만이 아는 마음가짐이나 몸가짐을 신중하게 해야 한다.>

▶ 어구 설명

- 所謂誠其意者(소위성기의자) : 이른바 「자기의 뜻을 성실하게 한다(誠意)」고 함은.
- 毋自欺也(무자기야) : 스스로 속이지 않음이다. 「무(毋)」는 「하지 말라는 뜻이다.」 「스스로 속인다고 말한 것」은 「선을 행하고 악을 제거해야 함을 알면서, 마음이 나타날 때, 성실하지 못하다」는 뜻이다.
- 如惡惡臭(여오악취) : 나쁜 냄새를 싫어하듯이. <악을 미워한다.>

- 如好好色(여호호색) : 미색(美色)을 좋아하듯이. <선을 좋아한다.>
- 此之謂自謙(차지위자겸) : 그와 같이 <본성적으로 선을 행하고, 악을 물리치는 것을> 「자겸(自謙)」이라 한다. 「자겸」은 「선본성(善本性)에 비추어 스스로 즐겁고 흡족하다」는 뜻이다.
- 故君子必愼其獨也(고군자필신기독야) : 고로 군자는 반드시 자기 혼자만이 알 수 있는 자신의 깊은 마음가짐을 신중하고 성실하게 지닌다. 즉 자신의 속마음이나, 자기 홀로 있는 경우에도 <자기의 마음가짐이나 몸가짐을> 신중하게 한다.

[傳文註] (1) 誠其意者 自修之首也. : 자기의 뜻을 성실하게 하는 것이 자기 수양의 시발이다.

(2) 言欲自修者 知爲善以去其惡 則當實用其力 而禁止其自欺 使其惡惡則如惡惡臭 好善則如好好色 皆務決去 而求必得之 以自快足於己 不可徒苟且以殉外而爲人也 然其實與不實 蓋有他人所不及知 而己獨知之者 故必謹之於此 以審其幾焉. : 다음 같은 뜻을 말한 것이다. 「자신을 수양하려면, 선을 행하고 악을 제거해야 한다.」 <그러기 위해서는> 곧 「마땅히 자기의 힘을 성실하게 쓰고 아울러 스스로 속이지 말아야 한다.」 「즉 악을 미워함을 악취를 싫어함과 같이 하고, 선 좋아하기를 미색 좋아하듯 하고, <모든 것을 본성을 바탕으로> 결단하고, 반드시 선을 얻고, 스스로 자신의 본성을 즐겁게 해주어야 한다.」 「함부로 구차하게 밖이나 남을 위해서 <마음이나 힘을> 쓰면 안 된다.」 「그러나 그것이 성실한 것인지 아닌지는 남들은 알 수 없고 자기 혼자만이 안다.」 「고로 <자기 혼자만이 아는 경지, 즉 마음을> 신중하고 근신하게 지니고 그 기미한 마음의 발동을 신중하게 살펴야 한다.」

전문 6장 2절

小人閒居 爲不善 無所不至 見君子以后 厭然揜其不善 而著其善 人之視己 如見其肺肝然 則何益矣 此謂誠於中 形於外 故君子必愼其獨也.

소인(이) 한거(에) 위불선(하야) 무소부지(하다가) 견군자이후(에) 안연엄기불선(하고) 이저기선(하나) 인지시기(이) 여견기폐간연(이니) 즉하익의(리오) 차위성어중(이면) 형어외(니) 고(로) 군자(는) 필신기독야(니라)

소인은 혼자 있을 때에는 <남의 눈을 속이고> 착하지 않은 짓을 하며 이르지 않는 곳이 없다. <그러나> 군자가 나타나면 풀죽고 서둘러 덮고 감추고 자기의 잘못을 가리고 착한 것만을 내보이려고 한다. 그러나 남들은 나의 소행을 흡사 속에 있는 폐나 간을 보듯이 훤히 꿰뚫어본다. 그러니 <감추고 숨긴들> 무슨 소용이 있겠느냐. 이를 일컬어 「속뜻이 성실하면 밖으로 나타난다」고 말하는 것이다. 고로 군자는 반드시 혼자 있을 때의 <마음이나 몸가짐을> 신중하게 해야 한다.

▶ 어구 설명

- 小人閒居(소인한거) : 소인은 혼자 있을 때나 남이 보지 않을 때.
- 爲不善(위불선) : 착하지 않은 짓을 한다. 악을 행한다.
- 無所不至(무소부지) : 이르지 않는 곳이 없다. 온갖 악을 다 한다.
- 見君子以后(견군자이후) : 군자를 본 다음에는. 자기 앞에 군자가 나타나면. 「견(見)」을 「현」으로 읽어도 된다. <아무도 안 보는 곳에서는 나쁜 짓을 하다가도, 눈앞에 군자가 나타나면.>
- 厭然(안연) : <군자 앞에서> 풀죽고 <서둘러 잘못을> 덮어 가리고 깊이 감추려고 한다.
- 揜其不善(엄기불선) : 자기의 잘못을 가려 덮는다. 「揜(가릴 엄)」

· 而著其善(이저기선) : 그리고 자기의 착한 것만을 나타내 보인다.
· 人之視己(인지시기) : 다른 사람이 나의 소행을 볼 때에.
· 如見其肺肝然(여견기폐간연) : 흡사 속에 있는 폐나 간을 들여다보듯이 <나의 소행을> 꿰뚫어본다.
· 則何益矣(즉하익의) : <가리고 감추어도> 무슨 소용이 있겠느냐.
· 誠於中形於外(성어중형어외) : 속의 뜻이 성실하면 밖으로 나타난다. 이때의 성(誠)은 「진실무망(眞實無妄)」의 뜻.
· 故君子必愼其獨也(고군자필신기독야) : 고로 군자는 반드시 혼자 있을 때에 신중하게 하고 근신한다.

[傳文註] (1) 此言 小人陰爲不善 而陽欲揜之 則是非不知善之當爲與惡之當去也 但不能實用其力而至此耳 然欲揜其惡而卒不可揜 欲詐爲善而卒不可詐 則亦何益之有哉 此君子所以重以爲戒 而必謹其獨也. : 다음과 같은 뜻을 말한 것이다. 「소인이 음으로 나쁜 짓을 하고 양으로는 <자기의 나쁜 짓을> 가리고 덮으려고 한다.」「이는 곧 그가 마땅히 선을 행하고 악을 물리쳐야 함을 모르지 않고 <잘 알지만> 다만 실지로 힘을 쓰지 못하고 그렇게 된 것이다.」「그러나 자기의 악을 가리고 덮으려 해도 끝까지 가리고 덮을 수가 없으며, 또 착하게 한 것처럼 속이려 해도 끝까지 속일 수가 없으니 또한 무슨 이득이 있겠느냐.」「그러므로 군자는 거듭 경계를 하고 아울러 반드시 홀로 있을 때를 근신해야 한다.」

전문 6장 3절

曾子曰 十目所視 十手所指 其嚴乎.

증자왈 십목소시(며) 십수소지(니) 기엄호(인져)

증자가 말했다. 열 사람의 눈이 보는 바이며, 열 사람의 손이 지적하는 바이니, 참으로 엄하고 두려워해야 한다.

▶ **어구 설명**

- 十目所視(십목소시) : 열 사람의 눈이 보는 바다. 「십(十)」은 「많은 사람」.
- 十手所指(십수소지) : 열 사람의 손이 지적하는 바다.
- 其嚴乎(기엄호) : 참으로 엄격하게 하고 두려워해야 한다. 경외(敬畏)해야 한다.

[傳文註] (1) 引此以明上文之意 言雖幽獨之中 而其善惡之不可揜如此 可畏之甚也. : 이 말을 인용해서 앞글의 뜻을 밝힌 것이다. 즉 <행동의 근원이 되는> 뜻은 비록 그윽하고 혼자만이 아는 마음속에 있는 것이지만 <반드시 행동으로 나타나므로 자신이 뜻한 바> 선악은 <결국> 감출 수 없다. 이렇게 뜻이 반드시 나타나고 모든 사람이 알게 되므로 <뜻 세우기가> 매우 두려운 것이다.

전문 6장 4절

富潤屋 德潤身 心廣體胖 故君子必誠其意.

부윤옥(이요) 덕윤신(이라) 심광체반(하나니) 고(로) 군자(는) 필성기의(니라)

부는 집을 윤택하게 하고, 덕은 몸을 윤택하게 한다. 마음이 넓으면 몸이 편안하다. 고로 군자는 반드시 마음속의 뜻을 성실하게 한다.

▶ **어구 설명**

- 富潤屋(부윤옥) : 부는 집을 윤택하게 한다.
- 德潤身(덕윤신) : 덕은 몸을 윤택하게 한다. 마음속에 인덕(仁德)이 넘치면 밖으로 나타나는 몸가짐이나 행동이 빛나고 숭고하다.

・心廣體胖(심광체반) : <속에 덕이 넘쳐 몸을 윤택하게 하므로 그 결과> 마음도 넓고 몸도 편안하다. 「반(胖)」은 편안하고 느긋하다는 뜻이다.
・故君子必誠其意(고군자필성기의) : 고로 군자는 반드시 마음속의 뜻을 성실하게 한다.

[傳文註] (1) 言富則能潤屋矣 德則能潤身矣. : 다음 같은 뜻을 말한 것이다. 「부(富)는 집을 윤택하게 하고, 덕(德)은 몸을 윤택하게 한다.」

(2) 故心無愧怍 則廣大寬平 而體常舒美 德之潤身者然也 蓋善之實於中 而形於外者如此 故又言此以結之. : 고로 마음에 부끄러움이 없으면 <마음이> 넓고 크고, 관대하고 태평하게 되고 아울러 몸도 항상 편안하고 아름답게 빛난다. 속의 덕이 밖의 몸을 그와 같이 윤택하게 만든 것이다. 대략 속에 선(善)이 알차면 그와 같이 밖의 몸으로 나타나게 마련이다. 그러므로 다시 들어 말하고 결론지은 것이다.

【참고 보충】「대전주소선역(大全註疏選譯)」

삼산 진씨가 말했다. 「지(知)가 이른 다음에도 역시 자신의 성(誠)을 듣지 않는다. <그러니> 일각도 계근(戒謹)의 공부를 하지 않으면 안 된다.(三山陳氏曰 於知已至後 亦非聽之自誠 蓋無一刻不用 其戒謹之功.)」

신안 진씨가 말했다. 「앎이 이른 후에도 뜻을 성실하게 한다는 말이다. 무릇 성의는 덕으로 가는 기본이다.(新安陳氏曰 此言知至後 又不可不誠其意 蓋誠意者 進德之基本也.)」

옥계 노씨가 말했다. 「치지(致知)를 거쳐야 비로소 성의(誠意)할 수 있다. 이는 순서를 어지럽히지 않음이다. 이미 치지하면 또 불가불 성의해야 한다. 이는 공부를 빠뜨리지 않음이다. 성의에서 평천하(平天下)에 이르기까지 순서를 어지럽게 하거나 공부를 빠뜨리면 안 된다. 순서를 어지럽히지 않음은 곧 단계를 뛰어넘으면 안 된다는 뜻이고, 공부를 빠뜨리지 않음은 도중에 그만두고 폐하지 않는다는 뜻이다.(玉溪盧氏曰 由致知方能誠意 此序之不可亂 旣致知又不可不誠意 此功之不可闕 誠意至平天下 序皆不可亂 功皆不可闕 序不可亂 則不可躐等而進 功不可闕 則不可半途而廢云.)」

전문(傳文) 제7장

* 경문 팔조목 중 「정심(正心)과 수신(修身)」을 풀이한 글이다.

전문 7장 1절

所謂修身 在正其心者 身有所忿懥 則不得其正 有所恐懼 則不得其正 有所好樂 則不得其正 有所憂患 則不得其正.

소위수신(이) 재정기심자(는) 신유소분치 즉부득기정(하고) 유소공구 즉부득기정(하고) 유소호요 즉부득기정(하고) 유소우환 즉부득기정(이니라)

이른바 수신(修身)의 요체는 마음을 바르게 함에 있다. 마음에 성내고 화내는 바가 있으면 마음을 바르게 지닐 수 없고, 마음에 두렵고 겁내는 바가 있으면 마음을 바르게 지닐 수 없고, 마음에 좋아하고 사랑하는 바가 있으면 마음을 바르게 지닐 수 없고, 마음에 근심하고 걱정하는 바가 있으면 마음을 바르게 지닐 수 없다.

▶ 어구 설명

- 在正其心者(재정기심자) : 자기 마음을 바르게 가짐에 있다. 즉 「정심(正心)」이 「수신(修身)」의 바탕이다.
- 身有所忿懥(신유소분치) : 정자(程子)는 「신(身)」을 「심(心)」으로 고치라고 했다. 「마음에 성을 내고 노여움이 있으면」의 뜻. 「忿(성낼 분), 懥(성낼 치)」
- 則不得其正(즉부득기정) : 바르게 할 수 없다. 「부득기정(不得其正)」은

「마음이 바르지 않으면 곧 행동을 바르게 할 수 없다」를 겸한 뜻이다.
· 好樂(호요) : 좋아하고 사랑하는 바.

[傳文註] (1) 蓋是四者 皆心之用 而人所不能無者 然一有之 而不能察 則欲動情勝 而其用之所行 或不能不失其正矣. : 대개 네 가지 <즉 분치(忿懥), 공구(恐懼), 호요(好樂), 우환(憂患)은> 모두가 다 마음의 작용으로 사람이라면 없을 수 없는 바다. 그러나 <누구나 다> 같이 있지만 <마음을 쓸 때에> 잘 살피지 않으면 곧 욕심이 발동하고 감정이 넘치게 되고 따라서 마음의 작용이 행동화 할 때에 간혹 <마음의> 중정(中正)을 잃을 수 있다.

전문 7장 2절

心不在焉 視而不見 聽而不聞 食而不知其味.

심부재언(이면) 시이불견(하며) 청이불문(하며) 식이부지기미(니라)

마음이 있지 않으면 보아도 보이지 않고, 들어도 들리지 않고, 먹어도 그 맛을 모른다.

▶ 어구 설명

· 心不在焉(심부재언) : 마음속에 「성리(性理)」가 없으면.
· 食而不知其味(식이부지기미) : 음식을 먹어도 바르게 맛을 알 수 없다. <즉 사물의 도리를 바르게 보거나, 듣거나 하지 못한다는 뜻이다.>

[傳文註] (1) 心有不存 則無以檢其身 是以君子必察乎此 而敬以直之 然後此心常存 而身無不修也. : 마음속에 <본연의 성리(性理)가> 없으면 그 몸을 바르게 검속(檢束)할 수 없다. 그러므로 군자는 반드시 이 점을 깊이 살피고 경건하게 <본연의 성리를> 지니고 곧게 해야 한다. 그런 다음에 마음속에 항상 <본연의 성리가> 있게 되고, 따라

서 몸도 닦아지지 않음이 없게 될 것이다.

전문 7장 3절
此謂修身 在正其心.

차위수신(이) 재정기심(이니라)

이를 일컬어 「수신의 바탕이 마음을 바르게 함에 있다」고 한 것이다.

【참고 보충】「심자 신지주(心者 身之主)」

「마음이 몸의 주체다.」 사람은 몸으로 살고 활동하고 일을 한다.

마음은 눈에 보이지 않는다. 의학적으로 지적할 수도 없다. 마음은 지식, 기술, 감각, 감정, 가치, 판단, 의지, 욕구 등을 종합한 「기능」이다. 착한 마음을 바탕으로 하면 행동이 착하게 되고, 악한 마음을 바탕으로 하면 행동이 악하게 된다.

사람은 만물의 영장(靈長)이다. 그러므로 하늘의 도리를 따라 서로 사랑하고 협동하고 함께 잘살려는 「인애(仁愛)의 도덕심」이 있다. 동시에 사람에게는 동물적・육체적 삶을 사는 식색(食色)의 본능인 개별적・이기적 욕심도 있다.

유교사상(儒教思想)은 「인애의 도덕심」을 인간의 본성으로 보고 높인다. 그래서 「인애의 도덕정치」를 주장한다. 한편 이기적 욕심을 극복하라고 가르친다.

전문(傳文) 제8장

* 경문 팔조목 중 「수신(修身), 제가(齊家)」를 풀이한 글이다.

전문 8장 1절

所謂齊其家 在修其身者 人之其所親愛而辟焉 之其所賤惡而辟焉 之其所畏敬而辟焉 之其所哀矜而辟焉 之其所敖惰而辟焉 故好而知其惡 惡而知其美者 天下鮮矣.

소위제기가(이) 재수기신자(는) 인(이) 지기소친애이벽언(하며) 지기소천오이벽언(하며) 지기소외경이벽언(하며) 지기소애긍이벽언(하며) 지기소오타이벽언(하나니) 고(로) 호이지기악(하며) 오이지기미자(이) 천하(에) 선의(니라)

이른바 자기 집안을 가지런히 다스리는 바탕은 자신의 몸을 닦음에 있다. 보통사람은 자기가 친애하는 사람에 대해서 치우친다. 자기가 천시하고 미워하는 사람에 대해서 치우친다. 자기가 경외하고 존경하는 사람에 대해서 치우친다. 자기가 애련하고 긍휼히 여기는 사람에 대해서 치우친다. 자기가 거만을 떨고 무시하는 사람에 대해서 치우친다. 그러므로 좋아하면서도 그의 나쁜 점을 알거나, 미워하면서도 그의 좋은 점을 알아주는 그런 사람은 천하에 많지 않다. <대부분의 사람들은 극단적으로 한쪽으로 치우친다.>

▶ **어구 설명**

- 在修其身者(재수기신자) : <바탕이> 자기 몸을 닦음에 있다.
- 人(인) : 보통사람, 평범한 사람은.
- 之其所親愛而辟焉(지기소친애이벽언) : 자기가 친애하는 사람에 대해서는 편벽(偏僻)되게 한쪽으로 치우친다. 「지(之)」는 「어(於)」와 같은 뜻으로 푼다. 「벽(辟)」의 뜻은 「편벽되다, 치우친다」.
- 之其所賤惡(지기소천오) : 자기가 천하게 여기고 미워하는 사람에 대해서.
- 之其所畏敬(지기소외경) : 자기가 경외하고 존경하는 사람에 대해서.
- 之其所哀矜(지기소애긍) : 자기가 애련(哀憐)하고 긍휼(矜恤)히 여기는 사람에 대해서.
- 之其所敖惰(지기소오타) : 자기가 거만을 떨고 무시하는 사람이나 상대에 대해서.
- 故好而知其惡(고호이지기악) : 그러므로 <대상을> 좋아하면서도 그의 나쁜 점을 알거나.
- 惡而知其美者(오이지기미자) : 미워하되 장점을 알아주는 사람은.
- 天下鮮矣(천하선의) : <그런 사람은> 천하에 적다.

[傳文註] (1) 五者在人 本有當然之則 然常人之情 惟其所向 而不可察焉 則必陷於一偏 而身不修矣. : <친애(親愛), 천오(賤惡), 외경(畏敬), 애긍(哀矜), 오타(敖惰) 등> 다섯 가지 감정 표현에는, 저마다 사람이 본래 당연히 지키고 행할 법칙이 있게 마련이다. 그러나 평범한 많은 사람들은 감정을 나타날 때에, 다만 내키는 대로 하고, 깊이 살피지 않는다. <그래서> 반드시 한쪽으로 치우치고 빠지고, 따라서 자신을 바르게 닦지 못한다. <즉 당연한 법칙이나 절도에 맞게 남에게 대하지 못하게 된다.>

전문 8장 2절

故諺有之曰 人莫知其子之惡 莫知其苗之碩.

고(로) 언(에) 유지(하니) 왈 인(이) 막지기자지악(하며) 막지기묘지석(이라하니라)

고로 속담에서 말했다. 「보통사람은 자기 자신의 악함을 모르고, 자기의 곡식이 큼을 모른다.」

▶ 어구 설명

· 諺有之曰(언유지왈) : 속담에서 말했다. 「언(諺)」의 음은 「언(彦)」.
· 人(인) : 보통사람, 평범한 사람.
· 莫知其子之惡(막지기자지악) : 자기 자신의 악한 점을 알지 못한다.
· 莫知其苗之碩(막지기묘지석) : 자기 밭의 묘가 큰 것을 모른다.

[傳文註] (1) 諺俗語也 溺愛者不明 貪得者無厭 是則偏之爲害 而家之所以不齊也. : 「언(諺)」은 속어다. 사랑에 빠지고 치우친 사람은 밝게 보지 못한다. 탐욕스럽게 얻으려는 사람은 만족하지 못한다. 이것이 치우친 해독이며, 또 집안을 가지런히 다스리지 못하는 원인이다.

전문 8장 3절

此謂身不修 不可以齊其家.

차위신불수(면) 불가이제기가(니라)

이를 일러 「몸을 닦지 않고서는 그 집안을 가지런히 다스릴 수 없다」고 말하는 것이다.

▶ **어구 설명**

· 身不修(신불수) : <가장(家長)이 먼저> 몸을 닦지 않으면.

· 不可以齊其家(불가이제기가) : 그 집안을 가지런히 다스리지 못한다.

【참고 보충】「제가(齊家)」의 깊은 뜻」

「제(齊)」는 「고르다, 공평하다, 평등하다」의 뜻이다. 「가(家)」는 좁게는 「한 집안 식구」, 넓게는 「일가 친족을 포함한 모든 가족」의 뜻이다.

「제가(齊家)」는 「사람이나 사물을 공평무사(公平無私)하게 대하고, 또 처리한다」는 뜻이다. 「공평」은 「맹목적으로 똑같이 한다」는 뜻이 아니다. 노쇠한 조부모에게는 죽을 올리고, 유아는 젖을 먹게 하고, 힘차게 일하는 장정에게는 고봉밥을 주는 것이 「공평=제(齊)」의 뜻이다. 「무사(無私)」는 편벽(偏僻)된 감정으로 대하지 않는다는 뜻이다. 처나 자식에 대한 사랑에 빠져, 부모 형제를 소외하면 안 된다. 「윤리 도덕과 예의범절」에 따라 「상하, 좌우, 원근(遠近), 대소의 모든 가족들」을 「법도」에 맞게 「고르게[齊]」 대하고 모든 사물을 공평무사하게 도리에 맞게 처리하고 다스려야 한다.

「전문 8장 1절」의 「제가(齊家)」는 주로 집안을 다스리는 가장이나 어른만을 말하지 않고, 가족 모든 개개인이 서로 상대방에게 윤리 도덕 및 예의범절의 도리에 맞게 대해야 함을 강조한 것이다. 즉 가족 개개인이 편벽된 마음이나 혹은 치우친 감정으로 차등을 두거나 서로 대립하면 가정이 고르게 될 수 없다. 우선 가장이 도를 따르고 수신(修身)해야 한다.

전문(傳文) 제9장

* 제가(齊家)가 치국(治國)의 바탕임을 강조한 글이다.

전문 9장 1절

所謂治國 必先齊其家者 其家不可敎 而能敎人者無之 故君子不出家 而成敎於國 孝者所以事君也 弟者所以事長也 慈者所以使衆也.

소위치국(이) 필선제기가자(는) 기가(를) 불가교(이오) 이능교인자(이) 무지(하니) 고(로) 군자(는) 불출가 이성교어국(하나니) 효자(는) 소이사군야(요) 제자(는) 소이사장야(요) 자자(는) 소이사중야(이니라)

이른바 치국(治國)은 반드시 먼저 자기 집안을 가지런히 함이라고 말하는 <까닭은> 자기 집안 사람들을 교화하지 못하고, 능히 다른 사람들을 교화한 예가 없기 때문이다. 고로 군자는 집을 나가지 않고도 <덕의 힘으로써> 모든 사람들에 대한 교화를 할 수 있다. <부모에 대한> 효도는 곧 <국가적으로는> 임금을 잘 섬기는 <충성의> 바탕이다. <형제간의 우애 공경인> 제(弟=悌)는 곧 <사회에서> 연장자나 선배를 잘 섬기는 바탕이다. <가정에서 자녀나 아랫사람에게 베푸는> 자애는 곧 <국가적인 차원에서> 백성이나 대중을 <인애(仁愛)로써> 부리고 쓰는 바탕이다.

▶ 어구 설명

· 必先齊其家者(필선제기가자) : 반드시 먼저 자기 집안을 가지런히 함이다.

· 其家不可敎(기가불가교) : 자기 집안 사람들을 교화하지 못하고.
· 而能敎人者無之(이능교인자무지) : 능히 다른 사람들을 교화한 예가 없다.
· 故君子不出家(고군자불출가) : 고로 군자는 집을 나가지 않고도.
· 而成敎於國(이성교어국) : 나라의 모든 사람들에 대한 교화를 할 수 있다.
· 孝者(효자) : 부모에 대한 효도 효행은.
· 所以事君也(소이사군야) : <국가에서> 임금을 잘 섬기는 바탕이다.
· 弟者(제자) : 형님에 대한 존경 공순(恭順)은. 「弟=悌(형을 높이고 순종함)」
· 所以事長也(소이사장야) : 연장자나 선배를 잘 섬기는 바탕이다.
· 慈者(자자) : 가정에서 자녀나 아랫사람에게 자애를 베푸는 것은.
· 所以使衆也(소이사중야) : 국가적인 차원에서 백성이나 대중을 인애(仁愛)로써 부리고 쓰는 바탕이다.

[傳文註] (1) 身修則家可敎矣 孝弟慈所以修身 而敎於家者也 然而國之所以事君事長使衆之道 不外乎此 此所以家齊於上 而敎成於下也. : 몸을 닦아야 비로소 집안사람들을 교화할 수 있다. 부모에 대한 효도, 형장에 대한 경애, 아랫사람에 대한 자애 셋이 자신을 수양하고 집안사람들을 교화하는 바탕이다. 그러나 나라에 있어 임금을 섬기고, 윗사람을 섬기고, 또 백성을 부려쓰는 도리도 이에서 벗어나지 않는다. 이 셋이 위로는 집안을 가지런하게 다스리고, 아래로는 백성들을 교화하는 바탕이다.

전문 9장 2절

康誥曰 如保赤子 心誠求之 雖不中 不遠矣 未有學養子 而后嫁者也.

강고(에) 왈 여보적자(라하니) 심성구지(면) 수부중(이나) 불원의(니) 미유학양자 이후(에) 가자야(니라)

서경 강고편(康誥篇)에 「갓난아이를 보육하는 것같이 하라」고 말했다. 마음속으로부터 성실하게 구하면, 비록 맞지 않아도 멀게 되지는 않을 것이다. 자식 양육하는 법을 배운 다음에 시집가는 사람은 없느니라.

▶ 어구 설명

· 如保赤子(여보적자) : 갓난아기를 보육(保育)하듯이 하라. 사람은 천성(天性)으로 자식을 낳고 사랑으로 양육한다.

· 心誠求之(심성구지) : <하늘이 준 본연의> 자애심을 가지고 성실하게 구하면.

[傳文註] (1) 此引書而釋之 又明立敎之本 不假强爲 在識其端 而推廣之耳. : 이는 서경의 구절을 인용하고 해석해서 교화의 근본을 세우는 일은 강제적 힘을 빌려서 하는 것이 아니고 <각자가 스스로 윤리 도덕의> 단서를 알고 아울러 미루어 넓혀나감에 있음을 밝힌 것이다.

전문 9장 3절

一家仁 一國興仁 一家讓 一國興讓 一人貪戾 一國作亂 其機如此 此謂 一言僨事 一人定國.

일가(이) 인(이면) 일국(이) 흥인(하고) 일가(이) 양(이면) 일국(이) 흥양(하고) 일인(이) 탐려(하면) 일국(이) 작란(하나니) 기기여차(하니) 차위일언(이) 분사(며) 일인(이) 정국(이니라)

한 집안에 인(仁)이 넘치면 <백성들이 감화되어> 나라 전체에 인이 흥성하게 된다. 한 집안에 겸양의 예(禮)가 잘 행해지면 나라 전체에 겸양의 예가 진작된다. 임금 한 사람이 탐욕하게 이(利)를 취하면 나라 모든 사람들도 <탐욕하게 이를 취하고 마침내는> 난(亂)을 일으키게 된다. 그 기틀이 이와 같이 기미(機微)하게 엮어져 있다. 그래서 「임금의 그릇된 말 한마디가 국사(國事)를 망치기도 하고, 임금 한 사람의 인덕(仁德)이 나라를 안정되게 한다」고 말하는 것이다.

▶ **어구 설명**

- 一家仁(일가인) : 한 집에서 인(仁)이 넘치면. <백성이 감화되어.>
- 一國興仁(일국흥인) : 나라 전체에 인의 기풍이 진작된다.
- 一家讓(일가양) : 한 집안에서 겸양의 예가 잘 행해지면.
- 一國興讓(일국흥양) : 나라 전체에 겸양의 예가 진작된다.
- 一人貪戾(일인탐려) : 임금 한 사람이 탐욕하게 이(利)를 취하면. 「일인(一人)」은 임금을 말한다.
- 一國作亂(일국작란) : 나라의 모든 사람들도 <탐욕하게 이를 취하고 마침내는> 난을 일으키게 된다.
- 其機如此(기기여차) : 그 기미가 이와 같이 미묘하다. 「기(機)」는 발동하는 기틀이다.
- 一言僨事(일언분사) : 임금의 <그릇된> 말 한마디가 국사를 망치고. 「분(僨)」은 뒤집어엎고 망친다는 뜻이다.
- 一人定國(일인정국) : 임금 한 사람의 <인덕(仁德)이> 나라를 안정되게 하기도 한다.

[傳文註] (1) 此言教成於國之效. : 이 절은 임금의 교화가 나라에 주는 효험이나 영향을 말한 것이다.

전문 9장 4절

堯舜帥天下以仁 而民從之 桀紂帥天下以暴 而民從之 其所令 反其所好 而民不從 是故 君子有諸己 而後求諸人 無諸己 而後非諸人 所藏乎身不恕 而能喩諸人者 未之有也.

요순(이) 솔천하이인(하신대) 이민(이) 종지(하고) 걸주(이) 솔천하이포(한대) 이민종지(하니) 기소령(이) 반기소호(면) 이민(이) 부종(하나니) 시고(로) 군자(는) 유제기 이후(에) 구제인(하며) 무제기 이후(에) 비제인(하나니) 소장호신(이) 불서(요) 이능유제인자(이) 미지유야(니라)

요(堯)와 순(舜) 두 성제(聖帝)가 천하를 인덕(仁德)으로 통솔하고 다스리자, 천하 만민들이 잘 따르고 <감화되어 인덕을 높이고 실천했다.> 하(夏)의 걸왕(桀王)과 은(殷)의 주왕(紂王)은 천하를 포학무도하게 통솔했다. 이에 백성들도 <걸왕과 주왕을> 따라 <포학무도하게 되었다. 포학무도한 임금이> 내리는 명령이 자기들이 좋아하는 바와 반대가 되고 <즉 자기들은 포학무도한 짓을 좋아하고 행하면서 백성에게는> 반대로 <착하게 하라고> 명령을 내렸다. 그러므로 백성들은 <착하게 하라는> 명령을 따르지 않고 <포학무도한 짓을 했다.> 그런 고로 군자는 먼저 자기가 <선한 덕을> 갖춘 다음에 남에게 <선한 덕> 갖기를 구한다. <한편> 자기에게 <허물이> 없게 한 다음, 그리고 나서 남에게 <허물 있음을> 비난한다. 내가 속에 「불서(不恕)」를 지니고 있으면서 남을 능히 교화하고 깨우치게 할 사람은 절대로 없다.

▶ 어구 설명

· 堯舜帥天下以仁(요순솔천하이인) : 요(堯)와 순(舜) 두 성제(聖帝)가

천하를 인덕(仁德)으로 통솔하고 다스리자. 「帥(수)」를 「솔」로 읽는다.
· 桀紂帥天下以暴(걸주솔천하이포) : 걸왕(桀王)과 주왕(紂王)이 천하를 포학하게 통솔하자.
· 反其所好(반기소호) : 자기들이 좋아하는 바와 반대가 되다. <즉 임금이나 백성들은 포학무도한 짓을 좋아서 하는데, 임금은 백성에게 반대로 착하게 하라고 명령을 내린다.>
· 君子有諸己(군자유제기) : 군자는 먼저 자기가 <선을> 갖춘 다음에.
· 而後求諸人(이후구제인) : 그리고 나서 남에게 선하기를 구한다.
· 無諸己(무제기) : 자기에게 <허물이> 없어야.
· 而後非諸人(이후비제인) : 그리고 나서 <허물 있는> 남을 비난한다.
· 所藏乎身不恕(소장호신불서) : 내가 속에 「불서(不恕)」를 깊이 지니고 있으면서. 「서(恕)」는 「추기급인(推己及人)」이다. 「내가 마음으로 좋아하는 바를 미루어 남에게 달성케 하고, 내가 싫어하는 바를 미루어 남에게 강요하지 않는다」는 뜻이다. 「불서」는 「서(恕)」의 반대. 즉 「자기가 좋아하는 바를 남에게 주지 않고, 자기가 싫어하는 바를 남에게 강요한다」는 뜻이다. 「소장호신불서(所藏乎身不恕)」를 다음같이 의역(意譯)할 수 있다. 「좋은 것은 자기 혼자 독차지하고, 나쁜 것은 남에게 강요하려는 악한 마음씨를 속에 품고서는」.
· 而能喩諸人者(이능유제인자) : 남을 능히 교화하고 깨우치게 할 사람은.
· 未之有也(미지유야) : 있지 않다, 절대로 없다.

[傳文註] (1) 有善於己 然後 可以責人之善 無惡於己 然後 可以正人之惡 皆推己而及人 所謂恕也. : 자신에게 선(善)이 있은 다음에 남에게 선하기를 구할 수 있으며, 자신에게 악(惡)이 없게 된 다음에 남의 악을 바로잡을 수 있다. <이와 같이> 자기를 미루어 남에게 미치는 것을 이른바 서(恕)라 한다.

(2) 不如是 則所令 反其所好 而民不從矣 喩曉也. : 이와 같이 하지 않으면, 백성에게 내리는 명령이 자신이 좋아하는 바와 반대가 된다.

그래서 백성들이 따르지 않는 것이다. 「유(喩)」는 「깨달을 효(曉)」의 뜻이다.

전문 9장 5절

故治國在齊其家.

고(로) 치국(이) 재제기가(니라)

그러므로 나라 다스림이 그 집을 가지런히 함에 있느니라.

전문 9장 6절

詩云 桃之夭夭 其葉蓁蓁 之子于歸 宜其家人 宜其家人 而后可以敎國人.

시운 도지요요(여) 기엽진진(이로다) 지자우귀(여) 의기가인(이라하니) 의기가인 이후(에) 가이교국인(이니라)

시경 주남(周南) 도요편(桃夭篇)에 있다. 「복숭아나무가 싱싱하게 마냥 자라고, 그 잎이 푸르고 무성하다. 이 아이가 시집을 가니, 그 집안 사람들에게 잘하리라.」 <이 시는 곧> 집안 사람들이 화목하고 제가(齊家)가 이루어진 후에 비로소 나라 사람들을 교화할 수 있다는 뜻이다.

▶ **어구 설명**

· 夭夭(요요) : 어리고 싱싱하다.
· 其葉蓁蓁(기엽진진) : 그 잎이 푸르고 무성하다.
· 之子于歸(지자우귀) : 이 아이가 시집을 가다. 「지자(之子)」는 「이 아이」

로 「시자(是子)」와 같은 뜻이다. 여기서는 출가하는 여자를 말한다. 여자가 시집가는 것을 「귀(歸)」라 한다. 시경에 자주 나오는 독특한 표현이다. <즉 싱싱하게 자라는 복숭아나무의 푸르고 무성한 잎같이 세차고 젊고 아름다운 이 아가씨가 시집을 간다는 뜻.>

· 宜其家人(의기가인) : 그 집안 사람들에게 잘하리라. 혹은 그 집안 사람들이 화목하리라. 「의(宜)」는 「좋을 선(善)」이다.
· 而后可以教國人(이후가이교국인) : <집안이 화목하고 잘 다스려진 다음에> 비로소 나라 사람들을 교화할 수 있다.

전문 9장 7절

詩云 宜兄宜弟 宜兄宜弟 而后可以教國人.

시운 의형의제(하나니) 의형의제 이후(에) 가이교국인(이니라)

시경 소아(小雅) 육소편(蓼蕭篇)에 「형에게도 잘하고 아우에게도 잘한다」고 읊었다. <이와 같이> 형제가 우애하고 화목한 다음에 비로소 나라 사람들을 가르칠 수 있느니라.

▶ 어구 설명

· 宜兄宜弟(의형의제) : <동생이> 형에게 잘하고 <형은> 아우에게 잘한다. 즉 형제가 저마다 제(弟=悌)를 따라 서로 우애하고 공경한다.
· 而后(이후) : 그런 다음에, 즉 「가제(家齊)」한 다음에.
· 可以教國人(가이교국인) : 나라 사람들을 가르칠 수 있다.

전문 9장 8절

詩云 其儀不忒 正是四國 其爲父子兄弟 足法 而后民法之也.

시운 기의불특(이라) 정시사국(이라하니) 기위부자형제(이) 족법 이후(에) 민(이) 법지야(니라)

시경 조풍(曹風) 시구편(鳲鳩篇)에 있다. 「그 위의(威儀)가 어긋나지 않으니 사방의 나라를 바르게 한다.」 <이 시는 곧 다음 같은 뜻을 말한 것이다.> 「그 집안의 부(父) 자(子) 형(兄) 제(弟)가 <효제 화목하니> 족히 법도로 삼을 만했다. 그러므로 백성들이 <그와 그의 집안을> 법도로 삼고 교화되었던 것이다.」

▶ **어구 설명**

- 其儀不忒(기의불특) : 그 위의(威儀)가 어긋나지 않다. 「忒(어긋날 특)」
- 正是四國(정시사국) : 사방의 나라를 바르게 한다.
- 其爲父子兄弟(기위부자형제) : <그 집안에서는> 부(父), 자(子), 형(兄), 제(弟)가 저마다 도리를 지키고 화목했으므로.
- 足法(족법) : 충분히 모범으로 삼을 만하다.
- 民法之也(민법지야) : 모든 백성들이 <그의 집안을> 법도로 삼았다.

전문 9장 9절

此謂治國 在齊其家.

차위치국(이) 재제기가(니라)

이상을 일컬어 치국(治國)이 「그 집안을 가지런히 함(齊其家)」에 있다고 말하는 것이다.

[傳文註] (1) 此三引詩 皆以詠歎 上文之事 而又結之如此 其味深長 最宜潛玩 . : 이와 같이 세 번이나 시경을 인용한 것은 앞에 있는 전문(傳文)의 기술에 대해서 감탄하고, 또 시로 묶기 위해서다. <감탄할 만큼> 그 의미가 깊고 중요하니, 모름지기 속뜻을 잘 음미해야 한다.

【참고 보충】「대전주소선역(大全註疏選譯)」

옥계 노씨가 말했다.「이 장에서 치국(治國)에 대한 말은 간략하고 제가(齊家)에 대한 말을 자세하게 했다. 그 이유는『제가의 도를 밝히는 것(明齊家之道)』이 곧『치국의 도(治國之道)』이기 때문이다. 또 사람은 같은 마음을 공유하고 있으며, 마음으로 공유하는 것이 곧 명덕이기 때문이다.(玉溪盧氏曰 此章言治國甚略 言齊家甚詳 所以明齊家之道 卽治國之道 以人同此心 心同此明德故也.)」

전문(傳文) 제10장

* 치국(治國)과 평천하(平天下)를 풀이했다. 그러나 10장은 마지막 장이므로 대학의 삼강령과 팔조목을 통합한 차원에서 「치국과 평천하」의 핵심 사항을 풀이했다.

전문 10장 1절

所謂平天下 在治其國者 上老老而民興孝 上長長而民興弟 上恤孤而民不倍 是以君子有絜矩之道也.

소위평천하(이) 재치기국자(는) 상로로(하여) 이민흥효(하며) 상장장(하여) 이민흥제(하며) 상휼고(하여) 이민불배(하나니) 시이(로) 군자(는) 유혈구지도야(니라)

이른바 「평천하(平天下)의 바탕이 치기국(治其國)에 있다」고 함은 <다음 같은 뜻을 말한 것이다.> 윗사람이 자기 일가의 노인들을 노인에 대한 예절로 섬기므로 백성들이 감화되어 효도를 진작하게 되고, 윗사람이 자기 일가의 연장자들을 연장자에 대한 예절로 공경하므로 백성들이 감화되어 제(弟=悌)를 진작하게 되고, 윗사람이 <나라의 모든> 고아를 구휼하므로 백성들이 감화되어 등을 돌리지 않게 된다. 그러므로 임금이나 군자는 「혈구지도(絜矩之道)」를 따르고 실천해야 한다.

▶ **어구 설명**

- 上老老(상로로) : 임금이 자기 일가의 어른들을 잘 섬긴다.
- 而民興孝(이민흥효) : 그러면 백성들도 교화되어 효도를 돈독하게 한다. 「흥(興)」은 「감화되고 분발하고 진작(振作) 흥기(興起)한다」는 뜻.
- 上長長(상장장) : 윗사람이 자기 집안의 형님이나 연장자를 공경한다.
- 而民興弟(이민흥제) : 백성들도 감화되어 제(弟=悌)를 진작하고 실천한다.
- 上恤孤(상휼고) : 윗사람이 부모 없는 고아를 구휼(救恤)한다. 「고(孤)」는 「부모 없는 아이를 일컫는다.」
- 而民不倍(이민불배) : 백성들이 윗사람을 배반하지 않는다. 「배(倍)=배(背)」.
- 君子(군자) : 나라를 다스리는 임금이나 정치에 참여하는 군자.
- 有絜矩之道也(유혈구지도야) : 「혈(絜)」은 「헤아리고, 맞게 하다.」 「구(矩)」는 「곡척(曲尺).」 즉 「혈구지도」는 「기준이 되는 도리」, 즉 「천도(天道)나 인도(仁道)」를 말한다.

[傳文註] (1) 言此三者 上行下效 捷於影響 所謂家齊而國治也. : 이 세 가지[노로(老老), 장장(長長), 휼고(恤孤)]는 「상행하효(上行下效)」를 말한 것으로, 그 속도가 그림자나 메아리보다도 빠르다. 이것을 두고 이른바 「가제(家齊)하고 국치(國治)한다」고 말하는 것이다.

(2) 亦可以見人心之所同 而不可使有一夫之不獲矣. : 또 사람의 마음이 같음을 알 수 있다. 그러므로 한 사람일지라도 얻지 못하는 바가 있게 해서는 안 된다.

(3) 是以君子 必當因其所同 推以度物 使彼我之間 各得分願 則上下四旁 均齊方正 而天下平矣. : 그러므로 군자는 반드시 마땅히 동등하게 지니고 있는 도덕성을 바탕으로 하고, 또 <나를> 미루어 상대를 헤아리고 저울질해서, 피차간에 서로가 각자 분수에 맞게 원하는

바를 얻게 해주어야 한다. <그러면> 즉 상하 사방이 균등하게 고르고 방정하게 되며, 천하가 태평하게 된다.

전문 10장 2절

所惡於上 毋以使下 所惡於下 毋以事上 所惡於前 毋以先後 所惡於後 毋以從前 所惡於右 毋以交於左 所惡於左 毋以交於右 此之謂絜矩之道也.

소오어상(으로) 무이사하(하며) 소오어하(로) 무이사상(하며) 소오어전(으로) 무이선후(하며) 소오어후(로) 무이종전(하며) 소오어우(로) 무이교어좌(하며) 소오어좌(로) 무이교어우(이) 차지위혈구지도야(니라)

윗사람에게 미움을 받는 <불성실한 태도로> 아랫사람을 부리고 쓰면 안 된다. 아랫사람에게 미움을 받는 태도로 윗사람을 섬기면 안 된다. 선배에게 미움을 받는 태도로 후배를 제쳐놓고 앞으로 나서면 안 된다. 후배에게 미움을 받는 태도로 홀로만 앞으로 나서면 안 된다. 오른쪽 사람에게 미움을 받는 태도를 가지고 왼쪽 사람에게 대하면 안 된다. 왼쪽 사람에게 미움을 받는 태도로 오른쪽 사람과 사귀면 안 된다. 이와 같이 하는 것을 「혈구지도(絜矩之道)」라고 한다. <*「혈구지도」는 「절대선의 기준을 가지고 상하 사방을 공평하고 방정하게 틀 잡고 행동하는 도리이다.」>

▶ 어구 설명

- 所惡於上 毋以使下(소오어상 무이사하) : 윗사람에게 미움을 받는 <불성실하고 무례한 태도를 가지고> 아랫사람을 부려쓰면 안 된다.
- 所惡於下 毋以事上(소오어하 무이사상) : 아랫사람에게 미움을 받는

<오만하고 무도한 태도로> 윗사람을 섬기면 안 된다.

- 所惡於前 毋以先後(소오어전 무이선후) : 앞사람이나 선배에게 미움을 받는 <참월(僭越)하고 무례한 태도로> 뒷사람이나 후배의 앞에 서면 안 된다.
- 所惡於後 毋以從前(소오어후 무이종전) : 뒷사람이나 후배에게 미움을 받는 <불손(不遜)하고 무례한 태도로> 남의 앞에 서면 안 된다.
- 所惡於右 毋以交於左(소오어우 무이교어좌) : 오른쪽 사람에게 미움을 받는 태도로 왼쪽 사람에게 대하면 안 된다.
- 所惡於左 毋以交於右(소오어좌 무이교어우) : 왼쪽 사람에게 미움을 받는 태도로 오른쪽 사람과 사귀면 안 된다.

[傳文註] (1-1) 此覆解上文 絜矩二字之意 如不欲上之無禮於我 則必以此度下之心 而亦不敢以此無禮使之 不欲下之不忠於我 則必以此度上之心 而亦不敢以此不忠事之. :「전문 10장 2절」도 앞의 혈구(絜矩) 두 글자의 뜻을 해석한 것이다. 만약에 윗사람이 나에게 무례하게 하기를 바라지 않으면 반드시 그 마음으로 아랫사람의 마음을 헤아려서 나도 역시 감히 그와 같은 무례한 태도로 그들을 부려쓰지 말아야 한다. 아랫사람이 나에게 불충하기를 원치 않으면 곧 반드시 그와 같은 마음으로 윗사람의 마음을 헤아려서 역시 감히 그와 같은 불충한 태도로 윗사람을 섬기지 말아야 한다.

(1-2) 至於前後左右 無不皆然 則身之所處 上下四旁 長短廣狹 彼此如一 而無不方矣 彼同有是心 而興起焉者 又豈有一夫之不獲哉. : 전후 좌우에 대해서도 그렇지 않은 것이 없게 한다. 즉 자신의 처신과 행하는 바가 상하 사방에 대해서나 길거나 짧거나, 넓거나 좁거나, 모든 일에 대해서 피차여일(彼此如一)하게 될 것이며, 또 방정하지 않음이 없게 된다. 다른 사람도 그러한 마음을 가지고 감화되고 흥기(興起)할 것이므로, 어찌 한 사람일지라도 바르게 얻지 못함이 있겠느냐.

(2) 所操者約 而所及者廣 此平天下之要道也 故章內之意 皆自此而推之. : <다스리는 사람이 마음속에 두고> 조종하는 바 도리는 간략하지만 미치는 바 효과는 넓다. 이렇게 하는 것이 「평천하(平天下)」의 긴요한 도리다. 그러므로 이 「전문 10장」 안에 있는 모든 글의 뜻을 다 「혈구지도(絜矩之道)」에서 풀이하고, 또 미루어 나가야 한다.

전문 10장 3절

(1)詩云 樂只君子 民之父母 民之所好 好之 民之所惡 惡之 此之謂民之父母.

시운 낙지군자(여) 민지부모(라하니) 민지소호(를) 호지(하고) 민지소오(를) 오지(하니) 차지위 민지부모(니라)

시경 소아(小雅) 남산유대편(南山有臺篇)에 다음같이 있다. 「마냥 즐겁네! 군자다운 임금이시여! 저분이 백성의 부모로다.」 백성이 좋아하는 바를 임금이 좋아하고, 백성이 싫어하는 바를 임금도 싫어하니 이를 일컬어 백성의 부모라 하노라.

▶ 어구 설명

・樂只君子(낙지군자) : 즐거워라, 군자여! 「지(只)」는 어조사. 「군자」는 「인덕(仁德)으로 다스리는 임금」.

[傳文註] (1) 言能絜矩而以民心爲己心 則是愛民如子 而民愛之如父母矣. : <임금이> 「혈구의 도리」로 백성의 마음을 자기 마음으로 삼을 수 있으면, 즉 백성을 자식같이 사랑하면, 백성도 임금을 부모같이 사랑한다는 뜻을 말한 것이다.

전문 10장 3절

(2)詩云 節彼南山 維石巖巖 赫赫師尹 民具爾瞻 有國者不可以不愼 辟則爲天下僇矣.

시운 절피남산(이여) 유석암암(이로다) 혁혁사윤(이여) 민구이첨(이라하니) 유국자(이) 불가이불신(이니) 벽즉위천하륙의(니라)

시경 소아(小雅) 절남산편(節南山篇)에 있다. 「우뚝 높이 솟은 남산이여! 암석이 높이 쌓여 장엄하다. 높이 빛나는 태사(太師) 윤씨(尹氏)여! 백성들이 모두 그대를 우러러보노라.」 <그러므로> 나라를 다스리는 임금이나 군자는 삼가지 않으면 안 된다. 치우치고 사벽(邪辟)하면 천하 만민에게 살육(殺戮)을 당한다.

▶ 어구 설명

- 節彼南山(절피남산) : 우뚝 높이 솟은 남산이여! 「절(節)」은 우뚝 높다.
- 維石巖巖(유석암암) : 암석이 높이 쌓였도다. 「유(維)」는 감탄 허사(虛詞). 「암암(巖巖)」은 <산 전체가> 암석으로 높이 쌓이고 장엄하다.
- 赫赫師尹(혁혁사윤) : 높이 빛나는 태사(太師) 윤씨(尹氏). 주(周)나라의 최고 관직인 삼공(三公)의 으뜸을 「태사」라 한다.
- 民具爾瞻(민구이첨) : 백성들이 모두 그대를 우러러보고 있다. 「구(具)」는 「다 함께, 모두」의 뜻이다.
- 有國者(유국자) : 나라를 다스리는 임금이나 군자들.
- 不可以不愼(불가이불신) : 삼가지 않으면 안 된다.
- 辟(벽) : 치우친다. 「벽(辟)=벽(僻)」
- 爲天下僇矣(위천하륙의) : 천하 <만민에 의해서> 살육(殺戮)을 당한다. 「육(僇)」은 「육(戮)」. 주자는 「치욕을 받는다」로 풀었다.

[傳文註] (1) 言在上者 人所瞻仰 不可不謹 若不能絜矩而好惡徇於一己之偏 則身弑國亡 爲天下之大戮矣. : 이 시 구절은 「위에 있는 사

람은 모든 사람이 우러러 쳐다보는 바로, 근신하지 않으면 안 된다. 만약에 혈구의 도를 지키지 못하고 도리어 호오(好惡)를 자기 한 사람의 편벽에 맞추고 따르면 즉시 자신도 살해되고 나라도 망하고, 천하 만민에 의해 크게 주살될 것이다」라는 뜻이다.

전문 10장 3절

(3)詩云 殷之未喪師 克配上帝 儀監于殷 峻命不易 道得衆則得國 失衆則失國.

시운 은지미상사(엔) 극배상제(러니) 의감우은(이어다) 준명불이(라하니) 도득중 즉득국(하고) 실중 즉실국(이니라)

시경 대아(大雅) 문왕편(文王篇)에 있다. 「은(殷)나라가 백성의 마음을 잃지 않았을 때는 능히 상제와 잘 어울렸다. 마땅히 은나라를 거울로 삼고 살펴야 한다. 하늘이 내리는 큰 명은 <받기가> 쉽지 않다.」 이는 곧 「백성들의 마음을 얻으면 나라도 얻고, 백성들의 마음을 잃으면 나라도 잃는다」는 뜻을 말한 것이다.

▶ 어구 설명

- 殷之未喪師(은지미상사) : 은(殷)나라가 아직 대중의 마음을 잃지 않았을 때는. 「사(師)」는 「무리[衆]」의 뜻.
- 克配上帝(극배상제) : 능히 상제(上帝)와 어울렸다. 「상제」는 하늘. 「배(配)」는 짝이 되고 잘 어울리다. <* 은나라를 세운 탕왕(湯王) 같은 성군이 하늘의 뜻과 도리를 잘 따르고 잘 맞추었다.>
- 儀監于殷(의감우은) : 마땅히 은나라를 <거울로 삼고> 살펴야 한다. 「의(儀)」를 「의(宜)」로 푼다. 감(監)은 본다는 뜻. 「감(監)」을 「감(鑑)」으로 푼다.
- 峻命不易(준명불이) : 하늘이 내리는 큰 명은 쉽지 않다. 즉 천명을

내려받고, 또 잘 다스리기는 쉽지 않다는 뜻. 「준(峻)」은 크다는 뜻. 「불이(不易)」는 나라를 간직하기 어렵다는 뜻.
· 道得衆則得國(도득중즉득국) : 말이나 도리가 백성들의 마음을 얻으면 나라도 얻는다. 「도(道)」는 말한다는 뜻.
· 失衆則失國(실중즉실국) : 백성들의 마음을 잃으면 나라도 잃는다.

[傳文註] (1) 引詩而言此以結上文兩節之意 有天下者能存此心而不失 則所以絜矩而與民同欲者 自不能已矣. : 시를 인용하여 앞의 「전문 10장 3절의 (1) (2) 두 구절」의 뜻을 묶은 것이다. <그러므로> 천하를 다스리는 사람은 능히 그와 같은 마음을 가질 수 있어야 나라를 잃지 않는다. 이는 곧 「혈구의 도」를 행하고 백성과 원하는 바를 <임금이> 같이 하는 바탕이므로 자의(恣意)로 그만둘 수 없다.

전문 10장 4절

(1)是故 君子先愼乎德 有德此有人 有人此有土 有土此有財 有財此有用.

시고(로) 군자(는) 선신호덕(이니) 유덕(이면) 차유인(이요) 유인(이면) 차유토(요) 유토(면) 차유재(요) 유재(면) 차유용(이니라)

그러므로 군자는 먼저 덕에 신중해야 한다. 덕이 있어야 비로소 백성들이 있게 되고, 백성들이 있어야 비로소 국토가 있게 되고, 국토가 있어야 비로소 재물이 있게 되고, 재물이 있어야 비로소 재물을 써서 <국가를 경영할 수 있게 된다.>

▶ 어구 설명
· 有財此有用(유재차유용) : 재물이 있어야 비로소 재물을 써서. <국가를 경영할 수 있게 된다.>

[傳文註] (1) 先愼乎德 承上文不可不謹而言 德卽所謂明德 有人謂得衆 有土謂得國 有國則不患無財用矣. : 「먼저 덕을 삼가야 한다(先愼乎德)」는 구절은 앞의 「전문 10장 3절(2)」를 받고 「삼가지 않으면 안 된다고 하는 말」이다. 「덕」은 곧 명덕(明德)이다. 「유인(有人)」은 「무리를 얻음」을 말한다. 「유토(有土)」는 「나라를 얻음」을 말한다. 나라가 있어야 쓸 재물 없음을 걱정하지 않게 된다.

전문 10장 4절

(2)德者本也 財者末也.

덕자(는) 본야(요) 재자(는) 말야(니라)

덕(德)이 근본이고, 재물은 말단이다.

▶ 어구 설명

- 德者本也(덕자본야) : <다스림에 있어> 위정자의 덕이 근본 뿌리가 된다.
- 財者末也(재자말야) : 재물은 말단이 된다. 즉 나뭇가지에 해당한다. <* 덕(德)은 인(因)이고, 재(財)는 과(果 : 열매)다.>

【참고 보충】「말(末)의 뜻」

「말단」으로 번역하면 혹 「소중하지 않은 것」으로 오해한다.

나무의 꽃이나 가지는 뿌리를 바탕으로 자라고 또 피어난다. 그와 마찬가지로 위정자의 「덕」을 근본 뿌리로 삼고 재정(財政)이 운용되어야 한다.

국가 경영에 있어 재물이나 재용(財用)은 지극히 소중하다. 그러나 그보다 더 중요한 것은 위정자의 덕이다.

위정자가 백성의 마음을 헤아리는 「혈구의 도(絜矩之道)」를 따르는 덕치(德治)를 바탕으로 재정을 펴야 백성이 안락하게 산다. 반대로 위정자가 사악한 욕심을 바탕으로 하면 국가 재정이 파탄나고, 백성이 고생한다.

전문 10장 4절
(3)外本內末 爭民施奪.

외본내말(이면) 쟁민시탈(이니라)

<위정자가> 근본이 되는 덕을 소외하고, 끝가지에 해당하는 재물을 높이면, 백성과 다투게 되고, 또 쟁탈하게 된다.

▶ 어구 설명

- 外本內末(외본내말) : 근본을 밖으로 내몰고 가지를 안에 둔다. 즉 근본이 되는 덕을 버리고 가지에 해당하는 재물을 중시한다.
- 爭民施奪(쟁민시탈) : 주자(朱子)는 「쟁민(爭民)」을 「임금이 백성들과 재물을 다투게 된다」, 「시탈(施奪)」을 「그 결과 백성들이 서로 재물을 쟁탈하게 된다」로 풀었다.

[傳文註] (1) 人君以德爲外 以財爲內 則是爭鬪其民 而施之以劫奪之敎也 蓋財者人之所同欲 不能絜矩而欲專之 則民亦起 而爭奪矣. : 사람을 다스리는 임금이 덕을 밖에 내몰고, 마음속에 재물에 대한 욕심만 있으면, 결국 자기 나라 백성들과 <재물을> 다투고 싸우게 되고, 또한 백성들로 하여금 재물을 겁탈하게 만든다. 무릇 재물은 모든 사람이 다 얻고자 하는 것이다. <임금이> 「혈구(絜矩)의 도」를 따르지 않고 오직 재물을 제멋대로 취하려고 하면, 결국 백성들도 욕심을 일으키고 마침내는 서로 쟁탈하게 된다.

【참고 보충】「외본내말(外本內末)과 쟁민시탈(爭民施奪)」

「외본(外本)」의 「외(外)」는 동사로 「밖으로 내몰고 소외한다」는 뜻. 「본(本)」은 「근본이 되는 덕=명덕(明德)」이다. 「내말(內末)」의 「내(內)」도 동사로 「안에 모시고 높인다」는 뜻. 「말(末)」은 「끝가지에 해당하는 재물」이다. 즉 위정자가 마음속에 「명명덕(明明德)하려는 생각이 없고, 반대로 재물에 대한 욕심만이 넘친다」는 뜻이다.

「쟁민시탈(爭民施奪)」을 고주(古注)는 「저마다 재물을 취하려고 서로 다툰다. 백성들이 서로 뺏기를 한다」는 뜻으로 풀었다.

그러나 「혈구(絜矩)의 도덕정치」를 강조하는 주자(朱子)는 다음같이 확대 해석했다. 「임금이 재물 욕심에 넘쳐 가렴주구(苛斂誅求)하면, 백성들이 반대하고 부당하게 뺏기지 않으려고 하며, 결국은 재물을 놓고, 임금과 백성들이 다투고 뺏기 내기를 하게 된다.」

「그 결과 악화(惡化)된 백성들이 서로 쟁탈하게 된다.」 즉 악덕한 임금은 가렴주구하고 타락한 백성들도 서로 재물 탈취에 골몰하게 된다.

전문 10장 4절

(4)是故 財聚則民散 財散則民聚.

시고(로) 재취 즉민산(하고) 재산 즉민취(니라)

그러므로 <임금이 백성들로부터> 재물을 긁어모으면 백성들이 흩어지고, <반대로 백성들을 위해> 재물을 고르게 나누어 쓰면 백성들이 모여든다.

▶ 어구 설명
· 財聚則民散(재취즉민산) : 임금이 악덕하게 재물을 긁어모으면 백성들이 <임금에게 등을 돌리고> 흩어진다.
· 財散則民聚(재산즉민취) : <임금이> 재물을 고르게 나누어 쓰면 백성들이 <임금의 덕을 높이고> 그 임금에게로 모여든다.

[傳文註] (1) 外本內末 故財聚 爭民施奪 故民散 反是 則有德 而有人矣. : 임금이 「외본내말(外本內末)」하니깐 재물을 거두어들인다. 임금이 「쟁민시탈(爭民施奪)」하니깐 백성들이 흩어진다. 반대로 임금이 덕을 지니면 곧 백성들이 있게 된다.

전문 10장 4절

(5) 是故 言悖而出者 亦悖而入 貨悖而入者 亦悖而出.

시고(로) 언패이출자(는) 역패이입(하고) 화패이입자(는) 역패이출(이니라)

그런 고로 말이 <도리에> 어긋나게 <입에서> 나가면, 역시 어긋나게 <귀에> 들어온다. 재화(財貨)를 도리에 어긋나게 거두어들이면, 역시 어긋나게 나가게 마련이다.

▶ 어구 설명
· 言悖而出者(언패이출자) : 말이 <도리에> 어긋나게 <입에서> 나가면. 「패(悖)」는 「거스를 역(逆)」의 뜻이다.
· 貨悖而入者(화패이입자) : 재화(財貨)를 도리에 어긋나게 거두어들이면.

[傳文註] (1) 此以言之出入 明貨之出入也 自先謹乎德以下至此 又因財貨 以明能絜矩 與不能者之得失也. : 이 글은 말이 나가고 들어오는 이치를 가지고, 재화가 나가고 들어오는 이치를 밝힌 것이다. 「선

신호덕(先愼[謹]乎德)」에서부터 이 구절까지는 역시 재화로 인한 혈구(絜矩)할 수 있는 사람과 못하는 사람의 득실을 밝힌 것이다.

전문 10장 4절

(6)康誥曰 惟命不于常 道善則得之 不善則失之矣.

강고(에) 왈 유명(은) 불우상(이라하니) 도선즉득지(하고) 불선즉실지의(니라)

서경 강고편(康誥篇)에 있다. 「오직 천명(天命)은 항상 있는 것이 아니다.」 이 말은 곧 「착하게 하면 <천명을> 얻지만, 착하지 않으면 <천명을> 잃는다」는 뜻을 말한 것이다.

▶ 어구 설명

- 康誥曰(강고왈) : 무왕(武王)이 강숙(康叔)에게 훈계한 말을 적은 글.
- 惟命不于常(유명불우상) : 천명(天命)은 항상 있는 것이 아니다. 「우(于)」를 「유(有)」로 풀이한다.
- 道(도) : 말한다.
- 善則得之(선즉득지) : 착하게 하면 <천명을> 얻고.
- 不善則失之矣(불선즉실지의) : 착하지 않으면 잃는다.

전문 10장 5절

(1)楚書曰 楚國無以爲寶 惟善以爲寶.

초서왈 초국(은) 무이위보(요) 유선(을) 이위보(하니라)

초서(楚書)에 있다.「초나라에서는 보배로 여기는 것이 없다. 다만 선인(善人)을 보배로 여긴다.」

▶ 어구 설명

- 楚書(초서) : 주(註)에「초서는 초어(楚語)」라고 했다. 즉「국어(國語)」에 있는「초어」의 기록이다.
- 楚國無以爲寶(초국무이위보) : 초나라에서는 아무것도 보배로 여기지 않는다.
- 惟善以爲寶(유선이위보) : 다만 선인(善人)만을 보배로 여긴다.

[傳文註] (1) 言不寶金玉 而寶善人也. :「금이나 옥을 보배로 여기지 않고, 선인(善人)을 보배로 여긴다」는 뜻을 말한 것이다.

전문 10장 5절

(2) 舅犯曰 亡人無以爲寶 仁親以爲寶.

구범왈 망인(은) 무이위보(요) 인친(을) 이위보(라하니라)

외삼촌 자범(子犯)이 말했다.「망명중에 있는 사람은 아무것도 보배로 여기지 않는다. 오직 아버지를 친애하는 효성을 보배로 여긴다.」

▶ 어구 설명

- 舅犯(구범) : 구(舅)는 외삼촌, 이름은 호언(狐偃), 자(字)가 자범(子犯)이다. 그는 진(晉)나라 공자 중이(重耳)의 외삼촌이다.
- 亡人(망인) : 망명중에 있는 사람, 즉 중이(重耳)다.
- 無以爲寶(무이위보) : 보배로 여기는 것이 없다.
- 仁親以爲寶(인친이위보) : 인친(仁親)만을 보배로 여긴다.「인친」은「부친을 사랑하고 효도한다」는 뜻.

[傳文註] (1) 此兩節 又明不外本而內末之意. : 이 두 구절, 즉「10장

5절(1)과 5절(2)」도 역시 「외본내말(外本內末)하지 않는다는 뜻」을 밝힌 것이다.

【참고 보충】「중이(重耳)와 자범(子犯)」

진(晉)나라 헌공(獻公 : B.C. 676~651 재위)에게는 장성한 세 아들이 있었다. 이미 오래 전에 첫째아들 신생(申生)이 태자가 되었으며, 둘째 중이(重耳)와 셋째 이오(夷吾)도 요직을 맡고 있었다. 그런데 헌공이 뒤늦게 취한 여희(驪姬)가 아들 해제(奚齊)를 낳자 요사(妖邪)한 그녀는 자기 아들을 후계자로 만들기 위해 태자 신생을 모살(謀殺)하고, 중이와 이오도 살해하려고 획책했다.

그래서 중이는 적(狄)으로, 이오는 양(梁)으로 망명했다. 헌공이 죽자 진(晉)나라의 충신들이 해제를 죽이고, 여희의 도당을 축출하고 왕통(王統)을 되찾고자 했다. 이때 진(秦)나라의 목공(穆公)이 사신을 적에 망명중인 중이에게 보내 「망명을 중단하고 귀국하여 임금 자리에 오르라」고 권했다. 그러나 당시는 아직도 정세가 불안했다. 초(楚)나라의 고관(高官)이며 중이의 외숙(外叔)인 자범(子犯 : 성은 狐, 이름이 偃)이 망명중인 중이에게 이상과 같은 말을 하고, 중이로 하여금 사절케 했다. 예기(禮記) 단궁편 하(檀弓篇下)에 보인다.

전문 10장 6절

(1)秦誓曰 若有一个臣 斷斷兮 無他技 其心 休休焉 其如有容焉 人之有技 若己有之 人之彥聖 其心好之 不啻若自其口出 寔能容之 以能保我子孫黎民 尙亦有利哉 人之有技 媢疾以惡之 人之彥聖 而違之 俾不通 寔不能容 以不能保 我子孫黎民 亦曰殆哉.

진서(에) 왈 약유일개신(이) 단단혜(오) 무타기(나) 기심(이) 휴휴언(하고) 기여유용언(이라) 인지유기(를) 약기유지(하고) 인지언성(을) 기심호지(하며) 불시약자기구출(하고) 식능용지(하니) 이능보아자손려민(이오) 상역유리재(인져) 인지유기(를) 모질이오지(하고) 인지언성(을) 이위지(하야) 비불통(이면) 식불능용(이라) 이불능보 아자손려민(이니) 역왈태재(인져)

진서(秦誓)에 있다. 만약에 한 사람이 있는데, 그의 인품이 성실하고 한결같으며 별로 다른 재주는 없어도 그의 마음이 솔직하고 착하고 <모든 것을> 받아들이고 잘 포용한다. <그는> 다른 사람이 재주 있는 것을 흡사 자신이 가진 것처럼 여기고, 다른 사람이 슬기로운 선비답게 신통한 것을, <그가> 진심으로 좋아하고, 또 자기 입으로 칭찬할 뿐만 아니라, 진실로 포용한다. <이와 같은 사람을 등용해 써야> 능히 우리 자손과 백성들을 보전할 수 있으며, 또 이롭기를 바랄 수 있다. <반대로> 다른 사람이 재주가 있으면 강샘을 하고 미워하고, 또 다른 사람의 인품이 선비답고 신통하면 <고의로> 그를 반대하거나 거역하고 그로 하여금 달통(達通)하지 못하게 방해하고 참으로 <그를> 받아들이지 못하는 <자도 있다. 이런 자를 쓰면> 우리 자손과 백성들을 보전하지 못하고, 또 나라도 위태롭게 된다.

▶ 어구 설명

· 秦誓(진서) : 서경 주서(周書) 마지막 편에 있는 글. 진(秦)나라 목공(穆公)이 패전(敗戰)한 다음에 군신에게 한 말이다.
· 若有一个臣(약유일개신) : 만약에 한 신하가 있는데.
· 斷斷兮(단단혜) : 인품이 성실하고 한결같다. 「단단(斷斷)」은 「성실하고 한결같은 품」이다.
· 無他技(무타기) : 별로 특출한 재주는 없지만.
· 休休焉(휴휴언) : 솔직하고 착하고.
· 其如有容焉(기여유용언) : <모든 것을> 넓게 받아들이고 포용한다.
· 人之有技(인지유기) : 다른 사람이 재주 있는 것을.
· 若己有之(약기유지) : 흡사 자신이 가진 것처럼 여기고.
· 人之彦聖(인지언성) : 다른 사람이 선비답고 신통(神通)함을. 「언(彦)」은 「훌륭한 선비」이다. 「성(聖)」은 「신통하고 총명하다」는 뜻이다.
· 其心好之(기심호지) : 그가 진심으로 좋아한다.
· 不啻(불시) : 다만 ……하지 않을 뿐만 아니라. 「啻(뿐 시)」
· 若自其口出(약자기구출) : 자기 입으로 칭찬할. <뿐만 아니라>
· 寔能容之(식능용지) : 진실로 그 사람을 받아들이고 포용한다. 「식(寔)」은 참으로, 진실로.
· 以能保我子孫黎民(이능보아자손려민) : <그와 같이 포용력 있는 사람을 등용해 쓰면> 능히 우리들의 자손과 백성을 보전할 수 있으며.
· 尙亦有利哉(상역유리재) : 또 이롭기를 바랄 수 있다. 「상(尙)」은 「바란다」.
· 媢疾以惡之(모질이오지) : 강샘하고 미워한다. 「媢(강샘할 모)」
· 而違之(이위지) : 그를 반대하거나 거역하고.
· 俾不通(비불통) : 그로 하여금 달통(達通)하지 못하게 방해한다.
· 寔不能容(식불능용) : 참으로 <남을> 받아들이지 못한다.
· 以(이) : 임금이 만약에 옹졸한 자를 등용해 쓰면.
· 亦曰殆哉(역왈태재) : 또한 나라도 위태롭게 된다.

전문 10장 6절
(2)唯仁人 放流之 迸諸四夷 不與同中國 此謂唯仁人 爲能愛人 能惡人.

유인인(이) 방류지(하고) 병제사이(하야) 불여동중국(하니) 차위 유인인(이) 위능애인(하고) 능오인(하니라)

오직 인인(仁人)은 그들을 추방 유배하고 사방의 오랑캐 땅으로 내몰아 쫓고, 중국에서 함께 살지 못하게 한다. 이를 두고 공자가 「오직 인인(仁人)만이 진실로 사람을 사랑할 수도 있고, 미워할 수도 있다」고 말한 것이다.

▶ 어구 설명

- 唯仁人放流之(유인인방류지) : 오직 인인(仁人)은 그들을 추방하고 유배한다. 「지(之)」는 모질(媢疾)하는 나쁜 사람들.
- 迸諸四夷(병제사이) : 사방의 변방 오랑캐 땅으로 내몰아 쫓아버린다. 「병(迸)」은 「쫓을 축(逐)」과 같다.
- 不與同中國(불여동중국) : <문화국가인> 중국에서 함께 살지 못하게 한다.
- 唯仁人爲能愛人能惡人(유인인 위능애인 능오인) : 오직 인덕(仁德)을 갖춘 사람만이 <진실로> 사람을 사랑할 수도 있고, 미워할 수도 있다. <논어 이인편(里仁篇)>

[傳文註] (1) 言有此娟疾之人 妨賢而疾國 則仁人必深惡而痛絶之 以其至公無私 故能得好惡之正 如此也. : 이는 곧 다음 같은 뜻을 말한 것이다. 남을 시샘하고 미워하는 사람은 현명한 사람의 진출을 방해하고 나라를 병들게 한다. <그러면> 곧 어진 사람은 반드시 그를 깊이 미워하고 단호하게 그를 끊어 버린다. <어진 사람은> 지공무사(至公無私)하기 때문에 능히 「호오(好惡)」를 바르게 하고 <따라서>

그와 같이 <나쁜 사람을> 단절할 수 있는 것이다.

전문 10장 6절

(3) 見賢而不能擧 擧而不能先 命也 見不善而不能退 退而不能遠 過也.

견현이불능거(하며) 거이불능선(이) 명야(요) 견불선이불능퇴(하며) 퇴이불능원(이) 과야(니라)

현명한 사람을 보고 등용하지 못하거나, 등용하되 우선적으로 등용하지 못하는 것은 태만(怠慢)이다. 나쁜 사람을 보고도 물리치지 못하거나, 물리치되 멀리 추방해서 단절하지 못하면 잘못하는 것이다.

▶ 어구 설명

- 見賢而不能擧(견현이불능거) : 현명한 사람을 보고도 등용하지 못하거나.
- 擧而不能先(거이불능선) : 등용하되 우선적으로 등용하지 못하면.
- 命也(명야) : 태만(怠慢)이다. 정현(鄭玄)은 「만(慢)」으로 풀었고, 정자(程子)는 「태(怠)」로 보았다.
- 見不善而不能退(견불선이불능퇴) : 나쁜 사람을 보고도 물리치지 못하면.
- 退而不能遠(퇴이불능원) : 물리치되 멀리 추방하지 못하면.

전문 10장 6절

(4) 好人之所惡 惡人之所好 是謂拂人之性 菑必逮夫身.

호인지소오(하며) 오인지소호(이) 시위불인지성(이라) 재필체부신(이니라)

남이 미워하는 바를 좋아하고, 남이 좋아하는 바를 미워하는 것은 <사람의> 본성(本性)에 어긋난다. 재앙이 반드시 그 몸에 미칠 것이다.

▶ 어구 설명

- 好人之所惡(호인지소오) : 남들이 미워하는 바를 좋아한다. 즉 「백성이 본성적으로 미워하고 싫어하는 바, 즉 비도덕적인 악덕을 윗사람이 <반대로> 좋아하고 악덕한 짓을 한다」는 뜻.
- 惡人之所好(오인지소호) : 백성들이나 사람들이 본성적으로 좋아하는 선덕(善德)을 윗사람은 <반대로> 싫어하고 악덕한 짓을 한다.
- 是謂拂人之性(시위불인지성) : 그와 같은 것을 사람의 본성(本性)에 어긋나는 짓이라고 말한다. 「불(拂)」은 「거역하다, 거스르다」의 뜻이다.
- 菑必逮夫身(재필체부신) : 재앙이 반드시 그 몸에 미친다. 재(菑)는 옛 글자로 「재앙 재(災)」이다. 「逮(미칠 체)」

[傳文註] (1) 好善而惡惡 人之性也 至於拂人之性 則不仁之甚者也 自秦誓至此 又皆以申言好惡公私之極 以明上文所引南山有臺 節南山之意. :「선을 좋아하고 악을 미워하는 것」이 「인간의 본성이다.」 「사람의 본성에 거역하는 지경에 이른 것」은 곧 「불인(不仁)이 심한 것」이다. 「진서(秦誓) 6절(1)」에서 「이 구절 6절(4)」까지는 다 「호오(好惡)」함에 있어 「공적과 사적 양극의 경우」를 거듭 말하고, 앞에서 인용한 「남산유대(南山有臺) 3절(1)」 및 「절남산(節南山) 3절(2)」의 뜻을 밝힌 것이다.

전문 10장 7절

是故 君子有大道 必忠信以得之 驕泰以失之.

시고(로) 군자(이) 유대도(하니) 필충신이득지(하고) 교태이실지(니라)

그러므로 군자가 <따르고 행할> 큰 도리가 있다. 반드시 충(忠)과 신(信)을 지키면 <나라와 백성을> 얻지만, 교(驕)와 태(泰)하면 잃는다.

▶ **어구 설명**

- 君子(군자) : 군자는 자리를 두고 말한다. 즉 「임금자리에 올라 다스리는 군주를 말한다」는 뜻.
- 忠信以得之(충신이득지) : 충(忠)과 신(信)을 따르면 나라가 다스려진다.
- 驕泰以失之(교태이실지) : 교(驕)와 태(泰)하면 나라도 백성도 잃는다. 「교(驕)」는 「신분이 높음을 자랑한다[矜高]」는 뜻이다. 「태(泰)」는 「사치하고 방자(放恣)하다」는 뜻이다.

[傳文註] (1) 道謂居其位 而修己治人之術. :「도(道)」는 임금자리에 앉아 「수기치인(修己治人)」하는 도리를 말한다.

(2) 發己自盡爲忠 循物無違謂信. :「자신을 발현함에 있어, 스스로 최선을 다함」을 「충(忠)」이라 한다. 「모든 사물의 도리를 따르고, 어긋나지 않게 함」을 「신(信)」이라 한다.

(3) 此因上所引文王康誥之意而言 章內三言得失 而語益加切 蓋至此而天理存亡之幾決矣. : 이 구절은 앞에서 인용한 「문왕편(文王篇)의 시 3절(3)」과 「강고편(康誥篇) 4절(6)」의 뜻을 바탕으로 하고 말한 것이다. 이 「10장」에서는 「득실(得失)」이란 말이 세 번 나오며, <뒤로 갈수록> 그 뜻이 절실하다. 이 구절에 와서 천리를 간직한 경우와 잃은 경우의 미묘한 기틀을 결정지은 것이다.

전문 10장 8절

(1)生財有大道 生之者衆 食之者寡 爲之者疾 用之者舒 則財恒足矣.

생재(에) 유대도(하니) 생지자중(하고) 식지자과(하며) 위지자질(하고) 용지자서(하면) 즉재항족의(리라)

재물 생산에 기본 도리가 있다. 생산하는 사람이 많고, 먹고 <쓰는> 사람이 적으며, 생산하는 사람이 빠르게 하고, 쓰는 사람이 느리게 하면, 즉 재물이 항상 풍족할 것이다.

▶ 어구 설명

- 生財(생재) : 재물 생산, 재산을 증식함.
- 有大道(유대도) : 큰 도리가 있다. 대원칙(大原則)이 있다.
- 生之者衆(생지자중) : 생산하는 사람이 많다.
- 食之者寡(식지자과) : 먹는 사람이 적다. 「식지자(食之者)」는 곧 「소비자」 혹은 「불로도식(不勞徒食)하는 사람」의 뜻으로 풀어도 된다.
- 爲之者疾(위지자질) : 생산하는 사람이 <생산을> 빠르게 하다. 혹은 생산을 때맞추어 빠르게 하다.
- 用之者舒(용지자서) : 쓰는 사람이 <재물 소비를> 느리게 한다. 「서(舒)」는 「천천히 소비한다, 즉 절약한다」는 뜻이다.
- 則財恒足矣(즉재항족의) : 그렇게 하면 재물이 항상 풍족하게 될 것이다.

[傳文註] (1) 呂氏曰 國無游民 則生者衆矣 朝無幸位 則食者寡矣 不奪農時 則爲之疾矣 量入爲出 則用之舒矣 愚按 此因有土有財而言 以明足國之道 在乎務本而節用. : 여대림(呂大臨)이 말했다. 「나라에 유민(游民)이 없으면 생산이 많게 된다. 조정에 행위(幸位)가 없으면 먹고 축내는 자가 적게 된다. 농사짓는 때를 어기지 않고 <농사를 때맞추어 짓게 하면> 생산을 일찍 신속하게 한다. 수입을 헤아려

지출을 하면 씀씀이나 소비가 완만하게 된다.」 나는 생각한다. 「이것은 국토를 다스리고 재물을 다스리는 바탕을 말한 것이다. 나라를 풍족하게 만드는 도리가 근본이 되는 생산에 힘을 쓰고, 씀씀이를 절약함에 있음을 밝힌 말이다.」

(2) 非必外本內末 而後財可聚也 自此以至終篇皆一意也. : 반드시 「외본내말(外本內末)」해야지 재물을 모을 수 있는 것이 아니다. 여기서부터 끝까지는 다 같은 뜻을 말한 것이다.

【참고 보충】「덕치(德治)와 재물」

유교는 실질적인 물질가치도 소홀히 한다, 무조건 예의범절이나 윤리도덕만을 높인다고 오해하면 안 된다.

공자를 위시하여 주자도 「재물, 재용(財用), 재정」을 중시했다. 그러나 「물질이나 무력보다, 덕을 더 높이고 강조했다.」

덕이 높아야 풍성하고, 또 평화롭게 살 수 있다. 폭군(暴君)은 남을 침략하고 재물을 탈취하여 일시적으로는 자만할 것이다. 그러나 오래가지 못한다. 폭군은 하늘과 백성에 의해서 멸망된다. 그것이 하늘의 도리이다.

전문 10장 8절

(2)仁者以財發身 不仁者以身發財.

인자(는) 이재발신(하고) 불인자(는) 이신발재(니라)

어진 사람은 재물로써 자신을 높이 돋아올린다. 어질지 않은 사람은 자기의 몸을 위해 재물만을 밝히고 낭비한다.

▶ 어구 설명

· 仁者(인자) : 인덕(仁德)을 베푸는 사람이나 임금.
· 以財發身(이재발신) : 재물로써 자신을 높이 나타낸다. 이때의 「발신(發身)」은 「자신을 드러내다」, 즉 「자신의 존재와 지위를 높이고 명성을 얻는다」는 뜻이다. 「발(發)」은 「기(起)」와 같은 뜻이다.
· 不仁者(불인자) : 어질지 않은 사람이나 악덕한 임금.
· 以身發財(이신발재) : 몸으로써 재물을 돋아나게 한다. 「이신(以身)」은 「자기 한 몸을 위해, 혹은 육신의 쾌락을 위해」. 「발재(發財)」는 「재물을 밝힌다」. 즉 「노골적으로 재물을 모아들이고 사치 낭비한다」는 뜻이다.

[傳文註] (1) 仁者散財以得民 不仁者亡身以殖貨. : 「인자(仁者)」는 재물을 분산해서 백성을 얻는다. 「불인자(不仁者)」는 자신을 망치면서 재물을 늘이려 한다.

전문 10장 8절

(3)未有上好仁 而下不好義者也 未有好義 其事不終者也 未有府庫財 非其財者也.

미유상호인 이하불호의자야(니) 미유호의(요) 기사부종자야(며) 미유부고재(이) 비기재자야(니라)

위가 인(仁)을 좋아하면 아래가 의(義)를 좋아하지 않는 법이 없다. 의(義)를 좋아하면서 일을 잘 끝맺지 않는 법이 없다. 국고(國庫)의 재물은 임금의 재물 아닌 게 없다.

▶ 어구 설명

· 未有上好仁 而下不好義(미유상호인 이하불호의) : 윗사람이 인(仁)을

좋아하는데, 아랫사람이 의(義)를 좋아하지 않는 일이 없다.
- 未有好義 其事不終(미유호의 기사부종) : 의(義)를 좋아하면서 자기의 일을 잘 끝맺지 않는 일은 없다.
- 未有府庫財 非其財者也(미유부고재 비기재자야) : <바르게 거두어들인> 나라 창고의 재물이 아니면 <임금은> 함부로 재물을 낭비할 수 없다.

[傳文註] (1) 上好仁以愛其下 則下好義以忠其上 所以事必有終 而府庫之財 無悖出之患也. : 윗사람이 인(仁)을 좋아하고 아랫사람들을 사랑하면, 아랫사람들이 의(義)를 좋아하고 윗사람에게 충성한다. 그러므로 모든 일을 반드시 잘 매듭짓는다. 아울러 국고(國庫)의 재물이 패악(悖惡)하게 유출될 걱정도 없게 된다.

【참고 보충】「악덕한 폭군」

하(夏)나라 걸왕(桀王)과 은(殷)나라 주왕(紂王)을 폭군의 대표자로 꼽는다. 그들은 덕으로 나라를 다스리지 않고, 포학한 무력으로 백성을 억압하고 백성의 재물을 가렴주구(苛斂誅求)했다. 그렇게 악덕하게 탈취한 재물을 독점하고 저희들끼리만 사치하고 낭비하고 방탕했다. 그 결과는 뻔하다. 백성들의 민심을 잃고 결국은 나라를 잃었으며, 종국에는 임금도 피살되었다.

전문 10장 8절

(4)孟獻子曰 畜馬乘 不察於鷄豚 伐氷之家 不畜牛羊 百乘之家 不畜聚斂之臣 與其有聚斂之臣 寧有盜臣 此謂國不以利爲利 以義爲利也.

맹헌자왈 축마승(은) 불찰어계돈(하고) 벌빙지가(는) 불축우양(하고) 백승

지가(는) 불축취렴지신(하나니) 여기유취렴지신(으론) 영유도신(이라하니) 차위 국(은) 불이리위리(요) 이의위리야(니라)

노(魯)나라의 대부 맹헌자(孟獻子)가 말했다. 「마승(馬乘)을 기르는 대부가 되면 닭이나 돼지를 살펴보지 않는다. 겨울에 얼음을 자르고 떠서 상례나 제례 때 쓰는 집안은 <즉 경(卿)이나 대부는> 소나 양을 기르지 않는다. 전차 백 대를 차출하는 경(卿)의 집안에서는 취렴(聚斂)하는 신하를 두지 않는다. 취렴하는 신하를 둘 바에야 차라리 도둑질하는 신하를 두는 편이 낫다. 이를 일컬어 나라는 이(利)를 이(利)로 여기지 않고, 의(義)를 이(利)로 여긴다고 하는 것이다.」

▶ 어구 설명

· 孟獻子(맹헌자) : 노(魯)나라의 대부 중손멸(仲孫蔑)이다. 총명한 경(卿)으로 약 50년 간 나라를 다스렸다.
· 畜馬乘(축마승) : 마승(馬乘)을 기르다(畜). 「마승」은 「수레를 끄는 네 마리의 말」을 뜻한다. 사(士)가 새로 대부가 되면 수레를 타기 때문에 비로소 마승을 기른다.
· 不察於鷄豚(불찰어계돈) : 닭이나 돼지를 살펴보지 않는다. 즉 계돈사육(鷄豚飼育)으로 돈을 벌려고 하지 않는다.
· 伐氷之家(벌빙지가) : 겨울에 얼음을 베고 떠서 저장했다가 상례나 제례 때 쓰는 집안, 즉 경(卿)이나 대부 이상의 신분.
· 不畜牛羊(불축우양) : 소나 양을 기르지 않는다. 즉 가축 사육으로 돈을 벌려고 하지 않는다.
· 百乘之家(백승지가) : 전차 백 대를 차출하는 경(卿)이나 영주(領主). 경이나 영주는 가신(家臣)을 두고 봉지(封地)와 백성을 다스린다.
· 不畜聚斂之臣(불축취렴지신) : 취렴하는 신하를 두지 않는다. 「취렴」은 「백성들로부터 재물을 가혹하게 거둬들인다」는 뜻. 「불축(不畜)」은 「나쁜 신하를 두지 않는다」는 뜻.
· 與其有聚斂之臣(여기유취렴지신) : 취렴하는 신하를 둘 바에야.

· 寧有盜臣(영유도신) : 차라리 도둑질하는 신하를 둔다.
· 不以利爲利(불이리위리) : 이(利)를 이(利)로 여기지 않는다. 앞의 「이」는 「악덕하게 모은 재물」의 뜻.
· 以義爲利也(이의위리야) : 의(義)를 이(利)로 여긴다, 친다.

[傳文註] (1) 君子寧亡己之財 而不忍傷民之力 故寧有盜臣 而不畜聚斂之臣 此謂以下釋獻子之言也. : <영지(領地)를 다스리는> 군자는 차라리 자기의 재물을 잃을지언정, <가렴(苛斂)하는 신하들이> 백성의 힘을 손상하는 일을 참고 견디지 못한다. 그러므로 「차라리 도신(盜臣)이 있으되, 취렴(聚斂)하는 신하를 두지 않는다」고 말한 것이다. 「차위(此謂) 다음」은 맹헌자(孟獻子)의 말을 <요약해서> 풀이한 것이다.

전문 10장 8절

(5) 長國家而務財用者 必自小人矣 彼爲善之 小人之使爲國家 菑害竝至 雖有善者 亦無如之何矣 此謂 國不以利爲利 以義爲利也.

장국가 이무재용자(는) 필자소인의(니) 피위선지(하야) 소인지사위국가(면) 재해병지(라) 수유선자(나) 역무여지하의(니) 차위 국불이리위리(요) 이의위리야(니라)

나라의 어른이 되어서 백성의 재물을 취렴(聚斂)하고 낭비하는 일에 힘을 쓰는 <까닭은> 반드시 소인으로부터 연유한다. 임금이 그를 착하다고 생각하고, 소인으로 하여금 나라를 다스리게 하면, 여러 가지 재해가 함께 나타날 것이다. <그렇게 된 다음에는> 비록 착한 사람이 나타나도 역시 어찌할 수 없게 된다. 이를 가리켜 「나라는 물질적 이득을 이(利)로 여기지 않고, 의(義)를 이(利)로 여긴다」고 말하는 것이다.

▶ 어구 설명

- 長國家(장국가) : 국가의 어른이 되다.
- 而務財用者(이무재용자) : 그러면서 「재용(財用)」에 힘을 쓰는 사람. 이때의 「재용」은 「백성들의 재물을 혹독하게 거둬서 나쁘게 유용(流用)한다」는 뜻. 즉 「취렴하고 사치 낭비한다」는 뜻이다.
- 必自小人矣(필자소인의) : 반드시 소인으로부터 비롯된다. <임금이 소인을 등용해 쓰기 때문이다.> 「자(自)」는 「말미암을 유(由)」의 뜻이다. 즉 「소인에 의해서 인도(引導)된다」는 뜻을 말한 것이다.
- 彼爲善之(피위선지) : 임금(彼)은 그 소인(之)을 좋다고 생각한다. 혹은 잘한다고 여긴다.
- 小人之使爲國家(소인지사위국가) : 소인으로 하여금 나라를 다스리게 하면.
- 雖有善者(수유선자) : 비록 <뒤늦게> 착한 사람을 등용해. <고치려 해도>
- 亦無如之何矣(역무여지하의) : 역시 어찌할 방도가 없다.
- 國(국) : 나라에 있어서는, 나라를 다스림에 있어서는.
- 不以利爲利(불이리위리) : 물질적 이득을 이(利)로 여기지 않고.
- 以義爲利也(이의위리야) : 의(義)를 이(利)로 여긴다.

[傳文註] (1) 言由小人導之也 此一節 深明 以利爲利之害 而重言以結之 其丁寧之意切矣. : 이 구절은 「물질적 이득을 이(利)로 삼는 해독을 심각하게 밝히고, 또 거듭 말함으로써 끝을 맺었다.」 즉 훈계하려는 의도가 절실하다.

중용의 명언 명구

중용장구서(中庸章句序)

* 주자(朱子)의 「중용장구서(中庸章句序)」는 명문이다. 중용의 전래(傳來)와 깊은 사상과 도리를 알기 위해서는 반드시 읽어야 한다. 단락은 「중용장구대전」을 따랐으나 세분한 곳도 있다.

中庸何爲而作 子思子憂道學之失其傳 而作也. : 중용을 왜 저술했는가. 자사 선생이 도학의 바른 전달이 없어질까 염려하고 <이를 바르게 전하려고> 저술한 것이다.

▶ 어구 설명

· 子思子(자사자) : 자사(子思) 선생님.

· 道學之失其傳(도학지실기전) : 도학의 바른 전수(傳授)가 일실(逸失)될 것을. <걱정하다.>

蓋自上古 聖神繼天立極 而道統之傳 有自來矣. : 무릇 상고 때에 신령한 성인이 하늘의 도리를 계승하고 최고의 기준을 세웠으며, 그런 다음에 비로소 도통의 전래와 전수가 줄곧 있게 되었던 것이다.

▶ 어구 설명

· 蓋自上古(개자상고) : 무릇 상고(上古) 때부터. 즉 삼황(三皇), 오제(五帝) 때부터.

· 聖神(성신) : 신령한 경지에 도달한 성인(聖人), 성왕(聖王), 성제(聖帝) 등을 총괄한다. 맹자(孟子)는 말했다. 「크게 빛나고 만물을 교화하는 사람이 성인(聖人)이다. 성(聖)하면서 알 수 없는 것을 신(神)이라 한다.(大而化之 之謂聖 聖而不可知之 之謂神)」

· 繼天立極(계천립극) : 하늘의 도리를 계승하고 최고의 기준을 세우다.
· 道統之傳(도통지전) : 도통의 전수(傳授).

其見於經 則允執厥中者 堯之所以授舜也 人心惟危 道心惟微 惟精惟一 允執厥中者 舜之所以授禹也 堯之一言 至矣盡矣 而舜復益之以三言者 則所以明夫堯之一言 必如是而後 可庶幾也. : <도통에 관한 말로> 경전에 나타난 것은, 즉 「참되게 그 중을 잡고 행하라(允執厥中)」이다. <이 말은> 요임금이 순에게 일러준 말이다. <그 다음은> 「인심은 참으로 위태롭다. 도심은 참으로 은미(隱微)하다. <마음을> 어디까지나 정밀하게 하고 또 한결같이 지니고, 참되게 그 중을 잡아라」고 한 말이다. 이 말은 순임금이 우에게 일러준 말이다. 요임금이 순에게 한 말도 지극하고 충분하다. 그런데 순임금이 다시 덧붙여서, 세 구절을 더 말한 까닭은 아마도 요임금의 말, 「윤집궐중(允執厥中)」하기 위해서는 반드시 그와 같이 해야, 가히 가깝게 되기를 바랄 수 있기 때문이다.

▶ 어구 설명

· 其見於經(기견어경) : <도통의 전수에 관한 말로써> 경전에 나타난 것은.
· 則允執厥中者(즉윤집궐중자) : 즉 「윤집궐중(允執厥中)」이란 말이다. 「윤집궐중」은 「참되게 그 중(中)을 잡고 행하라」는 뜻이다. 논어 요왈편(堯曰篇)에도 보인다.
· 人心惟危 道心惟微 惟精惟一 允執厥中者(인심유위 도심유미 유정유일 윤집궐중자) : 「인심은 참으로 위태롭다. 도심은 참으로 은미(隱微)하다. <마음을> 어디까지나 정밀하게 하고 또 한결같이 지니고, 참되게 그 중을 잡아라」라고 한 말. 서경 대우모편(大禹謨篇)에 있다.
· 至矣盡矣(지의진의) : 지극하고 충분하다.
· 而舜復益之 以三言者(이순부익지 이삼언자) : 그런데 순임금이 다시 말을 덧붙여서, 세 구절을 더 말한 까닭은.

· 夫堯之一言(부요지일언) : 요임금의 한마디 말, 즉 「윤집궐중」.
· 可庶幾也(가서기야) : 가히 가깝게 되기를 바랄 수 있기 때문이다. 「庶(바랄 서), 幾(가까울 기)」

蓋嘗論之 心之虛靈知覺 一而已矣. : 여기서 잠시 논해 보자. 마음은 <형체가 없고> 공허하다. <그러나 그 작용은> 영묘하며, 모든 도리를 알고, 또 모든 것을 느끼고 대응한다. <사람의 마음은> 다 같다.

▶ 어구 설명

· 蓋嘗論之(개상론지) : 여기서 잠시 <마음에 대해서> 논해 보겠다. 「상(嘗)」을 여기서는 「지금, 혹은 시험삼아」의 뜻으로 푼다. 「논지(論之)」는 「논해 보겠다.」 즉 논구(論究)를 해보겠다. 그 핵심은 「마음」이다.
· 心之虛靈知覺(심지허령지각) : 마음의 형체는 공허하다. 그러나 작용은 영묘(靈妙)하다. 그래서 모든 것을 지각할 수 있다. 「지각」을 「도리를 알고 깨닫는다」로 풀기도 한다. 한편 「지(知)」를 「도리를 알고 도리에 맞게 다스리다」, 「각(覺)」을 「사물을 감각적으로 알고, 또 감각적으로 대응한다」는 뜻으로 확대 해석할 수 있다.

而以爲有人心道心之異者 則以其或生於形氣之私 或原於性命之正 而所以爲知覺者不同 是以或危殆而不安 或微妙而難見耳. : 그러나 인심(人心) 혹은 도심(道心)의 다른 두 개의 마음이 있다고 하는 것은 <마음이 발동할 때에> 혹은 「형기의 사」에서 나타나거나, 혹은 「성명의 정」에서 근원하기 때문이며, 그래서 지각(知覺)이 같지 않게 되기 때문이다. 그러므로 <형기의 사에서 나타난 인심은> 혹은 위태하고 불안하다. 한편 <성명의 정에서 근원한 도심은> 혹은 미묘하고 발현하기가 어렵게 마련이다.

▶ 어구 설명

· 而以爲有人心道心之異者(이이위유인심도심지이자) : 그러나 「인심(人心) 혹은 도심(道心)의 다른 두 개의 마음이 있다」고 생각하는 것은,

· 則以其(즉이기) : 즉 그 마음이 ……하기 때문이다.
· 而所以爲知覺者不同(이소이위지각자부동) : 그래서 지각(知覺)이 같지 않게 되기 때문이다.
· 或微妙而難見耳(혹미묘이난견이) : 혹은 미묘하고 잘 나타나기 어렵다.

然人莫不有是形 故雖上智不能無人心 亦莫不有是性 故雖下愚不能無道心. : 그러나 사람은 누구나 다 형체, 즉 육체를 가지고 있다. 고로 뛰어나게 지혜로운 사람, 즉 상지(上智)라도 인심(人心)이 없을 수 없다. 사람은 또한 <천명으로 주어진> 본성을 가지고 있다. 고로 가장 어리석은 사람, 즉 하우(下愚)라도 도심(道心)이 없을 수 없다.

▶ 어구 설명

· 然人莫不有是形(연인막불유시형) : 그러나 사람은 누구나 다 형체, 즉 육체를 가지고 있다. 「막불유(莫不有)」는 「갖지 않음이 없다」.
· 故雖上智不能無人心(고수상지불능무인심) : 고로 뛰어나게 지혜로운 사람, 즉 상지(上智)라도 인심(人心)이 없을 수 없다.
· 亦莫不有是性(역막불유시성) : 사람은 또한 <천명으로 주어진> 본성을 누구나 다 가지고 있다.
· 故雖下愚不能無道心(고수하우불능무도심) : 고로 가장 어리석은 사람, 즉 하우(下愚)라도 도심(道心)이 없을 수 없다.

二者雜於方寸之間 而不知所以治之 則危者愈危 微者愈微 而天理之公 卒無以勝夫人欲之私矣. : 도심과 인심이 한 치 크기의 작은 마음 안에 섞여 있다. 그러나 마음 다스리는 법을 모르면 위태로운 인심이 더욱 위태롭게 되고, 미미하게 나타나는 도심이 더욱 미미하게 되며, 마침내 천리(天理)의 공정(公正)이 끝내 인욕의 사사로움을 이기지 못하게 될 것이다.

▶ 어구 설명

- 二者雜於方寸之間(이자잡어방촌지간) : 도심과 인심이 한 치 크기의 작은 마음 안에 섞여 있다.
- 而不知所以治之(이부지소이치지) : 그러나, 마음 다스리는 법을 모르면.
- 則危者愈危(즉위자유위) : 위태로운 인심이 더욱 위태롭게 되고.
- 微者愈微(미자유미) : 미미하게 나타나는 도심이 더욱 미미하게 되며.
- 而天理之公(이천리지공) : 마침내 천리의 공정(公正)이.
- 卒無以勝夫人欲之私矣(졸무이승부인욕지사의) : 끝내, 인욕의 사사로움을 이기지 못하게 될 것이다.

精則察夫二者之間 而不雜也 一則守其本心之正而不離也. : 정밀하게 <도심과 인심의 사이를> 살피고 분별해야 곧 혼잡하지 않게 된다. 아울러 <도심을> 한결같이 지키고 간직하면 <도심에서> 이탈하지 않게 된다.

▶ 어구 설명

- 精(정) : 정밀하게 살피고 분별한다. <즉 순(舜)이 우(禹)에게 「유정유일(惟精惟一)」하라고 가르친 것과 같이 한다.>
- 則察夫二者之間(즉찰부이자지간) : 즉 도심과 인심의 사이를 잘 살피고 분별해야.
- 一(일) : 한결같이. <도심만을 지킨다는 뜻.>
- 則守其本心之正(즉수기본심지정) : 본심의 공정함, 즉 도심을 굳게 지키고 간직한다.
- 而不離也(이불리야) : 그리고 이탈하지 않는다.

從事於斯 無少間斷 必使道心 常爲一身之主 而人心 每聽命焉 則危者安 微者著 而動靜云爲 自無過不及之差矣. : 이와 같은 가르침을 따르고 실행하고 조금도 쉬거나 중단하는 바 없이 하고, 또 반드시

도심으로 하여금 항상 한 몸의 주체가 되게 하고, 인심(人心)이 매사에 도심(道心)의 명령을 듣고 따르면 즉 위태롭던 것이 안정되고, 미미하게 나타나기 어렵던 것이 잘 나타나게 되고, 또 동(動)할 때나 정(靜)할 때나 혹은 모든 언어 동작에 있어 자연히 지나치거나 혹은 모자라는 차이가 없게 될 것이다.

▶ 어구 설명

- 從事於斯(종사어사) : 이와 같은 가르침을 따르고 실행하다.
- 無少間斷(무소간단) : 조금도 사이를 두거나 중단하는 바가 없다.
- 常爲一身之主(상위일신지주) : 항상 한 몸의 주체가 되게 하고.
- 而人心每聽命焉(이인심매청명언) : 인심(人心)이 매사에 도심(道心)의 명령을 듣고 따르면.
- 微者著(미자저) : 미미하게 나타나기 어렵던 것이 잘 나타나게 된다.
- 而動靜云爲(이동정운위) : 그리고 움직일 때나 멈출 때나 혹은 모든 언어 동작이.
- 自無過不及之差矣(자무과불급지차의) : 지나치거나 모자라는 차가 없게 될 것이다.

夫堯舜禹 天下之大聖也 而天下相傳 天下之大事也 以天下之大聖行天下之大事 而其授受之際 丁寧告戒 不過如此 則天下之理 豈有以加於此哉. : 요임금・순임금 및 우임금은 천하의 큰 성인이다. 또한 천하를 서로 전하는 일은 천하의 가장 큰 일이다. 천하의 큰 성인들이 천하를 전하는 큰 일을 행했으며, 그들이 서로 수수(授受)할 때에 간곡히 훈계한 말이 오직 이 말뿐이었다. 그러한즉 <그 말 속에> 천하의 귀중한 도리가 <다 들어가 있는 것이다.> 어찌 그 말에 더 붙일 것이 있겠는가.

▶ 어구 설명

- 而其授受之際(이기수수지제) : 그들이 서로 수수(授受)할 때에.
- 丁寧告戒(정녕고계) : 간곡히 훈계한 말이.

· 不過如此(불과여차) : 오직 이 말뿐이었다. <즉 「允執厥中」 「人心惟危 道心惟微 惟精惟一 允執厥中」>
· 則天下之理(즉천하지리) : <그렇다면 그 말 속에> 천하의 귀중한 도리가. <다 있다.>
· 豈有以加於此哉(기유이가어차재) : 어찌 말에 더 붙일 것이 있겠는가.

自是以來 聖聖相承 若成湯文武之爲君 皐陶伊傅周召之爲臣 旣皆以此 而接夫道統之傳. : 그 다음에도 성인과 성인이 <도통을> 서로 이어나갔다. 예를 들면 은나라의 탕왕, 주나라의 문왕과 무왕은 임금으로서, 순의 신하인 고요(皐陶), 탕의 신하인 이윤(伊尹), 은나라 고종(高宗)의 신하인 부열(傅說), 주나라의 주공단(周公旦)과 소공석(召公奭) 등은 신하로서 이미 「윤집궐중(允執厥中)」의 가르침을 가지고 도통의 전수에 접하고 참가했던 것이다.

▶ 어구 설명

· 自是以來(자시이래) : 그로부터 다음에도. 즉 요(堯) · 순(舜) · 우(禹) 이후에도.
· 聖聖相承(성성상승) : 성인과 성인이 도통(道統)을 서로 이어나갔다.
· 若成湯文武之爲君(약성탕문무지위군) : 예를 들면 은나라의 탕왕, 주나라의 문왕과 무왕은 임금으로서.
· 皐陶伊傅周召之爲臣(고요이부주소지위신) : 순의 신하인 고요(皐陶), 탕의 신하인 이윤(伊尹), 은나라 고종(高宗)의 신하인 부열(傅說), 주공단(周公旦), 소공석(召公奭) 등은 신하로서.
· 旣皆以此(기개이차) : 이미 다 「윤집궐중(允執厥中)」의 가르침을 가지고.
· 而接夫道統之傳(이접부도통지전) : 도통의 전수에 접하고 참가했던 것이다.

若吾夫子 則雖不得其位 而所以繼往聖開來學 其功反有賢於堯舜者. : 공자 같은 분은 비록 <성인으로서 마땅히 얻을> 높은 자리를 얻지는 못했다. 그러나 과거의 성인의 학문을 계승하고 미래에 올

학자들의 길을 계발해 줌으로써 그 공적이 도리어 요임금・순임금보다 더 훌륭한 점이 있다.

▶ 어구 설명

・若吾夫子(약오부자) : 우리 선생님 같은 분은, 즉 공자는.

・而所以繼往聖開來學(이소이계왕성개래학) : 그러나, 과거의 성인의 학문을 계승하고, 후세의 학자들을 계발해 줌으로써.

・其功反有賢於堯舜者(기공반유현어요순자) : 그 공적이 도리어 요임금・순임금보다 더 훌륭한 점이 있다.

然當是時 見而知之者 惟顔氏曾氏之傳 得其宗 及其曾氏之再傳 而復得夫子之孫子思 則去聖遠 而異端起矣. : 그러나 공자 생존시에 공자를 직접 보고 배워서 도를 안 사람은 오직 안회(顔回)와 증자(曾子)만이 <직접 배우고> 전수를 받고, 공자의 종지(宗旨)를 터득했다. 증자가 다시 <학문을> 전수하게 되자, 공자의 손자 자사가 <가르침을> 받았던 것이다. <그러나 시대가> 성인에서 멀어지자, <노자・장자・묵자 등> 이단의 학설이 나타났다.

▶ 어구 설명

・然當是時(연당시시) : 그러나 공자 생존시에.

・見而知之者(견이지지자) : 공자를 직접 보고 배워서 도를 안 사람은.

・惟顔氏曾氏之傳(유안씨증씨지전) : 오직 안회(顔回)와 증자(曾子)만이 <직접 배우고> 전수를 받고.

・得其宗(득기종) : 공자의 종지(宗旨)를 알았다.

・及其曾氏之再傳(급기증씨지재전) : 증자가 다시 전수하게 되자.

・而復得夫子之孫子思(이부득부자지손자사) : 그래서 다시 공자의 손자 자사가 <가르침을> 받았던 것이다.

・則去聖遠而異端起矣(즉거성원이이단기의) : <그러나 시대가> 성인에서 멀어지자, <노자・장자・묵자 등> 이단의 학설이 나타났다.

子思懼夫愈久 而愈失其眞也 於是 推本堯舜以來相傳之意 質以平日所聞父師之言 更互演繹 作爲此書 以詔後之學者 蓋其憂之也深 故其言之也切 其慮之也遠 故其說之也詳. : 자사가 세월이 흐르면 흐를수록 가르침의 참모습이 없어질 것을 걱정했다. 그래서 요와 순이 서로 전수한 근본의 뜻을 미루어 생각하고, 평소에 부친 백어(伯魚)와 스승 증자(曾子)에게 들은 말을 바탕으로 질정(質正)하고 뜻을 더욱 연역하여 중용의 글을 저술하고 후세의 학자에게 알게 한 것이다. 허기는 자사의 걱정이 심각했으므로 <그가 저술한 중용의> 말이 절실하고, 그 생각이 원대했으므로 그의 설명이 자상했던 것이다.

▶ 어구 설명

· 子思懼夫愈久 而愈失其眞也(자사구부유구 이유실기진야) : 자사(子思)는 세월이 흐르면 흐를수록 가르침의 진면목(眞面目)이 없어질 것을 걱정했다.
· 於是推本堯舜以來相傳之意(어시추본요순이래상전지의) : 그래서 요와 순이 서로 전수한 근본의 뜻을 미루어 생각하고.
· 質以平日所聞父師之言(질이평일소문부사지언) : 평소에 부친 백어(伯魚)와 스승 증자(曾子)에게 들은 말을 바탕으로 질정(質正)하고.
· 更互演繹(경호연역) : 더욱 연역하고.
· 以詔後之學者(이조후지학자) : 후세의 학자에게 알렸다.
· 蓋其憂之也深(개기우지야심) : 허기는 자사의 걱정이 심각했으므로.

其曰 天命率性 則道心之謂也 其曰 擇善固執 則精一之謂也 其曰 君子時中 則執中之謂也 世之相後千有餘年 而其言之不異 如合符節 歷選前聖之書 所以提挈綱維 開示蘊奧 未有若是 其明且盡者也. : 중용에서 「천명솔성(天命率性)」이라고 한 말은 곧 <순이 우에게 말한> 「도심(道心)」을 이르는 것이다. 중용에서 「택선고집(擇善

固執)」이라고 한 말은 곧 <순이 우에게 말한> 「정일(精一)」이다. 중용에서 「군자시중(君子時中)」이라고 한 말은 곧 <순이 우에게 말한> 「집중(執中)」이다. 시대적으로 전후의 차이가 천여 년이나 된다. 그런데도 양자의 말이 다르지 않고 흡사 부절같이 딱 맞는다. 옛날 성인들의 책을 두루 살펴보아도 도통의 대강을 내걸고, 도통 속에 숨어 있는 깊은 뜻을 펼쳐서 밝힌 것으로 중용같이 명백하게 충분히 밝힌 책은 아직 없다.

▶ 어구 설명

· 世之相後千有餘年(세지상후천유여년) : 시대적으로 전후의 차이가 천여 년이나 된다. 요순(堯舜) 시대에서 자사(子思) 시대까지는 천년 이상이다.
· 而其言之不異(이기언지불이) : 그런데도 양자의 말이 다르지 않고.
· 如合符節(여합부절) : 부절같이 딱 맞는다.
· 歷選前聖之書(역선전성지서) : 옛날 성인들의 책을 두루 골라 보아도. 즉 서경, 시경, 춘추 등을 보아도.
· 提挈綱維(제설강유) : 도통의 대강을 내걸고.
· 開示蘊奧(개시온오) : 도통 속에 숨어 있는 깊은 뜻을 펼쳐서 밝힌 책은.
· 未有若是 其明且盡者也(미유약시 기명차진자야) : 중용같이 명백하게 충분히 밝힌 것은 아직 없다.

自是而又再傳 以得孟氏 爲能推明是書 以承先聖之統 及其沒而遂失其傳焉 則吾道之所寄 不越乎言語文字之間 而異端之說 日新月盛 以至於老佛之徒出 則彌近理而大亂眞矣. : 그로부터 거듭 도통이 전해져 맹자가 나타나 능히 중용의 뜻을 더욱 미루어 밝혔다. 그래서 옛 성인들의 도통을 이을 수 있었다. 그러나 맹자가 죽은 다음에는 그 도통의 전함도 없어지게 되었으며, 그래서 우리들이 의지하고 근거로 할 바, 도(道)나 도통(道統)도 오직 언어나 문자로

쓰여진 책이나 글을 넘지 못하게 되었다. 그런데 한편으로는 이단(異端)의 사상이나 학설이 날로 새롭게 나타나고 달로 성행하게 되었으며, 마침내 노자나 불교의 무리들이 나타나게 되자, 더욱 <우리의 도통의 설과> 가까운 이론을 가지고 <우리의 도통의> 참된 진리를 크게 혼란케 했다.

▶ **어구 설명**

· 自是而又再傳(자시이우재전) : 그로부터 다시 전해졌으며.
· 以得孟氏(이득맹씨) : <그래서> 맹자가 나타나.
· 爲能推明是書(위능추명시서) : 능히 중용의 뜻을 더욱 미루어 밝혔다.
· 以承先聖之統(이승선성지통) : 그래서 옛 성인들의 도통을 이어받았다.
· 及其沒而遂失其傳焉(급기몰이수실기전언) : 그러나 맹자가 죽은 다음에는 그 도통의 전함도 없어지게 되었다.
· 則吾道之所寄(즉오도지소기) : 그래서 우리들이 의지하고 근거로 할 바, 도(道)나 도통(道統)도.
· 不越乎言語文字之間(불월호언어문자지간) : 언어나 문자로 쓰여진 책이나 글을 넘지 못하게 되었다. 즉 살아 있는 성현(聖賢)에게 직접 접하고 배울 수 없게 되었다.
· 以至於老佛之徒出(이지어노불지도출) : 마침내 노자나 불교의 무리들이 나타나게 되자.
· 則彌近理(즉미근리) : 더욱 <우리의 도통의 설과> 가까운 이론을 가지고.
· 而大亂眞矣(이대란진의) : <우리의 도통의> 참된 진리를 크게 혼란케 했다.

然而尙幸此書之不泯 故程夫子兄弟者出 得有所考 以續夫千載不傳之緖 得有所據 以斥夫二家似是之非 蓋子思之功 於是爲大 而微程夫子 則亦莫能因其語而得其心也. : 그러나 다행히 중용의 글이 없어지지 않고 남아서 전했다. 고로 정자 형제 두 선생이 나타나서,

<예기의 원문을 바탕으로> 고증할 수 있었으며, <맹자 이후> 천년이나 전하지 않았던 <도와 도통의> 줄기를 다시 이었고, 또 근거할 바를 얻어 가지고 노자와 불교의 사이비(似而非) 사상이나 학설을 물리치고 배척할 수 있었다. 허기는 <중용의 글을 저술한> 자사의 공은 그 자체로서 크지만, 그러나 만약에 정자 선생이 아니면 역시 중용의 글을 바탕으로 자사의 마음을 알지 못했을 것이다.

▶ 어구 설명

· 然而尙幸此書之不泯(연이상행차서지불민) : 그러나 다행히 중용의 글이 민멸(泯滅)하지 않고 남아서 전했다. 즉 예기(禮記) 제31편에 있는 글이 중용의 원문이다.

· 故程夫子兄弟者出(고정부자형제자출) : 고로 정자 형제, 두 선생이 나타나서. 즉 형은 정호(程顥 : 明道), 동생은 정이(程頤 : 伊川). 주자는 이들을 선생이라고 높였다.

· 以續夫千載不傳之緖(이속부천재부전지서) : <맹자 이후> 천년이나 전하지 않았던 <도와 도통의> 줄기를 다시 이었고.

· 以斥夫二家似是之非(이척부이가사시지비) : 노자와 불교의 사이비(似而非) 사상이나 학설을 물리치고 배척할 수 있었다.

· 蓋子思之功 於是爲大(개자사지공 어시위대) : 허기는 <중용의 글을 저술한> 자사의 공은 그 자체로도 크다.

· 而微程夫子(이미정부자) : 그러나 만약에 정자 선생이 아니면.

· 則亦莫能因其語而得其心也(즉역막능인기어이득기심야) : 역시 중용의 글을 바탕으로 자사의 마음을 알지 못했을 것이다.

惜乎 其所以爲說者不傳 而凡石氏之所輯錄 僅出於其門人之所記 是以大義雖明 而微言未析 至其門人所自爲說 則雖頗詳盡而多所發明 然倍其師說而淫於老佛者亦有之矣. : 아깝게도, 정자 형제가 직접 한 말이나 쓴 글이 전하지 않는다. 그리고 석자중(石子重)이 집록(集錄)한 「중용집해(中庸集解)」라는 책은 정자의 문인들이 적은 글

을 모으고 추린 것이다. 그러므로 대의는 밝혔으나 정미(精微)한 뜻은 잘 알 수 없다. 또 정자의 제자들이 자신의 견해를 기술한 말들은 비록 제법 자세하게 설명하고, 또 뜻을 밝혀낸 곳도 많기는 하지만, 그러나 자기 선생의 뜻과 어긋나게 노자나 불교의 사상에 지나치게 물들은 결점도 있다.

▶ 어구 설명

· 惜乎 其所以爲說者不傳(석호 기소이위설자부전) : 아깝게도, 정자 형제가 직접 한 말이나 쓴 글이 전하지 않는다. 형인 명도는 책을 쓰지 않고, 동생 이천은 쓴 책이 마음에 들지 않아서 소각했다고 전한다.
· 而凡石氏之所輯錄(이범석씨지소집록) : 그리고, 석자중(石子重)이 집록(集錄)한 「중용집해(中庸集解)」라는 책은.
· 僅出於其門人之所記(근출어기문인지소기) : 정자의 문인들이 적은 글을 모으고 추린 것이다.
· 而微言未析(이미언미석) : 정미(精微)한 뜻은 잘 밝히지 못했다. 「析=晳(밝을 석)」
· 至其門人所自爲說(지기문인소자위설) : 정자의 제자들이 자신의 견해를 기술한 말들은.
· 則雖頗詳盡 而多所發明(즉수파상진 이다소발명) : 비록 제법 자세하게 설명하고, 또 뜻을 밝혀낸 곳도 많기는 하지만.
· 然倍其師說(연배기사설) : 그러나 자기 선생의 뜻과 어긋나게.
· 而淫於老佛者亦有之矣(이음어로불자역유지의) : 노자나 불교의 사상에 지나치게 물들은 결점도 있다. <* 유교에서는 「유위(有爲)」를 주장한다. 노자(老子)는 허무를 높이고, 불교는 무욕(無欲)을 높이지만 세밀한 점에서는 다르다.>

熹自蚤歲 卽嘗受讀而竊疑之 沈潛反復 蓋亦有年 一旦恍然 似有以得其要領者. : 나는 어린 나이에 중용의 글을 받아서 읽었으며 여러 가지 의문을 품었다. 그리고 깊이 생각하고 반복해서 읽기를 한 1년

이 지난 후, 하루아침에 어슴푸레하게나마, 그 요령을 터득한 것같이 느꼈다.

▶ 어구 설명

· 熹自蚤歲(희자조세) : 주희(朱熹) 나는 어린 나이, 혹은 일찍이.
· 卽嘗受讀(즉상수독) : 중용의 글을 받아 가지고 읽었으며.
· 而竊疑之(이절의지) : 여러 가지로 의문을 품었다.
· 沈潛反復(침잠반복) : 깊이 생각하고 반복해서 읽었으며.
· 蓋亦有年(개역유년) : 대략 1년 가량 되었을 때에.
· 一旦恍然(일단황연) : 하루아침에 어슴푸레하게나마 홀연히.
· 似有以得其要領者(사유이득기요령자) : 요령을 터득한 것같이 되었다.

然後 乃敢會衆說而折其衷 旣爲定著章句一篇 以俟後之君子 而一二同志 復取石氏書 刪其繁亂 名以輯略 且記所嘗論辨取舍之意 別爲或問 以附其後. : 그리고 감히 여러 사람의 설을 모으고 절충해서 먼저 장구(章句) 한 권을 저술하고, 뒤이어 군자들의 <비판을> 기다리기로 작정했다. 그러나 한두 사람의 동지, 즉 제자들이 다시 석씨의 책에서 번잡하게 엉킨 글을 삭제하고 <편집해서> 「집략(輯略)」이라고 이름을 붙였다. 아울러 일찍이 「장구」를 만들 때에 변론하고 취사선택한 뜻을 추리고 적어서 별도로 「혹문(或問)」이라고 이름하고 책 뒤에 붙였다.

▶ 어구 설명

· 然後乃敢會衆說而折其衷(연후내감회중설이절기충) : 그리고, 감히 여러 사람의 설을 모으고 절충해서.
· 旣爲定著章句一篇(기위정저장구일편) : 먼저 장구(章句) 한 권을 저술하고.
· 以俟後之君子(이사후지군자) : 군자들의 <비판을> 기다리기로 작정했다.
· 而一二同志(이일이동지) : 그러나, 한두 사람의 동지, 즉 제자들이.

· 刪其繁亂(산기번란) : 번잡하게 엉킨 글을 삭제하고.
· 且記所嘗論辨取舍之意(차기소상론변취사지의) : 또 일찍이 「장구」를 만들 때에 변론하고 취사 선택한 말들을 추리고 적어서.

然後 此書之旨 支分節解 脈絡貫通 詳略相因 巨細畢學 而凡諸說之同異得失 亦得以曲暢旁通 而各極其趣. : <주자 장구를 저술함으로써> 비로소 이 책, 즉 중용의 총체적인 뜻과 중용의 몸통에 해당하는 중요한 글과 사지(四肢)에 해당하는 설명의 글이 확연하게 되고, 또 전체의 맥락이 관통되고 자상하게 풀이한 말과 간략하게 기술한 말의 뜻이 서로 이어지고, 또 큰 부분과 세밀한 부분을 다 배울 수 있게 되었다. 그리고 여러 사람이 풀이한 여러 설명의 같고 다름과 옳고 그름도 <알 수 있고>, 또 굽은 해석과 잘 통하는 설명을 다 알 수 있게 했다. 그래서 <이 중용장구는> 모든 학자의 설명이나 취지를 가장 잘 알게 한 것이다.

▶ 어구 설명
· 支分節解(지분절해) : 중용의 몸통에 해당하는 중요한 글과 사지(四肢)에 해당하는 설명의 글이 확연하게 나누었다.
· 詳略相因(상략상인) : 자상하게 풀이한 말과 간략하게 기술한 말의 뜻이 서로 이어지고.
· 巨細畢學(거세필학) : 큰 부분과 세밀한 부분을 다 배울 수 있게 되었다.
· 而凡諸說之同異得失(이범제설지동이득실) : 그리고 여러 사람이 풀이한 여러 말들의 같고 다름과 옳고 그름을 <알 수 있고>.
· 亦得以曲暢旁通(역득이곡창방통) : 또 <여러 학자의> 막히는 설명과 통하는 설명이 두루 통할 수 있게 했으며.
· 而各極其趣(이각극기취) : 모든 취지를 가장 잘 알게 했다.

雖於道統之傳 不敢妄議 然初學之士 或有取焉 則亦庶乎升高行遠之 一助云爾 淳熙己酉春三月戊申 新安朱熹書. : <내가 저술한 중

용장구를 가지고> 비록 도통을 전수한 것이라고, 감히 망발되게 말하지 않겠다. 그러나 초학자(初學者)가 혹 이 책을 가지고 공부를 한다면 높이 오르고 멀리 감에 있어 도움이 될 것이라고 바랄 수 있다. 남송(南宋) 효종(孝宗) 16년 <서기 1189년> 봄 3월 18일 신안(新安) 주희(朱熹) 씀.

중용장구(中庸章句)　주자(朱子)

中者不偏不倚 無過不及之名 庸平常也. : 중(中)은 「편벽되거나 치우치지 않고, 또 지나치거나 모자람이 없다」는 뜻이다. 용(庸)은 「평상(平常)」의 뜻이다.

▶ 어구 설명

· 中者不偏不倚(중자불편불의) : 「중(中)」은 편벽되거나 치우치지 않는다는 뜻이다. 「偏(치우칠 편), 倚(의지할 의)」

· 無過不及之名(무과불급지명) : 지나치거나 미치지 못함이 없게 한다는 뜻이다. 「過(지나칠 과), 及(미칠 급)」

· 庸平常也(용평상야) : 「용(庸)」은 평상(平常)이라는 뜻이다. 「평(平)과 상(常)」을 다시 나누어 풀이한다. 「평(平)」은 「공간적으로 어디에서나 평등, 평범하다」는 뜻. 「상(常)」은 「시간적으로 항상, 언제나 변하지 않는다」는 뜻. 즉 「평상(平常) 모든 사람이 항상 따르고 행할 도리. 아울러 자연의 불변의 도리라는 뜻이다.」 「庸(쓸 용)」

子程子曰 不偏之謂中 不易之謂庸 中者天下之正道 庸者天下之定理. : 정자 선생이 말했다. 치우치지 않음이 중(中)이고, 변하지 않음이 용(庸)이다. 중은 곧 천하의 바른 도리이고, 용은 곧 천하의 변치 않는 일정한 도리다.

▶ 어구 설명

· 子程子曰(자정자왈) : 정자 선생이 말했다. 정자는 정씨 형제를 함께 부른 말이다. 형은 정호(程顥 : 明道), 동생은 정이(程頤 : 伊川)이다.

· 不偏之謂中(불편지위중) : <하늘의 도리는 공간적으로 한쪽에> 치우

치지 않고, 또 속에 있으므로 「중(中)」이라 한다.

· 不易之謂庸(불역지위용) : <하늘의 도리는 시간적으로 영원히> 변하지 않으므로 「용(庸)」이라 한다.

· 中者天下之正道(중자천하지정도) : 「중(中)」은 천하의 바른 길이고 도리이다. <* 공간적으로 만물에 맞고 또 공평무사(公平無私)한 바른 도리다.>

· 庸者天下之定理(용자천하지정리) : 「용(庸)」은 사람은 물론 천하 만물이 따르고 행하는 정해진 도리, 즉 필수의 도리다.

<* 중(中)은 시간적으로나 역사적으로 영구불변의 진리라는 뜻이다. 주자는 자기가 사숙(私淑)한 정자(程子)의 설을 제시함으로써, 자기의 설이 정자를 계승하고 아울러 더 발전시킨 것임을 암시했다.>

此篇乃孔門傳授心法 子思恐其久而差也 故筆之於書以授孟子. : 이 글은 공자 문중에서 전해 내려온 심법(心法)이다. 세월이 오래 지나면 <가르침의 내용이> 다르게 될 것을 우려하고 자사(子思)가 붓을 들고 글로 써서 맹자에게 전수했다.

▶ **어구 설명**

· 此篇乃孔門傳授心法(차편내공문전수심법) : 이 편, 즉 중용의 글은 바로 공자 문중에서 전수해 내려온 「마음을 다스리는 법」이다.

· 子思恐其久而差也(자사공기구이차야) : 자사(子思)는 세월이 오래 되면 <가르침의 내용이> 변질될 것을 걱정했다.

· 故筆之於書以授孟子(고필지어서이수맹자) : 그래서 붓을 들고 글로 적어서 맹자에게 전수했다. <* 중용의 저자는 정확하지 않다. 주자는 대학은 증자(曾子), 중용은 자사(子思)의 글이라고 말했다.>

其書始言一理 中散爲萬事 末復合爲一理 放之則彌六合 卷之則退藏於密 其味無窮 皆實學也 善讀者玩索而有得焉 則終身用之 有不能盡者矣. : 이 책은 처음에는 한 가지 도리를 말했으나, 중간에서는 흩어져 만사에 나타남을 말하고, 끝에서는 다시 한 가지 도리로 합치

는 것을 말했다. 〈중용의 도리를〉 풀어놓으면 육합(六合)에 가득 차지만 거두어 말아들이면 은밀한 속에 들어가 숨어서, 보이지 않게 된다. 〈중용의 학문은〉 그 맛이 무궁하면서 또 사실적인 학문이다. 〈그러므로〉 잘 읽고 깊이 탐구하면, 터득하는 바가 많을 것이며, 평생 〈그 가르침을〉 활용해도 다하지 못할 것이다.

▶ **어구 설명**

· 其書始言一理(기서시언일리) : 중용의 책은 처음에는 하나의 도리를 말했다. <* 제1장에서 「만물의 근본이 되는 하나의 도리, 곧 하늘의 도리」를 말했다.>
· 中散爲萬事(중산위만사) : 중간에서는 도가 여러 가지로 흩어져 나타나고 작용함을 말했다. <* 삼달덕(三達德), 오달도(五達道), 구경(九經) 등을 말했다.>
· 末復合爲一理(말부합위일리) : 끝에 가서 다시 하나의 도리로 합친다는 것을 말했다. <* 제33장에서 만물이 도에 귀일함을 말했다.>
· 放之則彌六合(방지즉미육합) : 도를 밖으로 퍼뜨리면 상하 사방 육합(六合)에 두루 차고 넘친다. <* 우주 천지 자연 만물의 모든 현상이 도에서 벗어나지 않는다는 뜻.> 「放(놓을 방), 彌(두루 미)」
· 卷之則退藏於密(권지즉퇴장어밀) : 말아서 거두어들이면 은밀한 속에 물러가 숨는다. <* 도는 보이지 않는 자연 만물 속에 있는 도리다. 사람의 경우는 마음속에 있는 성리(性理)다.> 「卷(말 권), 藏(감출 장), 密(빽빽할 밀)」
· 其味無窮(기미무궁) : 도의 작용은 무궁무진하다. 「미(味)」는 「기능, 작용 및 의미」의 뜻이다.
· 皆實學也(개실학야) : <중용의 가르침은> 모두가 실질적인 학문이다.
· 善讀者玩索而有得焉(선독자완색이유득언) : <중용의 가르침을> 잘 공부하고 <현상세계의 사실과 대비하여> 연구하고, 또 그 깊은 뜻을 찾아보면 <스스로> 터득하는 바가 있을 것이다. 「玩(희롱할 완), 索(찾을 색)」

中庸 제1장

* 제1장은 중용의 대강(大綱)을 말했다.

제1장 1절

天命之謂性 率性之謂道 修道之謂教.

천명지위성(이오) 솔성지위도(요) 수도지위교(니라)

하늘이 절대 명령으로 내려준 것이 바로 본성이다. 본성 속에 주어진 이(理)를 따르는 것을 도(道)라고 한다. 도를 닦고 알맞게 조절하는 것을 교(敎)라고 한다.

▶ 어구 설명

· 天命之謂性(천명지위성) : 하늘이 절대적인 명령으로 내려준 것을 성(性), 즉 본성이라 한다. 「性(성품 성)」 <* 「천명(天命)」은 「하늘이 절대적인 명령으로 내려주었다」는 뜻이다. 사람에게는 사람의 본성이 있고, 식물에게는 식물의 본성이 있고, 동물에게는 동물의 본성이 있다. 본성은 하늘이 내려준 것이다. 그 본성 속에 각자가 살아나가야 할 바른 길[道]과 도리가 있다. 사람이면서 동물의 도리를 따라 살면 안 된다.>

· 率性之謂道(솔성지위도) : 하늘이 내려준 본성을 따라 사는 것이 길이자 도리이다. 「率(따를 솔)」 <* 본성을 따른다고 함은 곧 본성 속에 주어진 도리를 따른다는 뜻이다. 즉 사람은 윤리 도덕을 따르고 실천해야 한다. 그것이 사람의 특성이자, 사람답게 사는 길이자 도리이다. 동물에도 하늘을 나는 새와, 말같이 뛰는 네발짐승과 물속을 헤엄치는

물고기는 각기 그 특성과 도리가 다르다.>

· 修道之謂敎(수도지위교) : 길이나 도리를 저마다의 품격에 맞게 닦고 조절하는 것이 교(敎)다. <* 이 구절도 사람과 만물을 포괄한 말이다. 「교(敎)」의 뜻은 광범하다. 사람의 경우는 교육, 교화 및 예교(禮敎), 더 나가서는 법률이나 제도가 다 포함된다. 범법자에게 형벌을 가하는 것도 교육과 수도(修道)의 한 방법이다. 사람은 항상 여러 가지 사물을 대하고 또 처리한다. 그러므로 모든 사물의 특성과 도리에 맞게 활용할 수 있게 해야 한다. 이것도 넓은 의미의 교(敎)이다.>

[集註 選譯] (1) 命猶命令也 性則理也. : 명은 곧 절대적 명령이다. 본성은 곧 도리다.

(2) 天以陰陽五行 化生萬物 氣以成形 而理亦賦焉 猶命令也. : 하늘은 음양(陰陽) 오행(五行)의 기(氣)를 변화해서 만물을 낳고 살게 하고 있다. 기로써 형체를 꾸몄으며 아울러 <본성 속에 저마다의> 도리도 부여해 주었다. 흡사 명령하듯 절대적으로 부여해 준 것이다.

(3) 於是人物之生 因各得其所賦之理 以爲健順五常之德 所謂性也. : 그러므로 사람이나 만물은 태어나면서 저마다 하늘로부터 주어진 본성적인 도리를 부여받고 있다. 그래서 양적(陽的)인 강건(强健) 혹은 음적(陰的)인 유순(柔順)과 「인의예지신(仁義禮智信)」의 오상(五常)의 불변의 도덕성을 지니고 있는 것이다. <한편 만물의 경우는 「목금화수토(木金火水土)」의 다섯 가지 질료나 성질을 지니고 있다. 그와 같이 저마다 하늘로부터 내려받은 특성을> 곧 저마다의 본성이라 한다.

(4) 率循也 道猶路也 人物各循其性之自然 則其日用事物之間 莫不各有當行之路 是則所謂道也. : 「솔(率)」은 「따르다」의 뜻이다. 「도(道)」는 도로(道路)와 같은 뜻이다. 사람이나 만물은 하늘로부터 받은 저마다의 본성 속에 내재하고 있는 본연의 도리를 따른다. 그러

므로 일상시에 모든 사물을 대하거나 처리함에 있어서도 당연히 따르고 행해야 할 길과 도리가 있게 마련이다. 그것을 이른바 「길(道) 혹은 도리」라고 한다.

(5) 修品節之也 性道雖同 而氣稟或異 故不能無過不及之差 聖人因人物之所當行者 而品節之 以爲法於天下 則謂之敎 若禮樂刑政之屬是也. : 「수(修)」는 품격에 맞게 조절한다는 뜻이다. <하늘로부터 받은 본성이나 가야 할> 길이나 도리는 비록 같지만 그러나 타고난 기(氣)의 형질(形質)이 각기 다르므로 <도를 따르고 실천함에 있어> 넘치거나 혹은 못 미치거나 하는 차이가 없을 수 없다. <그래서> 성인(聖人)이 사람이나 만물이 당연히 따라가야 할 도리를 바탕으로 저마다의 품격에 맞게 조절하여 천하의 법도로 삼았으니, 그것이 이른바 교육, 교화 및 교령(敎令)이다. 즉 예악이나 형벌 · 정치 등이 다 이에 속한다.

(6) 蓋人知 己之有性 而不知其出於天 知事之有道 而不知其由於性 知聖人之有敎 而不知 其因吾之所固有者 裁之也 故子思於此 首發明之 而董子所謂道之大原出於天 亦此意也. : 무릇 사람은 자기에게 본성이 있는 줄을 알지만, 그것이 하늘에서 나온 것임을 모른다. 사람은 모든 사물의 도리가 있는 줄은 알지만, 그것이 <모든 사물의> 특성에서 연유한 것인지는 모른다. 사람은 성인들이 제정한 가르침이 있는 줄은 알지만, 그 가르침이 본래 나에게 <내재하고 있는 본성을> 바탕으로 꾸며진 것인 줄은 모른다. 그래서 자사가 먼저 그 뜻을 밝혀낸 것이다. 아울러 이는 동중서(董仲舒)가 말한 바, 도의 대원(大原)이 하늘에서 나왔다고 말한 것과도 같다.

제1장 2절

道也者 不可須臾離也 可離 非道也 是故 君子戒愼乎 其所不睹 恐懼乎 其所不聞.

도야자(는) 불가수유리야(니) 가리(면) 비도야(라) 시고(로) 군자(는) 계신호 기소부도(하며) 공구호 기소불문(이니라)

도나 도리는 잠시도 떨어질 수 없다. 만약에 떨어질 수 있다면 참다운 도나 도리가 아니다. 그러므로 군자는 보이지 않는 곳이나 <보이지 않는 자기의 마음을> 경계하고 신중하게 지녀야 한다. 또 소리를 들을 수 없는 곳이나 <소리 없는 자기의 마음을> 겁내고 두렵게 여겨야 한다.

▶ 어구 설명

· 道也者 不可須臾離也(도야자 불가수유리야) : 도는 잠시도 떠나거나 이탈할 수 없다. 이탈해서는 안 된다.

· 可離非道也(가리비도야) : 떠나거나 이탈할 수 있다면, <그것은> 도나 도리가 아니다.

· 君子(군자) : 학문과 덕행을 겸비한 선비나 지식인. <* 군자는 지인용(知仁勇)을 겸유(兼有)하고 행해서 덕을 세워야 한다.>

· 其所不睹(기소부도) : 보이지 않는 곳, 혼자 있을 때나 자기의 마음가짐.

· 其所不聞(기소불문) : 들을 수 없는 곳, 혼자 있을 때나 자기의 마음속.

<「기소부도(其所不睹), 기소불문(其所不聞)」을 고주(古注)에서는 「다른 사람이 보고 듣지 않는 곳, 즉 자기 혼자 있는 곳에서」로 풀이했다. 주자는 「보거나 들을 수 없는 마음」으로 풀이했다. 이 책에서는 양자의 설을 절충했다.>

[集註 選譯] (1) 道者日用事物當行之理 皆性之德 而具於心 無物不有 無時不然 所以不可須臾離也 若其可離 則豈率性之謂哉. : 도(道)

는 사람이 날마다 사물을 대하고 처리할 때에 마땅히 따르고 행해야 할 도리이다. 〈동시에〉 모든 도나 도리는 곧 본성적인 이(理)를 따르고 행해서 좋은 성과, 즉 덕을 얻는 바탕이며, 〈그와 같은 도와 덕은 다〉 마음속에 갖추어져 있다. 모든 사물에는 도리가 없는 것이 없다. 또 어느 때인들 그렇지 않은 때도 없다. 〈즉 언제나 도리가 있고 나타난다.〉 그러므로 순간도 도를 이탈할 수 없다. 만약에 이탈할 수 있다면, 어떻게 「본성을 따르는 것이 도」라고 말하겠느냐.

(2) 是以君子之心 常存敬畏 雖不見聞 亦不敢忽 所以存天理之本然 而不使離於須臾之頃也. : 그러므로 학덕(學德)을 겸비한 군자는 마음속으로 항상 〈하늘의 도리를 잘 간직하고 행하도록〉 경외(敬畏)해야 한다. 비록 나타나 보이거나 소리로 들리지 않는 〈마음이지만, 도를 간직함에〉 역시 감히 소홀하게 하면 안 된다. 그 까닭은 천리의 본연을 보존하고, 또 잠시도 〈도에서〉 이탈하지 않게 하기 위해서다.

제1장 3절

莫見乎隱 莫顯乎微 故君子 愼其獨也.

막현호은(하며) 막현호미(라) 고(로) 군자(는) 신기독야(니라)

숨은 것보다 더 잘 드러나는 것이 없고, 미세한 것보다 더 크게 발현하는 것이 없다. 고로 군자는 자기 혼자만 아는 경지나 마음을 더욱 신중하게 한다.

▶ 어구 설명

· 莫見乎隱(막현호은) : 속에 숨어 있는 도리나 속에 있는 마음보다, 더 잘 나타나는 것이 없다. 즉 보이지 않는 도리가 현상으로 나타난다. 남이 모르는 나의 속마음도 결국은 행동으로 나타난다. 주자는 「은(隱)」

을 「은밀한 자기의 마음, 혹은 어떻게 하겠다는 상념(想念)이나 의념(意念)의 뜻」으로 확대해서 풀었다.

· 莫顯乎微(막현호미) : 미세한 것보다 더 크게 나타나 보이는 것이 없다. 미세한 천리도 결국은 크게 나타난다. 주자는 「미(微)」를 「마음속에 싹트고 발동하는 미세한 생각이나 뜻」으로 풀었다.

· 愼其獨也(신기독야) : 남이 보고 듣지 않는 곳에 혼자 있을 때에도 각별히 몸가짐을 신중하게 한다. 주자는 뜻을 확대해서 「자기 혼자만이 아는 마음속의 기미(機微)한 생각, 뜻을 신중하게 한다」로 풀었다. 즉 도심(道心)을 간직하고 나쁜 인욕(人欲)이 끼어들지 못하게 계신(戒愼) 공구(恐懼)한다.

[集註 選譯] (1) 言幽暗之中 細微之事 跡雖未形 而幾則已動 人雖不知 而己獨知之 則是天下之事 無有著見明顯 而過於此者. : 다음 같은 뜻을 말한 것이다. 어둠 속에 숨어있는 듯하고, 또 지극히 미세한 것이, 비록 미처 형상이 나타나지 않아도, 그 기미(幾微)는 이미 동했으며, 남은 모르되 자기는 알고 있는 것이다. 그러므로 곧 천하의 모든 일이 이보다 더 잘 밝게 나타나 보이지 않는 것이 없는 것이다.

(2) 是以君子旣常戒懼 而於此 尤加謹焉 所以遏人欲於將萌 而不使其潛滋 暗長於隱微之中 以至離道之遠也. : 그러므로 군자는 이미 항상 계구(戒懼)하지만, 특히 여기서 근신(謹愼)을 가해야 한다. 그렇게 하는 까닭은 인욕(人欲)이 싹트려 하는 것을 막고, 아울러 <그 인욕이> 어둠 속에 숨어서 자라고, 또 은미(隱微)한 속에서 몰래 자라나 도리에서 멀리 이탈하는 지경에 이르지 못하게 하기 위해서이다.

제1장 4절

喜怒哀樂之未發 謂之中 發而皆中節 謂之和 中也者 天下之大本也 和也者 天下之達道也.

희노애락지미발(이) 위지중(이오) 발이개중절(이) 위지화(니라) 중야자(는) 천하지대본야(이오) 화야자(는) 천하지달도야(라)

희노애락의 정(情)이 미처 나타나지 않은 <마음속의 본연의 성리(性理)를> 중(中)이라 하고, 정(情)이 나타나되 모두 고르게 절도에 맞게 나타남을 화(和)라고 한다. 중(中)은 천하의 대본(大本)이고, 화(和)는 천하가 도(道)를 달성하는 바탕이다.

▶ 어구 설명

- 喜怒哀樂之未發(희노애락지미발) : 「기쁨(喜), 노여움(怒), 슬픔(哀), 즐거움(樂)」 등의 감정이 아직 밖으로 나타나지 않은. <마음의 본연의 상태, 즉 성리(性理) 자체>
- 發而皆中節(발이개중절) : 감정이 발동하되 도리와 절도에 맞게 한 상태를.
- 天下之達道也(천하지달도야) : 「천하의 달도」는 「천하의 모든 사람 만물이 도와 일치하고, 또 도를 달성한다」는 뜻이다. 바꾸어 말하면 사람이나 사물이 도와 하나가 된 상태이다.

[集註 選譯] (1) 喜怒哀樂情也 其未發則性也 無所偏倚 故謂之中. : 기뻐하고 노여워하고 슬퍼하고 즐거워하는 것이 정(情)이다. 그 정이 아직 나타나지 않은 상태가 성(性)이다. 그 성은 편벽되거나 치우치지 않는다. 그러므로 중(中)이라고 말한다.

(2) 發皆中節 情之正也 無所乖戾 故謂之和. : 정(情)이 나타나되 성리(性理)와 절도에 맞아야 하며, <그것이 곧> 정의 바름이다. <그

정은 성리에> 어긋나거나 거슬리는 바가 없다. 그러므로 화(和)라고 한다.

(3) 大本者 天命之性 天下之理 皆由此而出 道之體也. :「대본(大本)」은 바로「천명으로 주어진 성리(性理)」이다. 천하의 도리가 모두 그 성리에서 연유하고 나오며, 그것이 도의 본체이다.

(4) 達道者 循性之謂 天下古今之所共由 道之用也. :「달도(達道)」는 <모든 사람이나 사물이> 저마다의 성리(性理)를 따르고, 또 천하가 고금을 통해 공통으로 따르고 행할 바이며, 이는 곧 도(道)의 용(用)이다.

(5) 此言性情之德 以明道不可離之意. : 이 구절은 성(性)과 정(情)의 덕을 말하고, 아울러 도를 이탈하면 안됨을 밝힌 말이다.

제1장 5절
致中和 天地位焉 萬物育焉.

치중화(면) 천지위언(하며) 만물육언(하니라)

중화를 이루어야, 하늘과 땅이 제자리에 안정되고, 또 만물이 살아 자란다.

▶ 어구 설명

· 致中和(치중화) : 중화(中和)를 이루다.「치(致)」는 끝까지 미루어 나간다는 뜻이다.「중(中)」은「희노애락의 정이 아직 발동하지 않은 상태」, 즉「마음속에 주어진 성리(性理)의 본연 상태다」.「화(和)」는「본연의 성리가 절도에 맞게 나타난 상태다」.

· 天地位焉(천지위언) : 하늘과 땅이 바르게 자리하고 안정이 된다.「위

(位)」는 저마다의 자리에 안정된다는 뜻이다.

· 萬物育焉(만물육언) : 만물이 저마다 고르게 자란다. 「육(育)」은 「생육화성(生育化成)」의 뜻이다.

[集註 選譯] (1) 自戒懼而約之 以至於至靜之中 無所偏倚 而其守不失 則極其中 而天地位矣. : 스스로 겁내고 두려워하고, 또 단속하여서 <성리(性理)가> 지극히 정밀하고 중정(中正)한 경지에 이르고, 또 그 지킴을 잃지 않으면 곧 <그 성리가> 지극히 중정하게 되고, 따라서 하늘과 땅이 제자리에서 안정될 것이다.

(2) 自謹獨而精之 以至於應物之處 無少差謬 而無適不然 則極其和 而萬物育. : 처음에는 홀로 자신을 근신하고 정성으로 <절대선의 천도를> 따르고 지키고, 점차로 모든 사람이나 사물을 대하고 처리함에 있어, 작은 차질이나 오류도 없게 하고 더욱 저마다의 도리대로 되지 않음이 없게 하면, 즉 천하 만물이 조화의 극치를 이루고 다 잘 자라고 번성할 것이다.

(3) 蓋天地萬物 本吾一體 吾之心正 則天地之心亦正矣 吾之氣順 則天地之氣亦順矣. : 무릇 천지 만물은 본래 나와 한몸이다. 나의 마음이 바르면 천지의 마음도 바르게 되고, 나의 기가 순하면 천지의 기도 순하게 된다.

(4) 故其效驗 至於如此 此學問之極功 聖人之能事 初非有待於外 而修道之教 亦在其中矣. : 고로 효험도 그와 같이 나타난다. 이것이 바로 학문의 지극한 공이며, 성인만이 능히 할 수 있는 일이다. 애당초부터 <본성의 도를 따라서 이루는 것이지> 밖의 다른 힘을 빌리는 것이 아니다. <나와 만물을> 품절해서 도에 맞게 하는 교육이나 교화도 그 속에서 이루어지는 것이다.

(5) 是其一體一用 雖有動靜之殊 然必其體立而後用有以行 則其實亦

非有兩事也 故於此 合而言之 以結上文之意. : 이와 같이 저마다 체(體)와 용(用)이 비록 동(動)과 정(靜)의 차이가 있어도 반드시 체가 바르게 선 다음에, 용이 바르게 행해지는 법이다. 그러나 실지로는 서로 다른 둘이 아니다. 고로 자사가 여기서 합쳐서 말하고 앞글의 결론으로 삼은 것이다.

中庸 제2장

* 제2장부터 제11장까지는 중용에 관한 공자의 말을 인용해서 뜻을 부연한 것이다. 군자와 소인의 상반되는 태도를 기술했다.

제2장 1절

仲尼曰 君子中庸 小人反中庸.

중니왈 군자(는) 중용(이요) 소인(은) 반중용(이니라)

중니, 즉 공자가 말했다. 군자는 중용을 지키고 실천한다. 소인은 중용에 반대되는 행동을 한다.

▶ 어구 설명

- 仲尼(중니) : 공자의 자(字). 공자의 어머니 안씨(顔氏)가 이구산(尼丘山)에 기도를 드려서 낳았으므로, 중니라 했다. <일반적으로는 공자라 부른다. 중니라고 한 것은 친근감을 나타내기 위해서이다.>
- 君子中庸(군자중용) : 군자는 중용을 지키고 실천한다. 즉 군자는 마음으로 중용의 도리를 체득하고 몸으로 실천한다.
- 小人反中庸(소인반중용) : 소인은 중용과 반대되는 짓을 한다. <* 숭고한 정신적 삶이나, 윤리 도덕적 삶을 모르고 오직 동물적 생존, 육체적 삶만을 사는 우매한 사람을 소인이라 한다. 절대선(絶對善)의 천도를 따르는 것이 중용이다. 우매한 소인은 사리사욕(私利私慾)을 따른다.>

[集註 選譯] (1) 中庸者 不偏不倚 無過不及 而平常之理 乃天命所當

然 精微之極致也 唯君子爲能體之 小人反是. : 중용은 편벽되지 않고 치우치지 않고, 또 지나치거나 미치지 못함도 없으며 <아울러> 평이하면서도 항상 살아있는 <불변의> 도리이다. <중용은> 곧 하늘이 명하여 부여해준 바 당연하면서, 또 정밀한 도리의 극치이다. 오직 군자만이 능히 체득할 수 있으며, 소인은 이를 어기고 반대되는 짓을 한다.

제2장 2절

君子之中庸也 君子而時中 小人之反中庸也 小人而無忌憚也.

군자지중용야(는) 군자이시중(이요) 소인지반중용야(는) 소인이무기탄야(니라)

군자는 중용의 도리를 실천한다. <그 태도는 곧> 군자는 <마음에 천명으로 주어진 본성의 도리를 함양하고> 때와 장소와 처지에 맞게 실천하고 <행동으로> 발현한다. 소인은 중용의 도리에 반대되게 행한다. <그 태도는 사리사욕을 채우기에 바빠서> 기탄하는 것 없이 악덕을 자행한다.

▶ 어구 설명

- 君子而時中(군자이시중) : 군자는 <마음에 천명으로 주어진 본성의 도리를 함양하고> 때와 장소와 처지에 맞게 실천하고 <행동으로> 발현한다. 「시중(時中)」의 「시(時)」는 「어느 때에나, 어느 곳에서나, 어떠한 경우에서나」 등의 뜻이 다 포함되어 있다.
- 小人之反中庸也(소인지반중용야) : 소인은 중용의 도리에 반대되게 한다. <* 고본(古本)은 「소인지중용야(小人之中庸也)」로 「반(反)」자가 없다.>

· 小人而無忌憚也(소인이무기탄야) : 소인은 <사리사욕을 채우며> 기탄하는 것 없이 악덕을 행한다.

[集註 選譯] (1) 君子之所以爲中庸者 以其有君子之德 而又能隨時以處中也 小人之所以反中庸者 以其有小人之心 而又無所忌憚也.: 군자가 중용을 행하는 이유는 그들이 군자의 덕을 지니고 아울러 능히 때나 경우에 맞게 중용의 도리를 지키고 행하기 때문이다. 소인이 중용에 반대되게 하는 이유는 그들이 소인의 마음을 가지고 기탄하는 바 없이 행동하기 때문이다.

(2) 蓋中無定體 隨時而在 是乃平常之理也 君子知其在我 故能戒謹不睹 恐懼不聞 而無時不中 小人不知有此 則肆欲妄行 而無所忌憚矣. : 무릇, 「중의 도리」는 고정적인 형체가 없다. 「때와 장소와 경우에 따라」 저마다 적합하게 내재하고 있다. 그것은 곧 일용 평상의 도리이다. 군자는 그 도리가 나의 본성 속에 내재하고 있음을 안다. 그래서 보이지 않는 마음속의 천리를 간직하려고 삼가고 근신하고, <한편> 들리지 않는 마음속의 사리사욕을 겁내고 두려워하고, 언제나 어느 경우에나 도리에 맞게 한다. 그러나 소인은 그와 같은 도리가 <속에 있는 줄> 모른다. 그래서 욕심 내키는 대로 망동하고 기탄하는 바 없이 <악덕한 짓을> 한다.

【참고 보충】「중용과 도덕」

여러 가지로 설명을 하기 때문에 혼란스럽다. 중용의 핵심은 「천도(天道)」이다. 즉 「중(中)」은 「도(道)나 체(體)」에 해당한다. 「용(庸)이나 화(和)」는 「덕(德)이나 용(用)」에 해당한다.

「중(中)」을 이발(已發)과 미발(未發)을 겸해서 말하기도 한다.

「중화(中和)」는 성리(性理)를 바탕으로 사람을 대하거나, 나라를 다스리거나, 만물을 처리하거나, 천도를 따르고 행해서 「천지인(天地

人)이 조화를 이룬 상태」를 말한 것이다.

도덕의 도(道)의 근본은 천도천리(天道天理)이고, 사람에게 있어서는 사람이 마땅히 따르고 행할 사람의 도리, 즉 인도(人道)다. 덕은 득(得)과 같은 뜻이다. 도를 따르고 행해서 얻은 좋은 성과가 곧 덕이다.

도를 따라야 덕을 세울 수 있다. 이기적 욕심을 따르면 악덕하게 된다.

中庸 제3장

* 공자의 말이다. 중용의 도리는 지극히 좋고 아름다운 도리다. 그런데 학문 교화가 쇠퇴하여 사람들이 중용의 도리를 행하지 못한 지가 오래되었다고 한탄한 것이다.

제3장 1절

子曰 中庸其至矣乎 民鮮能久矣.

자왈 중용(은) 기지의호(인저) 민선능(이) 구의(니라)

공자가 말했다. 중용은 지당한 도리다. <그런데> 사람들이 <중용의 도리를 바르게 알고> 행하지 못하게 된 지가 이미 오래되었다.

▶ **어구 설명**

- 子曰(자왈) : 공자가 말했다. 논어 옹야편(雍也篇) 25에 「子曰 中庸之爲道也 其至矣乎 民鮮久矣.」라고 있다.
- 中庸(중용) : 중용의 도를 따르고 실천하는 것. <* 즉 본성 속에 주어진 성리(性理)를 바탕으로 사람을 다스리거나, 만물을 처리함에 있어, 저마다 도에 맞게 한다는 뜻.>
- 其至矣乎(기지의호) : 중용의 도를 따르고 행하면, 덕에 이른다. 고주(古注)는 「지극히 좋다(至極美)」라고 풀었다.
- 民鮮能久矣(민선능구의) : 사람들이 <중용의 도를 바르게 알고> 행하지 못하게 된 지가 이미 오래되었다.

[集註 選譯] (1) 過則失中 不及則未至 故惟中庸之德 爲至 然亦人所同得 初無難事.: 지나쳐도 중(中)에서 벗어나고, 못 미쳐도 중에 이

르지 못한다. 어디까지나 「중용의 덕」을 세워야 지극함에 이른 것이다. 그러나 <본성의 성리는> 모든 사람이 다 같이, <천명으로 받고 있는 것이다.> 그래서 애당초부터 알고 행하기 어려운 것이 아니다.

(2) 但世敎衰 民不興行 故鮮能之 今已久矣 論語無能字. : 다만 세상의 교화(敎化)가 쇠퇴하여 모든 사람들이 <중용의 덕을> 진작하고 행하지 못한 것이다. 그러므로 <사람들이 중용의 덕을 행하지> 못하게 된 지가 이미 오래되었다. 논어에는 <같은 말이 있으나> 「능(能)」이란 글자가 없다.

【참고 보충】「도덕 교육의 중요성」

「하늘이 천명으로 내려준 것이 본성이다.(天命之謂性)」「그 본성을 따르는 것이 길이고 도리다.(率性之謂道)」「그 도리를 각자에게 맞게 닦는 것이 교육 교화다.(修道之謂敎)」 교육을 받지 않으면, 성리(性理)를 모르고 도덕적 삶을 살지 못한다. 고로 성현(聖賢)의 가르침을 배우고, 또 스스로 수양을 해야 한다.

中庸 제4장

* 제4장도 공자의 말을 인용했다. 「1절」에서는 도(道)가 행해지지 않거나 밝혀지지 않는 이유를 설명했다. 「2절」에서는 사람들이 음식의 참맛을 모르듯이 일상 쓰는 중용의 도리를 모른다고 비유했다.

제4장 1절

子曰 道之不行也 我知之矣 知者過之 愚者不及也 道之不明也 我知之矣 賢者過之 不肖者不及也.

자왈 도지불행야(를) 아지지의(로니) 지자(는) 과지(하고) 우자(는) 불급야(니라) 도지불명야(를) 아지지의(로니) 현자(는) 과지(하고) 불초자(는) 불급야(니라)

공자가 말했다. 「세상에 도가 행해지지 않는 이유를 나는 안다. 지자(知者)는 지나치고, 우자(愚者)는 못 미친다. 도가 밝게 나타나지 않는 이유를 나는 안다. 현자(賢者)는 지나치고, 불초(不肖)는 못 미친다.」

▶ 어구 설명

- 知者過之(지자과지) : 「지자(知者)」는 「중용의 도」를 지나친다. <* 세속적인 지자는 궤변적이고 간악한 지혜를 바탕으로 악덕한 짓을 한다. 그러므로 「평이하고 일용(日用)하는 중용의 도리」를 지나치게 마련이다.>
- 道之不明也(도지불명야) : 도가 밝혀지지 않는 그 이유.

· 賢者過之(현자과지) : 세속적으로 현명한 사람은 중용의 도를 지키지 않고 지나친다.

· 不肖者不及也(불초자불급야) : 우매하고 못난 사람은 중용의 도리를 모르고 미치지 못한다. <* 덕이 없고 재주만 넘치는 겉약은 재주꾼은 자기 이득만을 찾고 물욕을 채우기 위해 때로는 범죄도 저지른다. 그래서 도를 넘는다.>

[集註 選譯] (1) 道者天理之當然 中而已矣 知愚賢不肖之過不及 則生稟之異 而失其中也. : 「도(道)」는 하늘이 부여해준 당연히 따라야 할 도리이며, <그것은 본성 속에 내재하고 있는> 도리이다. <그러나> 「지(知)와 우(愚)」 「현(賢)과 불초(不肖)」에 따라 지나치거나 못 미친다. <그것은> 곧 타고날 때 받은 기질의 차이가 있기 때문이다. <그래서> 중용의 도리를 따르고 행하지 못하는 것이다.

(2) 知者 知之過 旣以道爲不足行 愚者 不及知 又不知所以行 此道之所以常不行也. : 세속적 지자(知者)는 <잡스럽고 사악한 것을> 지나치게 많이 알기 때문에 <중용의 도리를> 아예 행할 만한 것이 못된다고 여긴다. 우자(愚者)는 못 미치므로 또한 <중용의 도리를> 모른다. <그래서 결국 사람들이> 언제나 중용의 도를 행하지 못하는 것이다.

(3) 賢者行之過 旣以道爲不足知 不肖者不及行 又不求所以知 此道之所以常不明也.: 세속적으로 겉약은 사람은 행동이 <중용의 도에> 지나친다. <그래서> 아예 중용의 도를 알만한 것이 못된다고 생각한다. 불초자(不肖者) 또한 알려고 하지도 않는다. 그래서 중용의 도가 항상 밝게 나타나지 않는 것이다.

제4장 2절
人莫不飮食也 鮮能知味也.

인막불음식야(언마는) 선능지미야(니라)

사람은 누구나 다 음식을 먹고 마신다. 그러나 참으로 <음식의> 맛을 아는 사람은 별로 없다.

▶ **어구 설명**

· 人莫不飮食也(인막불음식야) : 사람은 누구나 다 음식을 먹고 마신다.
· 鮮能知味也(선능지미야) : 음식 맛을 알 수 있는 <사람은> 별로 없다. <* 왜 음식을 먹고 사는지, 삶의 참뜻을 아는 사람은 별로 없다.>

[集註 選譯] (1) 道不可離 人自不察 是以 有過不及之弊. : 중용의 도리는 떨어질 수 없는 일상의 도리다. <그것을> 사람이 스스로 성찰하지 않는다. 그러므로 지나치거나 못 미치는 폐단이 있게 된다.

【참고 보충】「선능지미(鮮能知味)」

이때의 「미(味)」는 미각이 아니다. 음식을 먹는 의미다. 그 근본은 「삶의 가치」다. 인간은 동물같이 살다가 죽는 것이 아니다. 인류의 역사 문화 발전에 기여하기 위해 살고 있는 것이다.

中庸 제5장

* 공자가 거듭 중용의 도가 행해지지 않음을 한탄했다.

제5장 1절

子曰 道其不行矣夫.

자왈 도 기불행의부(인저)

공자가 말했다. 도가 <그렇듯이> 행해지지 않는구나!

▶ 어구 설명

· 道其不行矣夫(도기불행의부) : 도가 행해지지 않는구나! 「기(其)」는 「그렇듯, 참으로」의 뜻. 「의부(矣夫)」는 감탄사.

[集註 選譯] (1) 由不明 故不行. : 「중용의 도」를 <사람들이> 밝게 알지 못하기 때문에 따라서 도가 행해지지 않는다.

【참고 보충】「모르면 행하지 않는다」

공자가 「도가 행해지지 않는다」라고 한탄했다. 이를 주자는 「사람들이 밝게 알지 못하기 때문에 행해지지 않는다(由不明 故不行)」라고 주를 달았다. 즉 「정치 담당자들이 중용의 도를 따르지 않았다」는 뜻이 포함되어 있다.

中庸 제6장

* 앞에서 「도를 밝게 알지 못하고 행하지 못함」을 한탄한 공자가 이 장에서는 「순(舜)임금이 중용의 도를 참으로 크게 알고, 또 행했음」을 말했다.

제6장 1절

子曰 舜其大知也與 舜好問 而好察邇言 隱惡而揚善 執其兩端 用其中於民 其斯以爲舜乎.

자왈 순(은) 기대지야여(인저) 순(이) 호문 이호찰이언(하고) 은악이양선(하고) 집기량단(이) 용기중어민(이니) 기사이위순호(인저)

공자가 말했다. 순임금은 참으로 대지(大知)이시다. 순임금은 남에게 묻기를 좋아하셨으며, 남의 비근한 말이라도 잘 살피시고, 좋지 않은 말이나 생각은 숨겨두고, 좋은 말이나 생각은 높이 드러내셨다. 서로 대립되는 말이나 의견도 양쪽을 저울질하고 중용의 도리에 맞게 백성을 다스리는 데 쓰셨다. 이렇게 한 점이 곧 순임금의 순임금 되심이다.

▶ 어구 설명

- 舜好問(순호문) : 순은 <모든 사람에게> 묻기를 좋아했다. 「공자가 말했다. 아래에게 묻기를 부끄럽게 여기지 않는 것이 곧 문화적이라 하겠다.(子曰 不恥下問 是以謂文也)」 <논어 공야장편(公冶長篇) 15>
- 而好察邇言(이호찰이언) : 그리고 남의 평범하고 비근한 말도 잘 살피고 분별했다. 「邇(가까울 이)」

· 隱惡而揚善(은악이양선) : 잘못된 것은 숨겨두고, 좋은 말이나 생각은 드러내서 높인다.
· 執其兩端(집기량단) : 대립되는 양쪽을 다 고려의 대상으로 삼는다. 「집(執)」은 버리지 않고 채택한다.
· 用其中於民(용기중어민) : 중용의 도에 맞는 것을 썼다.

[集註 選譯] (1) 舜之所以爲大知者 以其不自用 而取諸人也.: 순임금을 「위대한 지자(知者)」라고 하는 까닭은 자기만의 지혜를 쓰지 않고, 여러 사람의 지혜를 취해 썼기 때문이다.

(2) 邇言者 淺近之言 猶必察焉 其無遺善可知. : 「이언(邇言)」은 「천근한 말」이다. <그와 같은 비근한 말도> 반드시 살폈으니, 그가 좋은 말을 빠뜨리지 않았음을 알 수 있다.

(3) 然於其言之未善者 則隱而不宣 其善者 則播而不匿 其廣大光明又如此 則人孰不樂告以善哉. : 그러나 <여러 사람의> 말을 듣고도 좋지 않은 것은 숨겨두고 나타내지 않고, 좋은 말이나 생각은 선양하고 묻어두지 않았다. 그의 심덕(心德)의 넓고 밝음이 이와 같았으니, 누구인들 즐겁게 와서 그에게 좋은 말을 안했겠느냐.

(4) 兩端謂衆論不同之極致 蓋凡物 皆有兩端 如小大厚薄之類 於善之中 又執其兩端 而量度以取中 然後用之 則其擇之審 而行之至矣. : 「양단(兩端)」은 여러 사람들의 논의가 같지 않고 극과 극을 이룬다는 뜻이다. 무릇 모든 사물에는 상대적으로 양극(兩極)이 있게 마련이다. 예를 들면 「소(小)와 대(大), 후(厚)와 박(薄)」 같은 것이다. 같은 좋은 말이나 생각 중에서도 <상대적으로 대립되는> 두 가지를 저울질하고 헤아려서 적합한 것을 취한다. 그런 다음에도 신중하게 심사하고 채택하고 활용해 쓴다.

(5) 然非在我之權度 精切不差 何以與此 此知之所以無過不及 而道

之所以行也. : 그러나 내가 저울질하고 헤아림에 있어, 정밀하고 정확하고 잘못이 없지 않고서는 어찌 그와 같이 할 수 있겠는가. 그러므로 <요임금의> 대지(大知)를 「과불급(過不及)」이 없다고 하는 연유이고, 또 중용의 도를 행할 수 있었던 연유이다.

中庸 제7장

* 앞장에서 순(舜)임금이 왜 대지(大知)인가를 말한 공자는, 이 장에서는 「동물이 함정에 빠지면서도 피할 줄 모르듯이 <사람은 욕심에 빠지고도> 편벽된 것을 모른다. 그러면서 저마다 아는 척한다」고 일침을 가했다. 또 「중용의 도를 오래 지키지 못함」을 탓했다.

제7장 1절

子曰 人皆曰予知 驅而納諸罟擭陷阱之中 而莫之知辟也 人皆曰予知 擇乎中庸 而不能期月守也.

자왈 인개왈여지(로되) 구이납제고획함정지중 이막지지피야(하며) 인개왈여지(로되) 택호중용 이불능기월수야(니라)

공자가 말했다. 사람들은 저마다 「나는 지혜롭다」고 말한다. <그러나 저마다> 달리어 그물이나 덫이나 함정 속에 빠져 들어간다. <그러면서도 그와 같은 화를> 피할 줄 모른다. 사람들은 저마다 「나는 지혜롭다」고 말한다. <그러면서> 중용의 도를 택해서, 한 달을 지키고 행하지를 못한다.

▶ 어구 설명

· 驅而納諸罟擭陷阱之中(구이납제고획함정지중) : 달려가서 그물에 걸리고, 덫이나 함정에 빠져 잡히고 만다. 「驅(달릴 구), 納(간힐 납), 罟(그물 고), 擭(잡을 획), 陷(빠질 함), 阱(함정 정)」
· 莫之知辟也(막지지피야) : 피함을 알지 못한다. 「辟=避(피할 피)」

· 擇乎中庸 而不能期月守也(택호중용 이불능기월수야) : 중용을 택하고 단 한 달도 지키고 행하지 못한다. <* 지혜롭다고 말하면서, 중용의 도리를 한 달도 따르지 못한다. 즉 동물이 뛰어다니다가 함정에 빠지듯이 대부분의 사람들은 동물적 생존 욕구를 바탕으로 한 악덕한 욕심에 빠져든다는 뜻을 비유해서 말한 것이다.>

[集註 選譯] (1) 擇乎中庸 辨別衆理 以求所謂中庸 卽上章好問 用中之事也 期月 匝一月也. : 「택호중용(擇乎中庸)」은 「여러 가지 도리를 분별하고, 이른바 중용을 구한다」는 뜻이다. 앞 장에서 「순이 묻기를 좋아하고(舜好問), 중용(中庸)에 맞는 말을 썼다(用其中)」는 것을 지적한 것이다. 「기월(期月)」은 「만 한 달을 지키고 행한다」는 뜻이다.

(2) 言知禍而不知避 以況能擇而不能守 皆不得爲知也. : <이는 다음 같은 뜻을 말한 것이다.> 화(禍)를 알면서도 피할 줄 모르고, 더욱 택(擇)할 줄은 알면서도 능히 지키고 행하지 못하니, <결국> 「앎」이라 할 수 없다.

【참고 보충】「중용의 도」

사람은 누구나 「자기는 지혜롭다」고 말한다. 그러나 「중용의 도」를 바르게 알고, 또 지키고 행하지 못한다.

「중용의 도를 알고 행함」은 곧 「절대선(絶對善)의 천도(天道)를 때와 경우에 맞게 바르게 적용한다는 뜻이다.」 나누어 설명하겠다.

인간의 경우 : 사람은 만물의 영장이다. 그러므로 하늘은 사람에게만 본성적으로 「탁월하고 숭고한 정신적 도덕성」을 부여해 주었다. 그러므로 사람은 윤리 도덕을 따르고 실천해야 한다.

사람은 개별적으로 독립된 삶을 산다. 그러나 동시에 모든 사람은 함께 어울려 서로 사랑하고 서로 협동하여 함께 잘 살아야 한다.

그러므로 윤리 도덕을 잘 따르고 행해야 한다. 「개별적으로도 잘 살고, 전체적으로도 잘 살 수 있는 도리」가 곧 「윤리 도덕의 도리다.」

「나와 가정」 : 부모, 형제, 부부 및 친척이 서로 사랑하고 함께 잘 살고 발전해야 한다. 고로 유교는 「가정 윤리 도덕」을 강조했다.

「나와 국가」 : 개인과 민족, 국가는 하나의 공동체다. 「개인의 학문, 지식, 기술, 능력 및 부강」과 「민족·국가의 학문, 지식, 기술, 능력 및 부강」은 서로 직결된다.

사람은 「나는 알고, 지혜롭다」고 말하면서, 「동물적·이기적 욕심에 빠져」 허덕이고 악덕한 삶을 살고 있다.

中庸 제8장

* 이 장에서 공자는 안회(顏回)를 칭찬했다. 즉 그가 참으로 중용의 도를 알고 성실하게 실천했다고 말했다.

제8장 1절

子曰 回之爲人也 擇乎中庸 得一善 則拳拳服膺 而弗失之矣.

자왈 회지위인야(라) 택호중용(하야) 득일선(하면) 즉권권복응(하고) 이불실지의(니라)

공자가 말했다. 안회는 <참으로 알고 또 어진> 사람이다. 중용을 택하여 실천하고, 하나의 선을 얻으면 권권복응(拳拳服膺)하고 <소중히 받들어 가슴속에 간직하고> 잃지 않았다.

▶ **어구 설명**

· 回之爲人也(회지위인야) : 「안회(顏回)의 사람됨」은. 「회(回)」는 공자의 제자 안연(顏淵)의 이름이다. <진지(眞知)의 인자(仁者)라는 뜻이다.>

· 擇乎中庸(택호중용) : <그래서> 중용의 도를 택하고 실천했다. <택(擇)은 지(知)와 행(行)을 겸한다.>

· 拳拳服膺(권권복응) : <중용을 택하고 행해서 얻은 귀중한 체험을> 소중히 받들고 가슴속에 간직한다. 「권권(拳拳)」은 받들어 들고 있는 품이다. 「拳(주먹 권)」은 여기서는 「捲(힘쓸 권)」의 뜻이다. 「복(服)」은 붙어 있다는 뜻이다. 「응(膺)」은 가슴의 뜻이다. 「服(복종할 복), 膺(가

승속에 간직할 응)」

· 而弗失之矣(이불실지의) : 그리고 잃지 않는다. <선덕(善德)을 세운다. 안회는 과실을 거듭하지 않았으며, 「중용의 덕」을 지속적으로 쌓았던 것이다.>

[集註 選譯] (1) 奉持而著之心胸之間 言能守也. : <체득한 일선(一善)을> 소중하게 받들어 지니고 마음과 가슴 사이에 붙이고 있음은 곧 능히 간직하고 지키고 행할 수 있음을 말한다.

(2) 顔子蓋眞知之 故能擇能守 如此 此行之所以無過不及 而道之所以明也. : 안자는 전체적으로 참되게 지혜로웠다. 그래서 능히 그와 같이 <중용을> 택하고 지킬 수 있었다. 그렇게 한 것이 곧 <안자가> 행동에 지나침이나 못 미침도 없었던 까닭이고, 또 도를 행하고 밝힐 수 있었던 이유이다.

【참고 보충】「지(知)의 참뜻」

「지(知)」의 참뜻을 알아야 한다. 외형적 지식이나 기능을 알고 익히는 것도 지(知)다. 그러나 정신적 · 도덕적으로 절대선(絶對善)의 천도(天道)를 깨닫고 「때와 장소 및 경우에 맞게 적용하여 덕을 세우는 것」이 「참다운 지(知)」이다.

中庸 제9장

* 제9장에서 공자는 말했다. 지혜로운 사람은 나라를 고르게 다스릴 수 있다. 인자하고 청렴한 사람은 벼슬을 마다할 수 있다. 무용(武勇)이 넘치는 사람은 칼날도 밟을 수 있다. 그러나 그것만으로는 중용의 도를 능히 행할 수 없다.

제9장 1절

子曰 天下國家可均也 爵祿可辭也 白刃可蹈也 中庸不可能也.

자왈 천하국가(도) 가균야(이며) 작록(도) 가사야(이며) 백인(도) 가도야(이나) 중용(은) 불가능야(니라)

공자가 말했다. 천하나 나라를 고르게 다스릴 수도 있고, 작위나 녹봉을 사양할 수도 있고, 시퍼런 칼날을 밟을 수도 있다. 그러나 <그것만으로는> 중용을 능히 지키고 행하지 못한다.

▶ 어구 설명

· 天下國家可均也(천하국가가균야) : 천하나 나라를 고르게 잘 다스릴 수 있다. 「균(均)」은 평화롭고 공평하게 다스린다는 뜻이다.
· 爵祿可辭也(작록가사야) : 작위(爵位)나 녹봉(祿俸)을 사양할 수 있다.
· 白刃可蹈也(백인가도야) : 시퍼런 칼날을 밟을 수도 있다.
· 中庸不可能也(중용불가능야) : 중용을 택하고 행하는 것은 불가능하다.

[集註 選譯] (1) 三者亦知仁勇之事 天下之至難也. :「세 가지, 즉 천하국가가균야(天下國家可均也), 작록가사야(爵祿可辭也), 백인

가도야(白刃可蹈也)」는 역시 「지인용(知仁勇)」을 바탕으로 한 일들이며, 천하에서 행하기 지극히 어려운 일들이다.

(2) 然皆倚於一偏 故資之近 而力能勉者 皆足以能之. : 그러나 <세 가지 일은> 모두가 한쪽으로 치우친 일이다. 그러므로 자질이나 기질이 <어느 하나에> 가깝고, 또 기력이 능히 견딜 수 있는 사람이면 다 족히 해낼 수 있는 일이다.

(3) 至於中庸 雖若易能 然非義精仁熟 而無一毫人欲之私者 不能及也. : 중용에 이르는 것은 비록 쉬운 것 같으나, <그러나> 바른 도리를 정밀하게 가리고 인덕(仁德)을 베푸는 데 익숙하지 못하거나, 또는 털끝만큼의 사사로운 욕심을 없게 하지 못하면, 능히 미칠 수 없는 일이다.

(4) 三者難而易 中庸易而難 此民之所以鮮能也. : 세 가지는 어렵게 느껴지지만 실은 쉬운 일이다. <그러나> 중용은 쉽게 느껴지지만 실은 어려운 일이다. 그것이 바로 사람들이 능히 하지 못한 이유이다.

【참고 보충】「이이난(易而難)」

「지인용(知仁勇)」을 중용에 맞게 실천하기는 쉬운 것 같으면서도 어렵다. 중용은 성리(性理)를 따르고 행하는 정신적·도덕적 덕행이다.

그러기 위해서는 특히 인욕(人欲)을 극복하고 성리만을 따라야 한다. 바꾸어 말하면 순수이성(純粹理性)인 도덕심을 따르는 일이다.

그러나 대부분의 사람들은 「동물적 생존본능과 이기적 욕심」만을 알고 또 육체적 삶만을 살고 있다. 그래서 정신적·도덕적 삶을 살기가 어려운 것이다.

中庸 제10장

* 제10장에서 공자는 제자 중에 가장 용감하다는 자로(子路)로 하여금 「강(强)」에 대한 질문을 하게 한다. 그리고 공자가 대답하는 형식으로 「강」을 셋으로 분류해서 설명했다.

①남방의 강(南方之强) : 너그럽고 부드러운 태도로 남을 교화하고 무도한 사람에게도 보복을 하지 않는다. 이것이 「남방의 강」이다.

②북방의 강(北方之强) : 창이나 칼을 베개로 삼고, 전투복을 걸치고 잠을 잔다. 그리고 죽음도 두려워하지 않는다. 이것이 「북방의 강」이다.

③중용의 강(中庸之强) : 자기의 주체성을 확립하고 끝까지 변치 않게 「화이불류(和而不流)」하는 「중용의 도」를 지키는 것이 참다운 「강(强)」이다.

제10장 1절

子路問强.

자로 문강(한대)

자로가 강(强)에 대해서 물었다.

▶ 어구 설명

· 子路(자로) : 공자의 제자, 중유(仲由). 자로는 지나치게 용맹함을 좋아했다. 그래서 강(强)에 대해서 물었다.

제10장 2절

子曰 南方之强與 北方之强與 抑而强與.

자왈 남방지강여(아) 북방지강여(아) 억이강여(아)

공자가 <되물어> 말했다. 남방의 강(强)인가? 북방의 강인가? 아니면 너의 강인가.

▶ 어구 설명

· 抑而强與(억이강여) : 아니면, 그대 같은 군자들이 지키고 나갈 강인가. 「억(抑)」은 어조사. 「이(而)」는 「너 여(汝)」의 뜻. 「抑(누를 억)」

<* 「강(强)」에도 여러 가지가 있다. 무력으로 남을 치고 이기는 것도 강이다. 참고 견디는 것도 강이다. 더 큰 강은 욕심을 극복하고 도를 지키는 것이다. 「남방의 강」은 유약하고 패배적인 강이다. 「북방의 강」은 야만적 · 전투적 강이다.>

제10장 3절

寬柔以敎 不報無道 南方之强也 君子居之.

관유이교(하고) 불보무도(는) 남방지강야(니) 군자거지(니라)

관대하고 유순한 태도로 남들을 교육 교화하고, 무도한 자에게도 <즉각적이고 감정적인> 보복을 하지 않는 것이 남방적인 강(强)이다. <남방적인> 군자들은 그와 같은 강을 지킨다.

▶ 어구 설명

· 寬柔以敎(관유이교) : 관대하고 유순한 태도로 남을 교화한다.

· 不報無道(불보무도) : 무도한 자에게 즉각적 · 감정적 보복을 하지 않

는다.

- 南方之强也(남방지강야) : 남방의 강이다. 지역적으로는 초(楚)나라 일대, 사상적으로는 노자(老子)나 장자(莊子)의 학풍(學風)을 말한다.
- 君子居之(군자거지) : 노장학파(老莊學派)에 속하는 사람이나 남방기질(南方氣質)의 선비들은 그와 같은 「남방의 강(强)」을 지킨다.

[集註 選譯] (1) 寬柔以敎 謂含容巽順 以誨人之不及也 不報無道 謂橫逆之來 直受之而不報也 南方 風氣柔弱 故以含忍之力勝人爲强 君子之道也. : 「관대하고 유순한 태도로 남을 교화한다」는 뜻은 곧 「품고(含), 받아들이고(容), 공손하고(巽), 부드러운(順) 태도」로써 「다른 사람의 모자람을 가르쳐 준다」는 뜻이다. 「무도에 대해서 <즉각적이고 감정적인> 대응을 하지 않는다」는 뜻은 <상대가> 횡포하고 방자하고 도리에 어긋나는 태도로 <나에게> 덤벼도 「<나는> 다만 받거나 당하기만 하고, 보복하지 않는다」는 뜻을 말한다. 남방은 풍토나 기풍이 유약하다. 고로 품고(含), 인내하는(忍) 힘으로 남에게 이기는 것을 강(强)으로 여기며, 그것이 남방의 군자의 도리다.

제10장 4절

衽金革 死而不厭 北方之强也 而强者居之.

임금혁(하고) 사이불염(이) 북방지강야(니) 이강자거지(니라)

쇠로 만든 무기를 베고 자거나 가죽으로 만든 투구를 걸치고, 싸우다가 죽어도 싫어하지 않는 것이 북방의 무강(武强)이다. <북방의> 강한 자들은 <무력적 강에> 의지하고 행한다.

▶ 어구 설명

- 衽金革(임금혁) : 쇠로 만든 무기를 베고 자거나, 가죽으로 만든 투구를

걸치고 잔다. 「임(衽 : 옷깃 임)」은 「앉거나 누워 잔다는 뜻」. 「금(金)」은 「쇠로 만든 칼이나 창 같은 무기」. 「혁(革)」은 「가죽으로 만든 갑옷이나 투구」.

· 死而不厭(사이불염) : 싸움터에서 싸우다가 죽는 것을 싫어하지 않는다.

· 而强者居之(이강자거지) : 그래서 무력적으로 강한 자들은 그와 같은 무강(武强)에 의지한다.

[集註 選譯] (1) 北方風氣剛勁 故以果敢之力 勝人爲强 强者之事也. : 북방의 풍토나 기후 및 기질은 강하고 억세다. 고로 과감하고 용감한 힘을 가지고 남을 이기는 것을 강하다고 여긴다. 무력에 강한 자들의 할 일이다.

제10장 5절

故君子 和而不流 强哉矯 中立而不倚 强哉矯 國有道 不變塞焉 强哉矯 國無道 至死不變 强哉矯.

고(로) 군자(는) 화이불류(하나니) 강재교(여) 중립이불의(하나니) 강재교(여) 국유도(에) 불변색언(하나니) 강재교(여) 국무도(에) 지사불변(하나니) 강재교(여)

고로 군자는 화하되 흐르지 않으니 참으로 강하고 강하다. 중립을 지키고 한쪽으로 기울지 않으니 참으로 강하고 강하다. 나라에 도가 있어도 궁색했을 때의 절개를 변하지 않으니 참으로 강하고 강하다. 나라에 도가 없어도 인도(仁道)를 죽을 때까지 변치 않고 지키니 참으로 강하고 강하다.

▶ 어구 설명

· 君子(군자) : 「중용의 도」를 지키고 행하는 군자.

· 和而不流(화이불류) : 화동(和同)하지만 흐르지 않는다. 「불류(不流)」

는 「자신의 주체성을 잃고 남에게 휩쓸리지 않는다」는 뜻.

- 强哉矯(강재교) : 참으로 강하고 강하다. 「교(矯)」는 시경 노송(魯頌) 반수편(泮水篇)에 나온다. 즉 「교교호신(矯矯虎臣)」이란 구절이 있다. 「호랑이같이 세차고 강하다」는 뜻이다. 이 「강재교(强哉矯)」를 주자는 감탄사로 풀었다.
- 中立而不倚(중립이불의) : 중립을 지키고 한쪽으로 기울지 않는다. 「의(倚)」는 「치우치다」의 뜻이다.
- 國有道(국유도) : 나라에 도가 있어 자기가 나가서 벼슬하고 녹봉을 받아도.
- 不變塞焉(불변색언) : 막혔을 때의 태도를 변하지 않는다. 「색(塞)」은 <벼슬에 나가지 못하고> 「궁색하게 산다」는 뜻. 즉 입신출세하고 부귀를 누려도 궁색했을 때의 생활태도나 절개를 변하지 않고 유지한다.
- 國無道(국무도) : 나라에 도가 없어도. 즉 나라가 혼란하게 되어, 자기가 벼슬을 버리고 은퇴를 해도.
- 至死不變(지사불변) : <충군애민(忠君愛民)의 인도(仁道)를> 죽을 때까지 변치 않고 지킨다.

[集註 選譯] (1) 此四者 汝之所當强也. : 이 네 가지가 바로 그대가 마땅히 지키고 행할 강(强)이다.

(2) 國有道 不變未達之所守 國無道 不變平生之所守也. : 나라에 도가 행해지므로 <나가서 벼슬을 살아도> 미달(未達)했을 때에 지키던 절개를 변치 않고 지킨다. 나라에 도가 없으므로 벼슬에서 물러나 은퇴하되, 그래도 평소에 지녔던 「충군애민(忠君愛民)」의 충절(忠節)을 변하지 않고 지킨다.

(3) 此則所謂中庸之不可能者 非有以自勝其人欲之私 不能擇而守也. : 고로 이른바 <보통사람들은> 중용을 지키고 행하지 못한다고 말하는 것이다. 또 자기의 동물적·이기적 욕심을 극복하지 못해도 중용을 택하고 지키지 못하는 것이다.

(4) 君子之强 孰大於是 夫子以是告子路者 所以抑其血氣之剛而進之以德義之勇也. : 군자가 지키고 행할 강(强)에 있어, 무엇이 더 큰 것이 있겠느냐? 공자가 이와 같은 말을 자로에게 한 것은, 그의 혈기의 억셈을 억제하고, 아울러 「덕의지용(德義之勇)」을 발전시키기 위해서다.

【참고 보충】「자로호용(子路好勇)」

논어 술이편(述而篇)에 있다. 「자로가 물었다. 선생님께서 삼군(三軍)을 지휘하고 싸우신다면 누구를 데리고 싸우시겠습니까. 이에 공자가 대답했다. 맨주먹으로 호랑이를 때려잡고, 맨발로 강을 건너가다가 죽어도 후회하지 않는 그런 자를 나는 데리고 가지 않겠다.」

中庸 제11장

* 제2장에서 제11장까지는 공자의 말을 인용해서 「중용의 도」를 설명한 글이다. 「1절」에서 공자는 괴벽한 말이나 행동이 중용의 도에 어긋남을 지적했다. 「2절」에서 공자는 중용의 도를 따르고 행하되 중도에서 폐하지 말라고 말했다. 「3절」에서 공자는 중용의 도를 지키되 알려지지 않아도 후회하지 않아야 성인이라고 말했다.

제11장 1절

子曰 素隱行怪 後世 有述焉 吾弗爲之矣.

자왈 소은행괴(를) 후세(에) 유술언(하나니) 오불위지의(로라)

공자가 말했다. <어떤 사람은 나타나지 않는> 숨은 도리를 찾아서 말하고, 괴벽한 짓을 행한다. <그런 것들이> 후세에 기술될 수도 있겠으나, 나는 그런 괴벽한 말이나 괴상한 일을 하지 않는다.

▶ 어구 설명

· 素隱行怪(소은행괴) : 「소(素)」를 「색(索)」으로 고쳐 쓴다. 「색은행괴(索隱行怪)」는 은벽(隱僻)한 것을 들춰내서 말하고, 괴이(怪異)한 짓을 한다.
· 後世 有述焉(후세 유술언) : 후세에 기술하고 내세울 수도 있을 것이다. <* 노자(老子)의 도가사상 같은 것을 비평한 것이다.>
· 吾弗爲之矣(오불위지의) : 나는 그런 <비정상적인 괴벽한 말이나 행동을> 하지 않겠다.

[集註 選譯] (1) 索隱行怪 言深求隱僻之理 而過爲詭異之行也. : 「색은행괴(索隱行怪)」는 「숨어 보이지 않는 괴벽한 이치를 깊이 찾고, 또 괴벽하고 기이한 행동을 지나치게 행한다」는 뜻을 말한 것이다.

(2) 然以其足以欺世而盜名 故後世或有稱述之者 此知之過而不擇乎善 行之過而不用其中 不當强而强者也 聖人豈爲之哉. : 그러나 <그와 같은 괴벽한 말이나 행동은> 족히 세상 사람들을 기만하고 이름을 도둑질할 것이므로 후세에 혹 <어떤 사람이> 칭찬하고 기술할 수도 있을 것이다. 그러나 <그와 같은 비상식적인 괴벽한 언행은> 앎에 있어 지나치고 선한 중용의 도를 택한 것이 아니고, 또 행함에 있어서도 지나친다. 그래서 중(中)을 행한 것이 아니다. <고로> 억지로 고집스럽게 행할 것이 아니다. <그러니> 성인이 어찌 그와 같은 억지를 행하겠느냐.

제11장 2절
君子 遵道而行 半途而廢 吾弗能已矣.

군자(이) 준도이행(하다가) 반도이폐(하나니) 오불능이의(로라)

<간혹> 군자가 중용의 도를 따르고 행하다가, 중도에서 폐하고 그만둔다. 그러나 나는 그만둘 수 없다.

▶ 어구 설명

- 君子(군자) : 보통 군자. <수양 도중에 있는 군자.>
- 遵道而行(준도이행) : 중용의 도를 따르고 행하다가.
- 半途而廢(반도이폐) : 중도에서 폐하고 그만둔다.
- 已(이) : 그만두다.

[集註 選譯] (1) 遵道而行 則能擇乎善矣 半塗而廢 則力之不足也 此其知雖足以及之 而行有不逮 當强而不强者也. : 「준도이행(遵道而行)」은 곧 능히 선(善)을 택할 수 있음이다. 「반도이폐(半塗而廢)」는 곧 힘이나 노력이 부족한 것이다. 이는 그의 지(知)가 족히 미치기는 했으나 그러나 행(行)이 못 미친 것이다. 마땅히 강하게 해야 할 바를, 강하게 하지 못한 것이다.

(2) 聖人於此 非勉焉而不敢廢 蓋至誠無息 自有所不能止也. : 성인은 이와 같은 일에 있어, 무리하게 힘들여 <행하고>, 감히 폐하지 않는 것이 아니다. 본래 <중용의 도를> 지극히 성실하게 받들고 쉬지 않고 행함으로써, 자연히 <그와 같은 괴벽한 일을> 멈추지 않을 수 없는 것이다.

제11장 3절

君子 依乎中庸 遯世不見知 而不悔 唯聖者能之.

군자(는) 의호중용(하야) 둔세불현지 이불회(하나니) 유성자(이야) 능지(니라)

덕을 이룩한 군자는 중용의 도를 의지하고 행하고, 세상에서 물러나 숨어살고 남에게 알려지지 않아도 후회하지 않는다. 오직 성인의 경지에 이른 군자라야 능히 할 수 있는 일이다.

▶ 어구 설명

・依乎中庸(의호중용) : 중용의 도를 의지하고 행하고.

・遯世不見知(둔세불현지) : 세상에서 물러나 숨어살고 남에게 알려지지 않아도.

・唯聖者能之(유성자능지) : 오직 성자의 경지에 이른 군자라야 능히 할

수 있다.

[集註 選譯] (1) 不爲索隱行怪 則依乎中庸而已 不能半塗而廢 是以遯世不見知而不悔也. : 「색은행괴(索隱行怪)하지 않는다 함」은 곧 「중용의 도를 따르고 행한다는 뜻」이다. 「반도이폐(半塗而廢)를 안 할 수 없다는 말」은 바로 「세상에 묻혀 알려지지 않아도 후회하지 않는다는 뜻」이다.

(2) 此中庸之成德 知之盡 仁之至 不賴勇而裕如者 正吾夫子之事 而猶不自居也 故曰唯聖者能之而已. : 이러한 경지가 중용의 덕을 이룩한 경지이며, 「지(知)」를 다하고, 인(仁)이 지극하여 용(勇)의 힘을 빌리지 않아도 넉넉하게 <중용의 도를 행하고 덕을 세울 수 있는 사람이다.> 이는 바로 우리 공자 선생의 일이다. 그러나, <공자가> 스스로 그렇게 할 수 없다고 말했다. 그러니 오직 성자만이 능히 할 수 있을 거라고 말한 것이다.

【참고 보충】「군자 · 지인용(知仁勇)」

제11장에서 공자는 다음같이 말했다. 「1절」 : 괴벽한 일을 안한다. 「2절」 : 군자는 도를 끝까지 행한다. 「3절」 : 중용을 따르고 행하며, 알려지지 않아도 뉘우치지 않는다.

이는 곧 「지인용(知仁勇) 삼달덕(三達德)」으로 도에 들어간 것이다. 그래서 앞에서 위대한 순(舜)임금, 안연(顔淵), 자로(子路) 등을 예로 들었다. 즉 순임금의 경우는 지(知)를 밝히고, 안연의 경우는 인(仁)을 밝히고, 자로의 경우는 용(勇)을 밝힌 것이다.

지인용(知仁勇)을 고르게 다 행하는 것이 「중용의 도」에 맞는다.

그래서 「3절」에서 말했다. 「군자는 중용을 따라 살고, 세상에 알려지지 않아도 뉘우치지 않는다. 이는 곧 성인만이 할 수 있다.(君子依乎中庸 遯世不見知 而不悔 唯聖者能之)」

中庸 제12장

* 제12장은 자사(子思)의 말이다. 중용의 제1장에 있는 「도는 잠시도 이탈할 수 없다.(道須臾不可離)」를 다시 부연 설명한 것이다. 「1절」에서는 「군자의 도의 용(用)은 비(費)하고, 체(體)는 은(隱)하다」고 했다. 즉 「천도(天道)의 작용은 광대무변(廣大無邊)하며, 본체(本體)는 은미(隱微)하다」는 뜻이다. 「2절」에서는 「도의 작용과 발현은 평범한 부부생활에도 있고 나타난다. 그러나 지극한 도의 체는 성인도 다 알지 못한다.」고 말했다. 「3절」에서 자사는 시경의 구절을 인용해서 「하늘을 나는 새와 물속에 뛰는 물고기가 바로 도의 작용이고 발현이다」라고 했다. 「4절」에서는 「도는 부부에서 시작하되 지극함은 천지에서 살펴야 한다」고 맺었다.

제12장 1절

君子之道 費而隱.

군자지도(는) 비이은(이니라)

군자가 지킬 중용의 도는 그 작용이 광대하게 나타난다. 그러나 그 본체는 은미(隱微)하다.

▶ 어구 설명

· 費而隱(비이은) : 작용이 광대하게 나타난다. 그러나 그 본체는 은미(隱微)하다.

제12장 2절

夫婦之愚 可以與知焉 及其至也 雖聖人 亦有所不知焉 夫婦之不肖 可以能行焉 及其至也 雖聖人 亦有所不能焉 天地之大也 人猶有所憾 故君子 語大 天下莫能載焉 語小 天下莫能破焉.

부부지우(로도) 가이여지언(이로되) 급기지야(하야는) 수성인(이라도) 역유소부지언(하며) 부부지불초(로도) 가이능행언(이로되) 급기지야(하야는) 수성인(이라도) 역유소불능언(하며) 천지지대야(에도) 인유유소감(이니) 고(로) 군자(이) 어대(에) 천하막능재언(이오) 어소(에) 천하막능파언(이니라)

<중용의 도는> 범속하고 어리석은 부부라도 더불어 알 수 있다. <그러나> 도의 지극한 경지는 성인도 역시 다 알지 못하는 바가 있다. 범속하고 어리석은 부부라도 능히 도를 행할 수 있다. <그러나> 도의 지극한 경지는 성인도 능히 다 행할 수 없는 바가 있다. 천지는 크고 그 기능이 위대하다. 그런데도 역시 사람들이 유감스럽게 생각하는 바가 있다. 그러므로 군자가 도의 큼을 논하되, 천하의 모든 사물에 도를 다 실을 수 없으며, <아울러> 도의 미소한 본체나 작용을 논하되, 천하의 모든 사물을 쪼개고 또 쪼개서 <도의 미소함을> 보이게 할 수도 없다.

▶ 어구 설명

- 夫婦之愚(부부지우) : 어리석은 부부. 정현(鄭玄)은 필부(匹夫) 필부(匹婦)라고 주석했다.
- 可以與知焉(가이여지언) : 그들도 더불어 도를 알 수 있다. <부부생활을 하고 자녀를 낳고 키우는 것이 도를 따른 것이다.>
- 及其至也(급기지야) : 도(道)의 지극한 경지는.

· 夫婦之不肖(부부지불초) : 필부필부(匹夫匹婦)같이 못난 사람도. 「불초(不肖)」는 어리석고 못난 사람.
· 可以能行焉(가이능행언) : 도를 능히 행할 수 있다. <천도나 중용 및 오상(五常)의 윤리 도덕을 행할 수 있다.>
· 雖聖人 亦有所不能焉(수성인 역유소불능언) : 성인이라도 다 행할 수 없는 바가 있다. <예교(禮敎) 예치(禮治)를 완전하게 세우고 실행할 수 없다.>
· 人猶有所憾(인유유소감) : 그런데도 사람들은 <천지에 대하여> 유감으로 생각하는 바가 있다. 천지의 기화(氣化), 유행(流行), 음양, 한서(寒暑), 길흉, 재상(災祥) 등의 오묘한 경지를 다 알 수 없고, 따라서 유감스럽게 여긴다.
· 語大(어대) : 도의 크고 위대함을 논하되.
· 天下莫能載焉(천하막능재언) : 천하의 모든 사물이나 현상을 도에 다 실어서 설명할 수 없다.
· 語小(어소) : 도의 미소하고 은미(隱微)한 작용을 논하되.
· 天下莫能破焉(천하막능파언) : 천하의 모든 사물을 쪼개고 또 쪼개서, 그 속에 숨어 있는 은미한 도를 눈으로 보게 하거나 또 충분히 설파(說破)할 수 없다.

[集註 選譯] (1) 君子之道 近自夫婦居室之間 遠而至於聖人天地之所不能盡 其大無外 其小無內 可謂費矣 然其理之所以然 則隱而莫之見也. : 군자가 알고 따르고 지켜야 할 도리, 즉 중용의 도리는 가까이는 부부가 함께 사는 방안에도 <있고, 또 행해지는 도리로 평범한 사람도 다 알고 행하는 도리다.> 멀게는 성인이나 하늘땅도 다 할 수 없는 도리다. 그 큼에 있어서는 <그 이상의> 밖이 없고, 그 작음에 있어서는 <그 이상의> 안이 없다. <즉 도는 극대(極大) 극소(極小)이다.> 그래서 참으로 비(費), 즉 광대하다고 말하는 것이다. 그러나 그 도가 그와 같이 있고 또 작용하는 연유나 본체는 은미(隱微)하여 나타나 보이지 않는다.

(2) 蓋可知可能者 道中之一事 及其至而聖人不知不能 則擧全體而言 聖人固有所不能盡也. : 대개 <평범한 사람이> 알 수 있고, 또 행할 수 있는 것은 도의 한 가지 일이다. 지극함에 이르러서는 성인도 전부를 알지 못하고 행하지 못한다고 <말한 것은> 곧 도의 전체를 두고 말한 것이므로 성인도 당연히 다하지 못하는 바가 있게 마련이다.

(3) 侯氏曰 聖人所不知 如孔子問禮問官之類 所不能 如孔子不得位 堯舜病博施之類. : 후씨가 말했다. 「성인도 알지 못하는 바」가 있다고 함은 공자가 노자에게 예를 묻고, 혹은 담자(郯子)에게 관명(官名)에 대해서 물은 것과 같으며, 능히 하지 못하는 바가 있다고 함은 공자도 자리를 얻지 못하고, 또 요임금이나 순임금도 넓게 베풀지 못함을 걱정했다고 하는 예라 하겠다.

(4) 愚謂 人所憾於天地 如覆載生成之偏 及寒暑災祥之不得其正者. : <주자의 말> 나는 생각한다. 사람이 하늘땅에 대해서 유감스럽게 생각한다는 것은 예를 들면 하늘이 땅을 덮고, 땅이 만물을 싣고 자라게 하지만, 한쪽으로 치우치는 경우가 있으며, 아울러 한서(寒暑), 재상(災祥)이 공정하지 못함을. <유감으로 생각하는 것이다.>

제12장 3절

詩云 鳶飛戾天 魚躍于淵 言其上下察也.

시운 연비려천(이오) 어약우연(이라) 언기상하찰야(라)

시경 대아(大雅) 한록편(旱麓篇)에 있다. 「솔개는 날아 하늘로 솟구쳐 올라가고, 물고기는 못에서 뛰논다.」 이 구절은 <천리(天理)가> 위로 아래로 밝게 나타남을 말한 것이다.

▶ 어구 설명

- 鳶飛戾天(연비려천) : 솔개가 날아 하늘로 솟구쳐 올라간다. 「연(鳶)」은 「치(鴟)」와 같은 종류의 새다. 「여(戾)」는 하늘 위로 날아간다는 뜻이다. 「鳶(소리개 연), 戾(어그러질 려)」
- 魚躍于淵(어약우연) : 물고기는 못에서 뛰논다. 「躍(뛸 약), 淵(못 연)」
- 言其上下察也(언기상하찰야) : <천리(天理)가> 위로 아래로 밝게 나타남을 말한 것이다. 「찰(察)」은 밝게 나타난다는 뜻이다.

[集註 選譯] (1) 子思引此詩 以明化育流行 上下昭著 莫非此理之用 所謂費也 然其所以然者 則非見聞所及 所謂隱也. : 자사(子思)가 이 시를 인용해서 <눈에 보이지 않는 하늘의 도리가 만물을> 변화시키고 자라게 하고, 또 하늘땅에 넘쳐흐르고 아울러 위아래로 밝게 나타남을 밝히려 한 것이다. <그 모두가> 하늘의 도리의 용(用)이 아닌 게 없다. 그러므로 비(費=廣大)라고 말하는 것이다. 그러나 그렇게 나타나게 하는 본연의 본체는 보고 들을 수 있는 것이 아니다. <그래서 도의 본체를> 은미(隱微)하다고 말하는 것이다.

(2) 故程子曰 此一節 子思喫緊爲人處 活潑潑地 讀者其致思焉. : 그래서 정자가 말했다. 이 12장 3절은 자사가 가장 긴요하게 생각하고 사람에게 가르치려고 한 것이며, 또 이 구절은 생생하고 발랄하게 <도의 작용을 그린> 것이다. 그러므로 독자들도 이 구절을 특히 깊이 생각해야 한다.

제12장 4절

君子之道 造端乎夫婦 及其至也 察乎天地.

군자지도(는) 조단호부부(이나) 급기지야(는) 찰호천지(니라)

군자가 지키고 행할 도리는 그 단서가 부부 사이에서 이루어진다. 그러나 그 지극한 경지는 하늘땅에서 밝게 나타난다.

▶ 어구 설명

· 造端乎夫婦(조단호부부) : 단서는 부부 사이에서 이루어진다.
· 及其至也(급기지야) : 그러나, 지극한 경지는.
· 察乎天地(찰호천지) : 하늘땅에서 밝게 나타난다.

中庸 제13장

* 제13장은 「제1장 2절」에 있는 「도야자 불가수유리 가리비도야(道也者 不可須臾離 可離非道也)」를 거듭 부연 설명한 말이다. 주로 공자의 말과 시경의 시구를 인용해서 뜻을 밝혔다. 「1절」은 「도가 사람에게 멀지 않음」을 말했다. 「2절」은 「도는 가까운 자기에게 있음」을 말했다. 「3절」은 「충서(忠恕)가 도에서 멀지 않음」을 말했다. 「4절」은 「4개의 군자의 도」를 말했다.

제13장 1절

子曰 道不遠人 人之爲道 而遠人 不可以爲道.

자왈 도불원인(하니) 인지위도 이원인(이면) 불가이위도(이니라)

공자가 말했다. 도는 사람과 멀리 떨어져 있는 것이 아니다. 사람이 행할 도가 멀리 있다면, 도라고 할 수 없다.

▶ 어구 설명

· 道不遠人(도불원인) : 도는 사람으로부터 멀리 있지 않다.
· 人之爲道(인지위도) : 사람이 도를 행한다.
· 而遠人(이원인) : 도가 사람으로부터 멀리 있다면.

[集註 選譯] (1) 道者率性而已 固衆人之所能知能行者也 故常不遠於人 若爲道者厭其卑近 以爲不足爲 而反務爲高遠難行之事 則非所以爲道矣. : 도는 본성 속의 이(理)를 따르고 행하는 것이다. <그러므로> 당연히 모든 사람이 능히 알고 행할 수 있는 것이다. 고로 <도는>

항상 사람으로부터 멀리 있지 않고 <가까이 있는 것이다.> 만약에 도를 따르고 행할 사람이 비근한 것을 싫어하고 <그것을> 도로 삼기에 부족하다고 생각하고 반대로 높고 멀고 행하기 어려운 것만을 행하려고 애를 쓴다면 <그것은> 곧 도로 삼을 만한 것이 아니다.

제13장 2절

詩云 伐柯伐柯 其則不遠 執柯以伐柯 睨而視之 猶以爲遠 故君子 以人治人 改而止.

시운 벌가벌가(여) 기칙불원(이라하니) 집가이벌가(호되) 예이시지(하고) 유이위원(하나니) 고(로) 군자(는) 이인치인(하다가) 개이지(니라)

시경 빈풍(豳風) 벌가편(伐柯篇)에 있다.「도끼자루를 만들려고 나무를 벤다. 도끼자루를 만들려고 나무를 벤다. 그 기준은 멀리 있지 않다. 손에 자루를 잡고 가지를 베고 있으니 <그것이 기준이거늘>, 역시 곁눈질하여 보면서 아직도 멀다고 생각한다.」고로 군자는 사람의 본성의 도리를 기준으로 남을 다스려야 하고, 바르게 되면 멈추어야 한다.

▶ 어구 설명

- 伐柯(벌가) : 도끼자루를 만들려고 나뭇가지를 베다.「伐(벨 벌), 柯(자루 가)」
- 其則不遠(기칙불원) : <만들려는 도끼자루의> 기준은 멀리 있지 않다.「칙(則)은 곧 기준이다.」
- 執柯以伐柯(집가이벌가) : 자기 손에 도끼자루를 잡고 <새로 자루를 만들려고> 가지를 베고 있다. <기준은 바로 손에 있다는 뜻.>
- 睨而視之(예이시지) : <그런데, 손안의 자루를 보지 않고> 곁눈질하여. <멀리 보면서.>「예(睨)」는「곁눈질해서 본다」는 뜻이다.

· 猶以爲遠(유이위원) : 기준이나 본이 멀리 있는 것같이 생각한다.
· 以人治人(이인치인) : 「본연의 인간의 도리」를 기준으로 사람을 다스려야 한다. 「본연의 인간의 도리」는 「본성 속의 도리, 즉 천리(天理)」라는 뜻이다.
· 改而止(개이지) : <인욕을 해탈하고> 바른 인간의 도리로 되돌아오면 그것으로 멈추어야 한다. 즉 사람이 사람으로 되돌아오면 그것으로 멈춘다.

[集註 選譯] (1) 言人執柯伐木以爲柯者 彼柯長短之法 在此柯耳 然猶有彼此之別 故伐者 視之猶以爲遠也. : 이 시는 다음 같은 뜻을 말한 것이다. 「사람이 도끼자루를 손에 잡고 나무를 자르고 베고, 새 자루를 만든다. <그때 그 사람이 만들려는> 도끼자루의 장단의 기준은 <자기가 쥐고 있는> 바로 그 자루이다. 그러나 역시 피차간에 차이가 있다고 여긴다. 그래서 나무를 자르는 사람이 이것저것을 보면서 역시 서로 멀고 다른 것이라고 생각한다.」

(2) 若以人治人 則所以爲人之道 各在當人之身 初無彼此之別 故君子之治人也 卽以其人之道 還治其人之身 其人能改 卽止不治. : 만약에 <군자가 사람을 다스리려면> 그 사람이 <본성적으로 지닌> 도리로써 그를 다스려야 한다. 그러면 곧 사람이 되는 도리의 바탕이 저마다 본인의 몸에 갖추어져 있으므로 처음부터 이 사람, 저 사람의 분별이 없게 마련이다. 그러므로 군자가 사람을 다스릴 때에는 곧 그 사람의 도리로써 되돌려 그 사람의 몸을 다스리고 그 사람이 능히 도를 따라 개정하면 거기서 멈추어야 한다. <중용의 도에 맞게 하면 된다.>

(3) 蓋責之以其所能知能行 非欲其遠人以爲道也 張子所謂以衆人望人則易從 是也. : 원칙적으로 모든 사람들이 알고 또 행할 수 있는 바를 요구해야 하며, 결코 사람으로부터 멀리 있는 것을 도로 삼으라

고 요구하는 것이 아니다. 장횡거(張橫渠)가 말한 바 『일반 대중의 도리를 가지고 남에게 바라면 용이하다』고 한 말이 바로 이 말이다.

제13장 3절
忠恕 違道不遠 施諸己而不願 亦勿施於人.

충서(이) 위도불원(하니) 시제기이불원(을) 역물시어인(이니라)

「충(忠)」과 「서(恕)」는 도에서 멀지 않다. <남이> 나에게 한 일로써 내가 원치 않는 바를 <나도> 역시 남에게 하지 말아야 한다.

▶ 어구 설명

· 忠恕(충서) : 「충(忠)」은 적극적으로 자기의 최선을 다해서 남을 사랑함이다. 「서(恕)」는 자기 마음으로 촌탁(忖度)해서 남에게 관대하게 함이다. 「충서」에는 남에게 관대하게 대한다는 뜻이 많다.
· 違道不遠(위도불원) : 충서(忠恕)는 도에서 멀지 않다.
· 施諸己而不願(시제기이불원) : <남이> 나에게 한 일로써 내가 바라지 않는 일. 「시(施)」는 원래는 「베풀다」는 뜻이다. 여기서는 「남이 나에게 가하다, 한다」의 뜻으로 푼다.
· 亦勿施於人(역물시어인) : 역시 남에게 하지 않는다. <내가 원치 않는 바를 남에게 강요하거나 하지 마라.>

[集註 選譯] (1) 盡己之心爲忠 推己及人爲恕 違去也 如春秋傳 齊師違穀七里之違 言自此至彼 相去不遠 非背而去之之謂也. : 자기의 마음으로 정성을 다함이 충(忠)이다. 자기를 미루어 남에게 미침이 서(恕)이다. 「위(違)」는 거리가 있다는 뜻이다. 춘추전에서 제나라 군대가 곡(穀 : 지명)에서 7리 거리에 있다고 하는 「위(違)」와 같은 뜻이다. 여기서 저쪽까지 거리가 멀지 않다는 뜻을 말한 것이다. 등지

고 위배한다는 뜻이 아니다.

(2) 道卽其不遠人者 是也 施諸己而不願 亦勿施於人 忠恕之事也. : 「도가 사람으로부터 멀리 있지 않다고 한 것이」 바로 이것이다. 남이 나에게 한 일을 내가 원치 않으면 나도 역시 남에게 하지 않는 것이 충(忠)과 서(恕)이다.

(3) 以己之心 度人之心 未嘗不同 則道之不遠於人者可見 故己之所不欲 則勿以施於人 亦不遠人以爲道之事. : 나의 마음으로 남의 마음을 헤아리면 <마음이 피차> 같지 않은 게 없다. 그러니 도가 사람에게 멀지 않음을 알 수 있다. 고로 내가 원치 않는 일을 남에게 하지 않아야 하니, 역시 사람에게 멀지 않는 것을 도로 삼은 것이라 하겠다.

(4) 張子所謂 以愛己之心 愛人 則盡仁 是也. : 장횡거(張橫渠)가 말한바, 나 자신을 사랑하는 마음으로 남을 사랑함이, 곧 나의 인(仁)을 다함이라고 말한 것이 바로 그 말이다.

제13장 4절

君子之道四 丘未能一焉 所求乎子 以事父 未能也 所求乎臣 以事君 未能也 所求乎弟 以事兄 未能也 所求乎朋友 先施之 未能也 庸德之行 庸言之謹 有所不足 不敢不勉 有餘 不敢盡 言顧行 行顧言 君子胡不慥慥爾.

군자지도사(에) 구미능일언(이로니) 소구호자(로) 이사부(를) 미능야(하며) 소구호신(으로) 이사군(을) 미능야(하며) 소구호제(로) 이사형(을) 미능야(하며) 소구호붕우(로) 선시지(를) 미능야(로니) 용덕지행(하며) 용언지근(하야) 유소부족(이어든) 불감불면(하며) 유여(면) 불감진(하야) 언고

행(하며) 행고언(이니) 군자호부조조이(리오)

군자가 행할 도가 네 가지 있다. 그러나 나는 하나도 능히 행하지 못한다. <내가> 자식에게 바라는 바대로 부모 섬기기를 아직 못한다. <내가> 신하에게 요구하는 대로 임금 섬기기를 아직 못한다. <내가> 동생에게 요구하는 대로 형님 섬기기를 아직 못한다. <내가> 벗에게 요구하는 대로 벗에게 먼저 베풀지 못한다. <그러므로> 중용의 도에 맞는 덕을 행하고, 중용의 도에 맞는 말을 성실하게 해야 한다. 모자라는 바가 있으면 감히 노력하지 않을 수 없고, 지나친 점이 있으면 감히 다하지 말아야 한다. 말이 행동을 돌아보고 행동이 말을 돌아보아야 하니, 군자가 어찌 독실하지 않을 수 있겠느냐.

▶ 어구 설명

- 丘未能一焉(구미능일언) : 나는 하나도 행하지 못한다. 「구(丘)」는 공자.
- 求(구) : 「책(責)」과 같은 뜻이다. 이때의 「책(責)」은 「바란다, 권한다」는 뜻.
- 庸德之行(용덕지행) : 중용의 도에 맞는 덕을 행하고. 「용덕(庸德)」은 「중용의 도에 맞는 평범하고 변치 않는 덕행」. 「용(庸)」은 평상이라는 뜻이다. 「행(行)」은 실천한다는 뜻이다.
- 庸言之謹(용언지근) : 중용의 도에 맞게 말을 근실하게 한다. 「근(謹)」은 잘할 수 있게 신중하게 택한다는 뜻이다.
- 不敢不勉(불감불면) : 감히 노력하지 않을 수 없다.
- 有餘不敢盡(유여불감진) : 지나친 것은 감히 끝까지 하지 않는다.
- 君子胡不慥慥爾(군자호부조조이) : <그러니> 군자가 어찌 독실하지 않을 수 있느냐. 「조조(慥慥)」는 독실한 모양이다. 「慥(착실할 조)」

[集註 選譯] (1) 道不遠人 凡己之所以責人者 皆道之所當然也 故反之以自責而自修焉. : 도는 사람과 멀리 있지 않다. 무릇 내가 남에게 요구하는 것은 도의 당연한 것이다. 고로 <내가 남에게 요구하는

것을> 돌이켜서 스스로 나에게 구하고 아울러 스스로 닦아야 한다.

(2) 德不足而勉 則行益力 言有餘而訒 則謹益至 謹之至 則言顧行矣 行之力 則行顧言矣 言君子之言行如此 豈不慥慥乎 讚美之也 凡此皆不遠人以爲道之事. : 덕이 부족하면 더욱 노력한다. 그러면 곧 실천이 더욱 세차게 된다. 말이 넘치면 눌러 참는다. 그러면 곧 신중함이 더욱 지극한 경지에 이른다. 신중함이 지극한 경지에 이르면 곧 말이 행동을 돌아보게 된다. 실천이 힘을 얻으면 곧 행동이 말을 돌아보게 된다. 이는 다음 같은 뜻을 말한 것이다. 군자의 언행이 이와 같으니 어찌 독실하지 않으냐? 찬미하는 말이다. 이 모두가 다 사람과 멀지 않은 것을 도로 삼는다는 뜻이다.

(3) 張子所謂 以責人之心 責己則盡道 是也. : 장횡거(張橫渠)가 말한바 자신이 <남에게> 바라는 마음으로 <먼저> 자기 자신에게 요구하면 곧 도를 다한다고 한 것이 바로 이것이다.

【참고 보충】「충서(忠恕)」

논어 이인편(里仁篇)에서 공자가 말했다.

「나의 도는 하나로써 꿰뚫는다.(吾道一以貫之)」 이를 수제자 증자(曾子)가 다음같이 풀이했다. 「선생님이 말씀하신 도는 충서뿐이다.(夫子之道 忠恕而已矣.)」

또 옹야편(雍也篇)에서 공자가 말했다.

「어진 사람은 내가 나서고 싶으면 남을 내세우고, 내가 도달하고 싶으면 남을 도달케 한다.(夫仁者 己欲立而立人 己欲達而達人)」

공자가 말한 도는 주로 인도(仁道)의 뜻이다. 인도(仁道=人道)의 바탕은 천도(天道)다. 「중용의 도」는 곧 군자가 행해야 할 도리로 핵심은 인도(仁道=人道)이다.

공자가 말하는 인(仁)을 오늘의 말로 다음같이 풀이할 수 있다.

「사람은 혼자서는 태어날 수도 없고, 또 살지도 못한다. 반드시 남과 어울려 함께 살게 마련이다. 그러므로 서로 사랑하고 협동하여 함께 잘 살아야 한다. 그것을 공자가 한마디로 인(仁)이라고 한 것이다.」

적극적인 인을 충(忠)이라 하고, 소극적인 인을 서(恕)라고 한다.

中庸 제14장

* 제14장은 중용의 도를 지켜야 함을 강조했다. 1절에서 4절까지는 자사(子思)의 말이고, 5절의 「자왈(子曰)」은 공자의 말이다. 「1절」 : 군자는 현재의 위치와 처지에 맞게 행해야 한다. 「2절」 : 부귀를 누릴 때에도 빈천할 때에도, 오랑캐 땅에 들어가도, 혹은 불행하게 환난에 처해도 언제나 중용의 도를 지키고 행해야 한다. 「3절」 : 언제나 자신을 바르게 해야 한다. 「4절」 : 군자는 평이한 도를 지키면서 천명을 기다리지만 소인은 험악한 짓을 하고 요행을 바란다. 「5절」 : 활로 과녁을 맞추거나 못 맞추거나 다 자기 책임이다.

제14장 1절

君子 素其位而行 不願乎其外.

군자(는) 소기위이행(이오) 불원호기외(니라)

군자는 자기 자리를 바탕으로 행동하며 그 밖의 것을 바라지 않는다.

▶ 어구 설명

- 素其位而行(소기위이행) : 현재의 자리를 바탕으로 하고 행동한다. 「소(素)」는 바탕으로 한다.
- 不願乎其外(불원호기외) : 그 밖의 것을 원치 않는다.

[集註 選譯] (1) 素猶見在也 言君子但因見在所居之位 而爲其所當爲 無慕乎其外之心也. : 「소(素)」는 「현재 있다」의 뜻이다. 이 말은 곧 군자는 현재 처해 있는 자리를 바탕으로 하고 마땅히 할 일을

하고, 그 밖의 것을 바라는 마음이 없어야 한다는 뜻을 말한 것이다.

제14장 2절

素富貴 行乎富貴 素貧賤 行乎貧賤 素夷狄 行乎夷狄 素患難 行乎患難 君子 無入而不自得焉.

소부귀(하약) 행호부귀(하며) 소빈천(하약) 행호빈천(하며) 소이적(하약) 행호이적(하면) 소환난(하약) 행호환난(이니) 군자(는) 무입이부자득언(이니라)

부귀를 누리는 위치에 있으면 <중용의 도에 맞게> 부귀를 누리고 산다. 빈천한 처지에 있으면 <중용의 도에 맞게> 빈천하게 산다. 이적(夷狄)의 땅에 있게 되면 <그 나름대로 중용의 도에 맞게> 이적과 함께 산다. 환난에 빠져도 <역시 중용의 도에 맞게> 환난에 대처하며 산다. 군자는 어떠한 처지나 경우에 들어가도 스스로 도를 터득하지 못하는 법이 없다.

▶ **어구 설명**

・君子無入而不自得焉(군자무입이부자득언) : 군자는 어떠한 처지나 경우에서도 스스로 도를 터득하지 못하는 법이 없다. <* 중용의 도를 따라 태연 자득한다.>

[集註 選譯] (1) 此言素其位而行也. : 이 말은 자기가 현재 처한 자리에 맞게 행함을 말한 것이다.

제14장 3절

在上位 不陵下 在下位 不援上 正己而不求於人 則無怨 上不怨天 下不尤人.

재상위(하야) 불릉하(하며) 재하위(하야) 불원상(이오) 정기이불구어인(이면) 즉무원(이니) 상불원천(하며) 하불우인(이라)

윗자리에 있으면 아랫사람을 능욕하지 않는다. 아랫자리에 있으면 윗사람에게 덧붙고 의지하지 않는다. 자기를 바르게 하고 남에게 구하지 않는다. 그러므로 남을 원망하는 일도 없다. 위로는 하늘도 원망하지 않고 아래로는 남을 탓하지도 않는다.

▶ 어구 설명

· 在上位不陵下(재상위불릉하) : 윗자리에 있으면 아랫사람을 능욕(陵辱)하지 않는다. 「능욕」은 업신여기고 욕보인다.

· 在下位不援上(재하위불원상) : 아랫자리에 있으면 윗사람에게 덧붙고 의지하지 않는다.

· 正己而不求於人(정기이불구어인) : 자기를 바르게 하고 남에게 구하지 않는다. 「정기(正己)」의 기준은 도(道)다. 즉 「도」를 바르게 지키고 행한다.

· 上不怨天(상불원천) 下不尤人(하불우인) : 위로는 하늘도 원망하지 않고 아래로는 남을 탓하지도 않는다. 논어 헌문편(憲問篇)에 있다. 「하늘을 원망하지 않고, 남을 탓하지 않는다(不怨天 不尤人)」

[集註 選譯] (1) 此言不願乎其外也. : 이는 「밖의 것을 구하지 않음」을 말한 것이다. <* 인욕(人欲)을 바탕으로 한 세속적 「명리(名利), 재물, 지배, 교만」 등을 바라지 않는다.>

제14장 4절

故君子 居易以俟命 小人 行險以徼幸.

고(로) 군자(는) 거이이사명(하고) 소인(은) 행험이요행(이니라)

그러므로 <도를 지키고 행하는> 군자는 평이하게 처신하고 천명(天命)을 기다린다. <도를 모르고 자기 욕심만을 채우려는> 소인은 <도에서 벗어난> 위험하고 험난한 짓을 행하고 요행을 바란다.

▶ **어구 설명**

· 居易以俟命(거이이사명) : 편하게 처신하고 천명을 기다린다. 「이(易)」는 평탄한 경지다. 「거이(居易)」는 현재 처한 자리나 처지를 바탕으로 하고 도를 따르고 행한다는 뜻이다. 「사명(俟命)」은 <도를 따르고 행하고 천명을 기다릴 뿐> 다른 것을 바라지 않는다는 뜻이다.

· 行險以徼幸(행험이요행) : 위험하고 험악한 짓을 하고, 요행을 바란다. 「요(徼)」는 「구(求)」다. 「행(幸)」은 「얻을 수 없는 것을 얻으려 한다는 뜻」이다.

제14장 5절

子曰 射有似乎君子 失諸正鵠 反求諸其身.

자왈 사유사호군자(하니) 실제정곡(이오) 반구제기신(이니라)

공자가 말했다. 활쏘기의 도리가 군자의 도리와 닮은 점이 있다. 정곡을 맞추지 못하면 <그 원인을> 돌이켜 자신에게서 찾아본다.

▶ **어구 설명**

· 射有似乎君子(사유사호군자) : 활쏘기의 도리가 군자의 도리와 닮은

점이 있다.

- 失諸正鵠(실제정곡) : 정곡(正鵠)을 맞추지 못하면. 베에다 그린 표적을 정(正)이라 하고, 가죽으로 만든 표적을 곡(鵠)이라 한다. 모두 표적의 한복판에 붙여 놓은 것으로 활쏘기의 과녁이다.
- 反求諸其身(반구제기신) : 돌이켜 <실수의 원인을> 자기에게서 찾는다.

中庸 제15장

* 제15장은 「효제(孝弟)와 제가(齊家)」가 「치국(治國)과 평천하(平天下)」의 바탕임을 강조했다. 「1절」 : 치국이나 평천하하는 군자의 도도 가까운 데서부터 이루어지게 마련이다. 「2절」 : 자사가 시경의 구절을 인용해서 덕치의 바탕이 「처자와 형제가 서로 사랑하고 화목하는 것」임을 강조했다. 「3절」 : 자사는 다시 공자의 말을 인용해서 결론을 지었다. 즉 「군자가 처자를 잘 거느리고 형제간에 화목하면, 위에 계신 부모가 안락하실 것이다.」

제15장 1절

君子之道 辟如行遠必自邇 辟如登高必自卑.

군자지도(는) 비여행원(에) 필자이(하며) 비여등고(에) 필자비(니라)

군자가 도를 따르고 행함은 비유하면 먼 길을 갈 때에 반드시 가까운 곳에서 <시작함과> 같고, 또 비유하면 높은 데를 올라갈 때에 반드시 낮은 데서 <시작함과> 같다.

▶ **어구 설명**

- 辟(비) : 「譬(비유할 비)」와 같다.
- 行遠必自邇(행원필자이) : 먼 길도 반드시 가까운 데서 간다. 「邇(가까울 이)」
- 登高必自卑(등고필자비) : 높은 데도 반드시 낮은 데서부터 오른다.

제15장 2절

詩曰 妻子好合 如鼓瑟琴 兄弟旣翕 和樂且耽 宜爾室家 樂爾妻帑.

시왈 처자호합(이) 여고슬금(하며) 형제기흡(하야) 화락차탐(이라) 의이실가(하며) 낙이처노(라)

시경 소아(小雅) 상체편(常棣篇)의 시에 다음 같은 구절이 있다. 「처와 자식들이 사랑하고 화합함이 슬(瑟)과 금(琴)이 어울려 소리를 내는 듯하고, 형제가 항상 화합하여 서로 화락하고 깊이 즐거워하니, 그대의 집안이 화목하고 의가 좋으며, 그대의 처와 자식들도 즐거워하노라.」

▶ 어구 설명

- 如鼓瑟琴(여고슬금) : 슬(瑟)과 금(琴)이 잘 어울려 소리를 내는 듯하다. 즉 「조화를 이루다」의 뜻이다. 슬(瑟)은 25현(絃), 금(琴)은 7현의 거문고.
- 翕(흡) : 역시 「화합하다」의 뜻.
- 耽(탐) : 「즐거워하다」의 뜻.
- 宜爾室家(의이실가) : 너의 집안이 화목하다.
- 樂爾妻帑(낙이처노) : 처자식들이 즐겁게 살다. 「노(帑)」는 「노(孥)」와 같고, 자손의 뜻이다.

제15장 3절

子曰 父母 其順矣乎.

자왈 부모(는) 기순의호(이신져)

공자가 말했다. 그의 부모는 참으로 마음이 편하고 즐거우실 거다.

[集註 選譯] (1) 夫子 誦此詩而讚之曰 人能和於妻子 宜於兄弟如此 則父母其安樂之矣. : 공자가 이 시를 읽고 칭찬했다. 능히 그와 같이 아내나 자식과 화목하고 형제와 의가 좋으면, 부모가 참으로 안락하고 즐겁다.

(2) 子思引詩及此語 以明行遠自邇 登高自卑之意. : 자사가 시경의 이 시를 인용해서 먼 길도 가까이서 출발하고, 높은 곳도 낮은 데서부터 올라간다는 뜻을 밝힌 것이다.

【참고 보충】「수신(修身)과 제가(齊家)」

먼 길도 가까운 곳에서부터 한 발씩 걸어가게 마련이고, 높은 산도 낮은 바닥에서부터 한 발씩 오르게 마련이다. 그와 마찬가지로 높고 원대한 치국(治國), 평천하(平天下)도 수신(修身)과 제가(齊家)에서부터 달성되게 마련이다. 바꾸어 말하면, 수신이나 제가가 치국, 평천하의 첫발이고 바탕이다.

가정은 국가 사회의 기본단위이다. 그러므로 가정윤리의 확립이 곧 국가 사회, 더 나아가서는 인류 공동체 확립의 기본이다.

윤리는 사람들이 함께 어울리고 잘사는 도리다. 그러므로 가족이 서로 윤리를 지키고 행해야 한다. 즉 「부자유친(父子有親), 부부유별(夫婦有別), 형제우애(兄弟友愛)」해야 한다. 서로 사랑하고 협동하고 하나로 뭉치고 함께 화락해야 한다.

거듭 말하겠다. 가정은 소우주(小宇宙)이고 사회의 기본단위다. 가정을 우주적으로 확대한 것이 국가 세계이다. 그러므로 가정윤리의 확립은 하나의 평화세계, 즉 인류의 대동세계(大同世界) 창건의 바탕이 된다.

中庸 제16장

* 제16장은 모두 5절이다. 「1절」: 눈에 보이지 않는 「귀신의 덕」을 높였다. 「2절」: 귀신은 보이지도 않고 소리도 없다. 그러나 그 영묘한 작용과 효험은 어디에나 나타낸다. 「3절」: 사람들은 정성을 모아 귀신을 모시고 제사를 지내야 한다. 「4절」: 신은 알 수 없다. 그러나 신을 소홀히 하면 안 된다. 「5절」: 은미(隱微)한 도나 신은 이와 같이 반드시 나타난다. 그러므로 정성으로 받들어야 한다.

제16장 1절

子曰 鬼神之爲德 其盛矣乎.

자왈 귀신지위덕(이) 기성의호(인져)

공자가 말했다. 귀신의 덕이 참으로 성대하다.

▶ 어구 설명

· 鬼神之爲德(귀신지위덕) : 귀신의 덕. 여기서 말하는 「덕」은 곧 공능(功能)이나 효험이다.
· 其盛矣乎(기성의호) : 참으로 성대하다. 「기(其)」는 강조사.

[集註 選譯] (1) 程子曰 鬼神 天地之功用 而造化之迹也. : 정자가 말했다. 귀신은 천지의 공용이고 조화의 자국이다.

(2) 張子曰 鬼神者 二氣之良能也. : 장횡거(張横渠)가 말했다. 귀신은 음양 두 기(氣)의 영묘한 공능(功能)이다.

(3) 愚謂以二氣言 則鬼者陰之靈也 神者陽之靈也 以一氣言 則至而伸者爲神 反而歸者爲鬼 其實一物而已. : 〈주자의 말〉 나는 생각한다. 음양의 두 기를 나누어 말하면, 곧 귀(鬼)는 음기(陰氣)의 영묘한 작용이고, 신(神)은 양기(陽氣)의 영묘한 작용이다. 하나의 기로 말하면 즉 음이나 양이나 하나를 가지고 말하는 것이며, 오고 뻗어나는 기(氣)는 신(神)이고, 물러나고 돌아가는 기(氣)는 귀(鬼)다. 실은 하나의 같은 기(氣)일 뿐이다.

(4) 爲德 猶言性情功效. : 덕은 「성정(性情)과 공효(功效)」와 같은 뜻이다.

제16장 2절

視之而弗見 聽之而弗聞 體物而不可遺.

시지이불견(하며) 청지이불문(하며) 체물이불가유(이니라)

귀신은 그 형상을 보려 해도 보이지 않고, 그 소리를 들으려 해도 들을 수 없다. 그러나 귀신은 모든 물건의 몸체가 되고 하나도 빠뜨리는 것이 없다. <만물이 모두 귀신의 조화로 이루어지고 형성된다.>

▶ 어구 설명

· 體物而不可遺(체물이불가유) : <귀신은 보이지도 않고 소리도 없다> 그러나 귀신은 모든 물건의 몸체가 되고 하나도 빠뜨리는 것이 없다.

<* 즉 만물은 모두 귀신의 조화로 이루어진다. 귀신은 음과 양의 기의 공능(功能) 효용이다. 그러므로 만물은 귀신을 빠뜨릴 수 없다고 말하는 것이다.>

[集註 選譯] (1) 鬼神無形與聲 然物之終始 莫非陰陽合散之所爲 是其爲物之體 而物之所不能遺也. : 귀신은 형상도 음성도 없다. 그러나 모든 물건의 끝이자 시작이 모두가 음양이 모였다 흩어졌다 하는 작용 <즉 귀신의 작용이> 아닌 게 없다. 귀신은 곧 물건의 형체를 꾸미는 인소(因素)다. 고로 만물은 <귀신의 작용을> 빠뜨릴 수 없다.

(2) 其言體物 猶易所謂幹事. : 「체물(體物)」이라고 한 말은 주역(周易) 문언전(文言傳)에서 말한 바 「일의 근간(幹事)」과 같은 뜻이다. <* 원형이정(元亨利貞)의 정(貞)이 곧 사지간(事之幹)이다. : 新安陳氏 : 大全註>

제16장 3절

使天下之人 齊明盛服 以承祭祀 洋洋乎如在其上 如在其左右.

사천하지인(으로) 제명성복(하야) 이승제사(하고) 양양호여재기상(하며) 여재기좌우(이니라)

천하의 모든 사람으로 하여금 목욕재계하고 정결한 마음가짐과 성대한 예복을 차려입고 제사를 받들게 한다. <그러면 신령과 귀신이 그 위에 강림해서> 흡사 강물처럼 넘실거리는 듯하고 그 좌우에 서성대는 듯한다.

▶ 어구 설명

· 齊明盛服(제명성복) : 목욕재계하고 밝은 마음으로 성대한 예복을 차려입게 한다. 「제(齊)」는 「가지런히 한다는 뜻이다」. 같지 않은 것을 같게 해 가지고 나를 신령과 같게 한다는 뜻이다. 「명(明)」은 정결(淨潔)과 같은 뜻이다.

- 以承祭祀(이승제사) : 그리고 제사를 받들게 한다.
- 洋洋乎如在其上(양양호여재기상) : <그러면 신령이나 귀신이 그 위에 강림해서> 흡사 강물처럼 넘실거리는 듯하고.
- 如在其左右(여재기좌우) : 좌우에 서성대는 듯하다.

[集註 選譯] (1) 洋洋 流動充滿之意 能使人畏敬奉承而發見昭著如此 乃其體物而不可遺之驗也. : 「양양(洋洋)」은 「신령이 넘실넘실 강림하여 이리저리 움직이고, 신령이 집안이나 후손의 마음속에 가득 차고 넘친다」는 뜻이다. <그래서 신령이> 능히 사람들로 하여금 외경(畏敬)하고 받들어 모시게 하고 그와 같이 <신령이 사실적으로> 밝게 나타난다. <이것이> 곧 <귀신이나 신령이> 물건에 몸이 되어 작용을 하고 하나도 빠뜨리는 것이 없다는 말의 징험(徵驗)이다.

(2) 孔子曰 其氣發揚于上 爲昭明焄蒿悽愴 此百物之精也 神之著也 正謂此爾. : 공자가 예기(禮記) 제의편(祭義篇)에서 말했다. 「기(氣)가 발하고 위로 올라가, 소명하게 나타나고 향기가 피어 올라가 사람을 송연(悚然)하게 만든다. 이러한 것이 모든 물건의 정(精)이며, 신의 나타남이다.」 <공자의 말이> 바로 이러한 것을 말한 것이다.

제16장 4절

詩曰 神之格思 不可度思 矧可射思.

시왈 신지격사(를) 불가탁사(는) 신가역사(아)

시경에 있다. 「신의 내림(來臨)을 헤아릴 수 없다. 하물며 꺼리거나 싫어할 수 있으랴!」

▶ 어구 설명

- 詩曰(시왈) : 시경 대아(大雅) 억편(抑篇)의 구절.

· 神之格思(신지격사) : 「신의 격사(格思)」는 「신의 내림(來臨)」이다. 「격(格)」은 「오다, 강림」의 뜻. 「사(思)」는 어조사.
· 不可度思(불가탁사) : 헤아릴 수 없다. 「탁(度)」은 헤아리다, 촌탁(忖度)하다.
· 矧可射思(신가역사) : 하물며 꺼리거나 싫어할 수 있겠느냐. 「신(矧)」은 「하물며(況)」의 뜻이다. 「역(射)」은 「싫어하다(厭)」의 뜻이다. 「꺼리고 태만하고 공경하지 않는다는 뜻」을 말한다. 「사(思)」는 어조사.

제16장 5절

夫微之顯 誠之不可揜 如此夫.

부미지현(이니) 성지불가엄(이) 여차부(인져)

은미한 신령의 나타남이 성실하고 <진실무망(眞實無妄)하여> 가려 덮을 수 없음이 이와 같으니라.

▶ 어구 설명

· 夫微之顯(부미지현) : 그와 같이 은미(隱微)한 <신령의> 나타남이.
· 誠之不可揜(성지불가엄) : 성실하고 <진실무망하여> 가려 덮을 수 없다. 「엄(揜)」은 가리고 덮는다.
· 如此夫(여차부) : 이와 같으니라. 이상과 같이 풀이하는 것이 주자의 생각이다.

[集註 選譯] (1) 誠者 眞實無妄之謂 陰陽合散 無非實者 故其發見之不可揜 如此. : 「성(誠)」은 「진실하고 허망함이 없다」는 뜻이다. 음과 양의 기가 합하고 흩어지는 <귀신이나 신령의 조화가> 실질이 아닌 것이 없다. 고로 <귀신이나 신령이> 밝게 나타나는 것을 가리고 덮을 수 없음이 이와 같으니라.

【참고 보충】「귀신, 공능(功能)」

옛날에는 「천신(天神), 지기(地祇), 인귀(人鬼)」를 유신론적(有神論的) 혹은 미신적 차원으로 섬기고 모셨다. 그러나 주자는 「이(理)」로써 귀신을 해석했다. 그러므로 이 장을 중시해야 한다.

일반적으로 귀신은 어둠을 타고 홀연히 나타나 사람에게 길흉을 안겨주는 도깨비나 유령 같은 요괴(妖怪)로 본다.

그러나 정자(程子)나 주자(朱子)는 「미신적인 차원의 귀신」을 「음기나 양기의 조화 기능 효험」으로 해석했다.

주자는 다음같이 말했다. 「공용(功用)은 오직 나타나 보이는 것을 말한다. 겨울이 가고 여름이 오고, 해가 지고 달이 뜨고, 봄에 새싹이 살아나고 여름에 자라는 것 등이 다 귀신의 공용이다.(功用只是論發見者 如寒來暑往 日往月來 春生夏長 皆是也)」「바람이 불고, 비가 내리고, 서리 내리고, 이슬 맺고, 날과 달이 지나고, 낮과 밤이 바뀌는 것 등이 다 귀신이 조화를 부리고, 또 음과 양이 돌아가는 자국이다.(風雨霜露日月晝夜 此鬼神之迹也)」

【참고 보충】「음양(陰陽), 굴신(屈伸), 귀신」

우주 천지 만물의 근원인 태극(太極)은 「하나의 기」다. 동(動)할 때의 기(氣)를 양(陽)이라 하고, 정(靜)할 때의 기(氣)를 음(陰)이라 한다. 동(動)할 때의 기(氣)는 뻗어나는[伸] 양기(陽氣)로, 이것이 신(神)에 해당한다. 반대로 정(靜)할 때의 기(氣)는 줄어드는[屈] 음기(陰氣)로, 이것이 귀(鬼)에 해당한다.

주자는 다음같이 말했다. 「조화의 묘는 볼 수 없으나, 기가 왕래, 굴신(屈伸)하는 사이에 나타나 보인다. 만약에 귀신이 없다면 즉 조화의 자취도 없을 것이다.」

【참고 보충】「주자학(朱子學)과 귀신」

옛날에는 귀신이나 요괴(妖怪)가 홀연히 나타나 사람에게 길흉을 주는 신물(神物)이라 믿었다. 그러므로 점복(占卜)이나 무술(巫術) 같은 미신이나, 원시 종교가 귀신의 실재를 막연하게 믿었다.

공자는 「괴력난신(怪力亂神)」을 말하지 않고 특히 「귀신을 공경하되 멀리함이 슬기다.(敬鬼神而遠之 可謂知矣)」라고 가르쳤다.

그러므로 주자에 이르러 더욱 귀신을 철학적으로 설명하려고 노력했다. 즉 이(理)에 의해서 하나의 기(氣)가 음(陰)과 양(陽)으로 나뉘어 서로 엇바뀌는 회전운동과 왕래 굴신하면서 만물을 생장(生長)하거나 사멸(死滅)케 한다. 그때의 뻗어나가는 양기(陽氣)를 신(神), 되돌아 오므라드는 음기(陰氣)를 귀(鬼)라고 해석했다.

즉 귀신은 실제로 있는 「요괴나 도깨비」가 아니고, 기(氣)의 작용이며, 모든 존재물은 기가 응집(凝集)한 것이다. 그 기가 분산하면 소멸한다. 사람도 기가 모이면 살고, 흩어지면 죽는다. 그래서 만물의 형체를 귀신의 덕이라고 한다.

中庸 제17장

* 제17장은 성제(聖帝) 순(舜)임금이 대효(大孝)로써 천명(天命)을 받고 천자(天子)가 된 실례를 들고 「대덕은 반드시 천명을 받음(大德者 必受命)」을 입증했다.

제17장 1절

子曰 舜其大孝也與 德爲聖人 尊爲天子 富有四海之內 宗廟饗之 子孫保之.

자왈 순(은) 기대효야여(이신져) 덕위성인(이시고) 존위천자(이시고) 부유사해지내(하사) 종묘향지(하시며) 자손보지(하시니라)

공자가 말했다. 순은 참으로 위대한 효의 실천자이다. 덕을 세워 성인이 되고, 존귀한 자리에 올라 천자가 되고, 부를 누림에는 사해 안의 영토와 재물을 다 지니게 되었고, 선조를 종묘에 모시고 제사를 지냈으며, 자손들로 하여금 오래도록 보전케 하고 복을 누리게 했다.

▶ **어구 설명**

· 德爲聖人(덕위성인) : 덕에 있어서는 성인이다. <가정에서는 부모에 효도하여 효덕(孝德)을 세우고, 국가적으로는 천도(天道)를 따라 덕치(德治)를 했다.>

· 尊爲天子(존위천자) : 존귀함에 있어서는 <천명으로> 천자가 되고.

· 富有四海之內(부유사해지내) : 부유함에 있어서는 사해 안의 영토와 재물을 다 지니고. <백성을 다스리는 몸이 되었다.>

· 宗廟饗之(종묘향지) : 순이 <천자가 됨으로써> 선조를 종묘에 모시고 제사를 지내 흠향(歆饗)케 했다. <* 「순임금이 돌아간 후 자손들이 종묘에 모시고 잘 받들었다」로 풀기도 한다.>
· 子孫保之(자손보지) : 자손들을 잘 보전케 하고 대대로 복을 누리게 했다.

제17장 2절

故大德 必得其位 必得其祿 必得其名 必得其壽.

고(로) 대덕 필득기위(하며) 필득기록(하며) 필득기명(하며) 필득기수(이니라)

고로 대덕은 반드시 그에 맞는 자리를 얻고, 반드시 그에 어울리는 하늘의 복록(福祿)을 내려받고, 반드시 그에 해당하는 성명(聖名)을 얻고, 반드시 장수를 누린다.

▶ 어구 설명

· 必得其位(필득기위) : 반드시 그에 맞는 자리를 얻고.
· 必得其祿(필득기록) : 반드시 그에 어울리는 하늘의 복록(福祿)을 내려받고.
· 必得其名(필득기명) : 반드시 그에 해당하는 성명(聖名)을 얻고.
· 必得其壽(필득기수) : 반드시 수(壽)를 누린다. 이때의 수는 본인 한 사람의 수명만이 아니다. 대대로 이어지면서 번성하고 복을 누린다는 뜻도 있다. 순(舜)은 나이 110세의 수를 누렸다.

제17장 3절

故天之生物 必因其材而篤焉 故栽者 培之 傾者覆之.

고(로) 천지생물(이) 필인기재이독언(하나니) 고(로) 재자(는) 배지(하고) 경자(는) 복지(니라)

고로 하늘이 만물을 낳고 키울 때에는 반드시 그 재질이나 소질을 바탕으로 하고 독실하게 키운다. 고로 바르게 심어진 것은 더욱 배양해서 잘 자라게 하고, 기울고 쓰러진 것은 엎어버린다.

▶ 어구 설명

- 天之生物(천지생물) : 하늘이 만물을 낳고 키울 때에. <* 「천지생물」 속에는 하늘이 일시적으로 만물을 낳고 살게 한다는 뜻만이 아니라, 생사 존망(存亡)을 되풀이하면서, 대를 이어가면서 더욱 번식한다는 뜻도 담겨져 있다.>
- 必因其材而篤焉(필인기재이독언) : 반드시 재질을 바탕으로 독실하게 한다. 「재(材)」는 재질, 「독(篤)」은 두텁게 한다.
- 故栽者培之(고재자배지) : 고로 땅에 심어져 뿌리를 내린 것은 더욱 배양한다. 「재(栽)」는 「심을 식(植)」의 뜻. 기(氣)가 와서 번식하는 것이 「배(培)」다.
- 傾者覆之(경자복지) : 기울고 쓰러진 것은 엎어버린다.

제17장 4절

詩曰 嘉樂君子 憲憲令德 宜民宜人 受祿于天 保佑命之 自天申之.

시왈 가락군자(여) 헌헌령덕(이) 의민의인(이라) 수록우천(이어늘) 보우명지(하시고) 자천신지(하니라)

시경 대아(大雅) 가락편(假樂篇)에 있다. 「훌륭하시고 즐거우신 임금님, 밝게 빛나고 아름다운 그의 덕이, 백성에게도 좋고, 선비들에게도 좋았노라. 이에 하늘로부터 복록을 내려받고, 또 <하늘이> 보호하고 도와주고, 또 명을 내려 <천자가 되게 하였으니> 하늘이 스스로 거듭 돌보아 주었노라.」

▶ **어구 설명**

- 嘉樂君子(가락군자) : 훌륭하시고 즐거우신 임금님. 「군자」는 여기서는 「임금」의 뜻이다.
- 憲憲令德(헌헌령덕) : 밝게 빛나는 아름다운 덕. 「헌헌(憲憲)」은 「현현(顯顯)」과 같다. 「밝고 빛난다」는 뜻이다. 「영덕(令德)」은 좋고 아름다운 덕.
- 宜民宜人(의민의인) : 백성에게도 좋고 선비들에게도 좋다. 「민(民)」은 다스림을 받는 일반 대중, 「인(人)」은 다스림에 참여하는 선비나 지식인.
- 受祿于天(수록우천) : 복록을 하늘로부터 내려받다.
- 保佑命之(보우명지) : <하늘이> 보호하고 도와주고, 또 명을 내려. <천자가 되게 하였으니.>
- 自天申之(자천신지) : 하늘이 스스로 거듭 돌보아 주었노라. 「신(申)」은 「거듭한다」는 뜻이다.

제17장 5절

故大德者 必受命.

고(로) 대덕자(는) 필수명(이니라)

고로 크게 덕을 세운 사람은 반드시 천명을 받는다.

▶ **어구 설명**

- 大德者(대덕자) : <도를 따르고 행하여> 크게 덕을 세운 사람은.
- 必受命(필수명) : 반드시 하늘로부터 천명을 받는다. 「수명」은 천명을 받고 천자가 된다는 뜻이다.

【참고 보충】「효의 깊은 뜻」

「효」의 기본 뜻은 「자식이 부모를 잘 섬기고 봉양함이다.」 부자간의 친애(親愛)와 형제간의 우애는 인애(仁愛)의 근본이다. 그래서 유자(有子)가 「효와 제는 인을 이루는 근본이다.(孝弟也者 爲仁之本)」 라고 말했다.

특히 자기를 낳고 양육해준 부모에게 감사하고 보답하는 효도는 만물을 낳고 양육하는 하늘에 대한 경천(敬天)에 직결된다. 경천은 철학적으로는 천도 천리(天道天理)를 따르고 실천함이다.

「효」는 가정적인 차원의 덕행으로부터 확대되어 국가나 천하를 도의세계(道義世界)로 만드는 덕치(德治)로 확대 전개된다. 그러므로 효경에서 공자는 「효는 천경(天經), 지의(地義), 민행(民行)」이라고 말했다. 천경(天經)은 곧 천도천리(天道天理)다. 지의(地義)는 곧 도의세계(道義世界)이다. 민행(民行)은 사람들이 실천함이다. 결국 효는 천도를 따르고 행하는 덕행이다.

「덕」은 「얻을 득(得)」에 통하며, 천도를 실천해서 얻어진 좋은 성과다. 이는 곧 지상세계를 도의세계로 만드는 핵심이라는 뜻이다. 그래서 또 공자는 말했다. 「효는 덕의 근본이고 백성들을 교화하는 근원이다.(夫孝 德之本也 敎之所由生也)」 백성들을 교화하는 것은 덕치(德治)다.

효경(孝經)에서 공자는 말했다. 「효는 처음에는 가정에서 어버이를 잘 모시고, 중간 단계에는 임금에 충성하고, 마지막 단계는 세상에 나가 자신을 내세운다.(夫孝 始於事親 中於事君 終於立身)」 입신(立身)을 오늘의 말로 풀이하면 인류사회와 역사 발전에 공을 세워, 이름을 낸다는 뜻이다.

공자는 효경에서 또 말했다.「<학문과 덕으로써> 자신을 내세우고 도를 행해서 후세에까지 이름을 높이고, 아울러 부모를 영광되게 하는 것이 효의 마지막 단계이다.(立身行道 揚名於後世 以顯父母 孝之終也)」

【참고 보충】「순(舜)의 대효(大孝)」

사람은 누구나 다 자기 나름대로 도(道)를 따라 착하게 살고 효도할 수 있다. 농부가 농사지어 부모를 공양하는 것도 효다. 선비가 도를 따라 충군애민(忠君愛民)하고 녹을 받아 부모를 잘 공양하는 것도 효다.

그러나 도를 어기거나 이탈하고 악덕한 수단으로 재물이나 권력을 잡고 부모를 호강되게 하는 것은 효가 아니라 반대로「욕(辱)을 보이는 것」이다.

효는 어디까지나 천도를 따라 지덕을 세우는 바탕 위에서 이루어진다. 천도를 따라 지덕을 세우는 최고의 경지를 순임금에게서 볼 수 있다. 가정적으로는 지극한 효성으로 부모형제를 감화하고, 국가적으로는 덕치의 공을 세워 마침내 천명을 받고 천자가 되었다. 그래서「대효(大孝)」라고 하는 것이다.

맹자는 다음같이 말했다.「어버이를 높이는 극치는 천하를 가지고 봉양하는 것보다 더할 것이 없다. 그러므로 천자의 부친이 되는 것이 높임의 최고 경지다.(尊親之至 莫大乎以天下養 爲天子父 尊之至也)」<맹자 만장 상(萬章 上)>

【참고 보충】「제사와 귀신」

「예기(禮記) 제의편(祭義篇)」에 있다. 제자 재아(宰我)가 귀신에 대해서 묻자, 공자가 다음같이 말했다. 「기는 신의 성한 것이고, 백은 귀의 성한 것이다. 귀와 신을 합해서 제사를 지내는 것이 지극한 성인의 가르침이다.(氣也者 神之盛也 魄也者 鬼之盛也 合鬼與神 教之至也)」

「모든 사람은 반드시 죽고, 죽으면 흙으로 돌아가며, 이를 귀(鬼)라고 한다. 골육이 땅속에 묻혀 그늘 속에서 흙이 된다. 그러나 그 기(氣)는 위로 발산해 올라가 밝게 나타나고, 향기가 풍겨 퍼져 사람들을 송연(悚然)하게 만든다. 이는 모든 물건의 정(精)의 조화로 신의 나타남이다.」

「예기 제통편(祭統篇)」에 제사에 대한 말이 있다. 사람을 다스리는 도리에 예보다 더 긴요한 것이 없다. 예는 「길례(吉禮)·흉례(凶禮)·빈례(賓禮)·군례(軍禮)·가례(嘉禮)의 다섯 가지 예」가 가장 중요하다.

오례(五禮) 중에서 첫 번째 길례(吉禮)에 속하는 제사보다 더 귀중한 게 없다.(禮有五經 莫重於祭)」 제사는 천신(天神) 지기(地祇) 및 선조의 신령 등, 모든 귀신을 모시는 예다. 「제사는 어떠한 물건이 외부로부터 오는 것이 아니고 속마음에서 우러나오는 것이다. 마음이 감동하여 예로써 받들어 모시는 것이다. 그러므로 현명한 자만이 제례의 바른 뜻을 다할 수 있다.(夫祭者 非物自外至者也 自中出生於心也 心怵而奉之以禮 是故賢者能盡祭之義)」「안으로 자신의 정성을 다 바치고, 밖으로는 도리를 따르고 행함이다.(內盡於己 而外順於道也)」 즉 제사는 정성으로 도리를 따르고 행함이다.

中庸 제18장

* 제18장은 주(周)나라 문왕(文王)과 그의 아들 무왕(武王) 및 주공(周公)에 대한 공자의 말을 인용한 글이다. 주나라는 공자를 위시하여 유가에서 가장 높이는 왕조다. 즉 천도(天道)를 바탕으로 인애(仁愛)의 덕치를 펴고 아울러 문화적인 예교(禮敎)를 확립한 이상적인 왕조였다. 주나라의 창건은 무왕이 무력으로 포학무도한 은(殷)나라의 마지막 폭군 주(紂)를 타도하고 세웠다. 그러나 아버지 문왕과 조상들의 공덕으로 천명을 받게 된 것이다. 그래서 선조에 대한 제사를 정중히 모셨음을 강조했다.

제18장 1절

子曰 無憂者 其惟文王乎 以王季爲父 以武王爲子 父作之 子述之.

자왈 무우자(는) 기유문왕호(이신져) 이왕계위부(하시고) 이무왕위자(하시니) 부작지(어시늘) 자술지(하시니라)

공자가 말했다. 아무런 걱정이 없는 사람은 오직 주나라 문왕이었다. 그는 왕계를 아버지로 삼고, 무왕을 아들로 두었다. 아버지 왕계가 왕업의 바탕을 만들고 아들 무왕이 왕업을 계승하고 성취했다.

▶ 어구 설명

- 以王季爲父(이왕계위부) : <문왕은> 왕계를 아버지로 삼았고.
- 以武王爲子(이무왕위자) : 무왕을 아들로 두었다.

· 父作之(부작지) : 아버지 왕계가 왕업의 바탕을 만들고.
· 子述之(자술지) : 아들 무왕이 왕업을 계승하고 성취했다.

[集註 選譯] (1) 此言文王之事 書言王季其勤王家 蓋其所作 亦積功累仁之事也. : 이 절은 문왕의 일을 말한 것이다. 서경 무성편(武成篇)에 다음 같은 글이 있다. <문왕의 아버지> 왕계가 부지런히 왕가(王家)가 될 수 있게 그 바탕을 닦았다. 무릇 <왕계가 부지런히> 이루어 놓은 것은 역시 공을 쌓고 인덕을 거듭한 일이다.

제18장 2절

武王 纘大王 王季 文王之緒 壹戎衣而有天下 身不失天下之顯名 尊爲天子 富有四海之內 宗廟饗之 子孫保之.

무왕(이) 찬태왕 왕계 문왕지서(하사) 일융의이유천하(하시되) 신불실천하지현명(하여) 존위천자(이시고) 부유사해지내(하사) 종묘향지(하시며) 자손보지(하시니라)

무왕이 태왕, 왕계, 문왕이 세운 왕업을 계승하고 딱 한번 무력을 행사하여 <무도한 은(殷)의 주왕(紂王)를 타도하고> 천하를 차지했다. 그러나 무왕은 결코 천하에 빛나는 명성을 잃지 않았으므로 <천명을 받고> 존귀한 천자가 되었으며, 부를 누리고 사해 안의 모든 것을 소유하게 되었고, 또 선조를 종묘에 모시고 제사를 흠향(歆饗)케 했으며, 아울러 자손들로 하여금 길이길이 나라를 보전케 했다.

▶ 어구 설명

· 緖(서) : 「왕업(王業)」의 뜻. 「緖(실마리 서)」

- 壹戎衣而有天下(일융의이유천하) : 딱 한번 전복(戰服)을 입고 천하를 차지했다. 즉 「무왕이 딱 한번 무력을 행사하여, <무도한 은(殷)의 주왕(紂王)를 타도하고> 천하를 바로잡고 다스렸다」는 뜻이다. 「융의(戎衣)」는 갑옷이나 투구 같은 <전복(戰服)>이다. 「일융의(壹戎衣)」라는 말은 서경 위고문(僞古文) 주서(周書) 무성편(武成篇)의 글이다.
- 身不失天下之顯名(신불실천하지현명) : <비록 무력으로 주(紂)를 타도했으나> 무왕은 결코 천하에 빛나는 명성이나 명망을 잃지 않았다.
- 尊爲天子(존위천자) : <그래서 천명을 받고> 존귀한 천자가 되었으며.
- 富有四海之內(부유사해지내) : 부함에 있어, 사해 안의 천하의 모든 재물을 소유하게 되었다.

[集註 選譯] (1) 書云大王肇基王迹 詩云至于大王 實始翦商. : 서경 무성편(武成篇)에 「태왕이 처음으로 왕업의 터전의 기초를 만들었다」고 했다. 시경 노송(魯頌) 비궁편(閟宮篇)의 시에 「태왕에 이르러 비로소 상(商=殷)나라를 자르기 시작했다」고 말했다.

제18장 3절

武王末受命 周公成文武之德 追王大王王季 上祀先公以天子之禮 斯禮也 達乎諸侯 大夫及士庶人 父爲大夫 子爲士 葬以大夫 祭以士 父爲士子爲大夫 葬以士 祭以大夫 期之喪 達乎大夫 三年之喪 達乎天子 父母之喪 無貴賤一也.

무왕(이) 말수명(이어시늘) 주공(이) 성문무지덕(하사) 추왕태왕왕계(하시고) 상사선공이천자지례(하시니) 사례야(이) 달호제후 대부급사서인(하니) 부위대부(이오) 자위사(이어든) 장이대부(오) 제이사(하며) 부위사(요) 자위대부(이어든) 장이사(요) 제이대부(하며) 기지상(은) 달호대부(하고)

삼년지상(은) 달호천자(하니) 부모지상(은) 무귀천일야(니라)

무왕이 늦게 천명을 받았으며 <또 일찍 붕어(崩御)했으므로 동생> 주공이 <섭정하고> 아버지 문왕과 형 무왕의 왕덕(王德)을 완성했다. <또 예치(禮治)의 문물제도를 제정하여> 태왕(大王)과 왕계(王季)를 추증(追贈)했다. 또 위로는 선조를 천자의 예로써 제사 지냈다. <주공이 제정한> 이와 같은 예법은 제후, 대부 및 사(士)와 서인(庶人)에게도 통용되었다. 부친이 대부이고 아들이 사인 경우에는 장사는 대부의 예로써 지내고, 제사는 사의 예로써 지낸다. 부친이 사이고 아들의 신분이 대부일 경우에는 장사는 사의 예로써 지내고, 제사는 대부의 예로써 지낸다. 기년상(期年喪)의 제도는 대부에까지 통용하고, 부모에 대한 3년상은 천자에게도 통용한다. 부모에 대한 상례는 귀천의 차별 없이 다 같다.

▶ 어구 설명

- 武王末受命(무왕말수명) : 무왕이 만년에 천명을 받았다.
- 周公成文武之德(주공성문무지덕) : 주공이 아버지 문왕과 형 무왕의 뒤를 이어 왕덕(王德)을 완성했다.
- 追王(추왕) : 「나중에 임금이라고 존칭했다」는 뜻. 태왕(大王)은 증조부 고공단보(古公亶父), 왕계(王季)는 조부 계력(季歷)이다. 이들과 아버지 문왕은 생전에는 왕이 아니었다. 무왕이 은(殷)을 타도하고 주(周)나라를 창건하고 임금이 된 다음에 주공(周公)이 예법을 새로 정하고 선조를 왕으로 추증(追贈)한 것이다.
- 期之喪(기지상) : 기년상(期年喪)의 제도, 즉 조부모나 백숙부모(伯叔父母)의 상은 1년 간 상복을 입는다.
- 三年之喪(삼년지상) : 부모가 돌아가면 3년 간 상복을 입는다.
- 父母之喪 無貴賤一也(부모지상 무귀천일야) : 부모에 대한 상례는 귀천의 차별 없이 다 같다.

[集註 選譯] (1) 上祀先公 以天子之禮 又推大王 王季之意 以及於無

窮也. : 위로 선공들을 천자의 예로써 제사를 지낸 것도, 역시 <주공이> 태왕(大王), 왕계(王季)의 뜻을 미루어 <끝없이 소급하여> 시조에 미친 것이다.

(2) 制爲禮法 以及天下 使葬用死者之爵 祭用生者之祿 喪服自期以下 諸侯絶 大夫降 而父母之喪 上下同之 推己以及人也. : <주공이> 예법을 제정하여 천하에 미치게 했다. 장사는 죽은 사람의 작위를 따르고, 제사는 살아있는 후손의 작위를 따르게 했다. 상복(喪服)은 1년 이하는 천자와 제후는 지키지 않는다. 대부 이하라도 부모의 상을 상하가 다 같이 <삼년상을 정한 것은> 효성을 모든 사람에게 미치게 한 것이다.

【참고 보충】「문왕(文王), 무왕(武王), 주공(周公)의 연대」

주(周) 무왕의 기록이나 연대는 실증된 역사적 기록이라고 보기에는 부족한 점이 많다. 그러므로 연대에도 여러 가지 설이 있다. 그 중의 하나를 들겠다.

B.C. 1185 : 계력(季歷) 몰(歿)하고, 아들 창(昌)이 서백(西伯)이 되다.

B.C. 1144 : 주(紂)가 서백을 유리(羑里)에 감금.

B.C. 1135 : 서백, 즉 문왕이 97세로 몰하고, 아들 발(發=武王)이 뒤를 계승. 무왕의 나이 73세라고 전한다.

B.C. 1122 : 발(發)이 주(紂)를 목야(牧野)에서 격파하고, 주(周)나라를 세우고 무왕에 올랐다. 그때 무왕의 나이 86세라고 전한다. 그 후 2년 만에 몰하고, 어린 아들 성왕(成王)이 나이 10세로 뒤를 이었다.

B.C. 1115 : 무왕의 동생 주공(周公 : 이름 旦)이 섭정이 되어 주나라의 예악제도를 정비하고 어린 성왕을 보필했다.

中庸 제19장

* 제19장도 무왕(武王)과 주공(周公)의 효도를 높인 말이다. 특히 「제2절」에서 「효는 선조의 뜻과 이상 및 업적과 사업을 계승하고, 더욱 발전케 함이다.(夫孝者 善繼人之志 善述人之事者也)」라고 했다. 이는 효도의 역사적 발전관을 강조한 말이다. 그리고 주공이 제정한 제사의 예법과 그 의미를 밝혔다. 아울러 무왕과 주공을 「달효(達孝)」라고 칭찬했다.

제19장 1절

子曰 武王周公 其達孝矣乎.

자왈 무왕주공(은) 기달효의호(이신저)

공자가 말했다. 무왕과 주공은 참으로 달효(達孝)이시니라.

▶ 어구 설명

· 其達孝矣乎(기달효의호) : 참다운 달효(達孝)이다. 「달효」는 「지극한 경지에 도달한 효도」라는 뜻이다. 즉 가정에서 부모를 잘 모시는 것만이 아니라, 부모의 뜻을 받들고 사업을 계승했다는 뜻이 포함되었다.

[集註 選譯] (1) 承上章而言 武王周公之孝 乃天下之人 通謂之孝 猶孟子之言達尊也. : 앞 장을 이어받고 무왕과 주공의 효는 곧 천하의 모든 사람이 공통적으로 일컫는 효를 말한다. 이는 맹자가 말한 「달존(達尊)」의 「달(達)」과 같다.

제19장 2절

夫孝者 善繼人之志 善述人之事者也.

부효자(는) 선계인지지(하며) 선술인지사자야(니라)

무릇 효(孝)는 어른의 뜻을 잘 계승하고 어른의 일을 더욱 발전적으로 성취함이다.

▶ 어구 설명

· 善繼人之志(선계인지지) : 어른의 뜻을 잘 계승하고. 「인(人)」은 살아 계신 어른 및 작고한 선인(先人)을 다 포함한다.

· 善述人之事者也(선술인지사자야) : 사업을 더욱 발전되게 함이다.

[集註 選譯] (1) 上章言 武王纘大王 王季 文王之緖 以有天下 而周公成文武之德 以追崇其先祖 此繼志述事之大者也 下文 又以其所制祭祀之禮 通于上下者言之. : 앞의 제18장에서 말한 「무왕이 <증조부> 태왕, <조부> 왕계, <부친> 문왕 등이 시작한 왕업을 계승하고 마침내 천하를 영유하고 <주나라를 세운 것과> 아울러 주공이 <주나라의 예법을 제정하여> 문왕과 무왕의 공덕을 완성케 하고, 또 조상들을 추존(追尊)한 것」이 곧 계지술사(繼志述事)의 가장 큰 것이다. 다음 <19장 3절>에서는 <주공이> 제사의 예를 제정하여 위로는 천자로부터 아래로는 서민에 통용하게 했음을 말했다.

제19장 3절

春秋 修其祖廟 陳其宗器 設其裳衣 薦其時食.

춘추(에) 수기조묘(하며) 진기종기(하며) 설기상의(하며) 천기시식(이니라)

춘하추동 사계절마다 종묘나 가묘를 청결하게 손질하고, 대대로 물려 내려온 제기나 귀중한 보물들을 진열한다. 또 조상의 의복을 펼쳐 시동(尸童)에게 걸친다. 그리고 계절 음식을 바쳐 올린다.

▶ 어구 설명

· 春秋(춘추) : 춘추만이 아니라, 종묘나 사당에 대한 제사는 춘하추동(春夏秋冬) 사계절에 다 지낸다. 특히 천자가 올리는 종묘의 제사를 봄에는 약(礿), 여름에는 체(禘), 가을에는 상(嘗), 겨울에는 증(蒸)이라 부른다.
· 修其祖廟(수기조묘) : 제사에 앞서 종묘나 사당을 정결하게 수축한다.
· 陳其宗器(진기종기) : 대대로 물려 내려온 종묘나 가묘(家廟)에 있는 제기나 중요한 기물 혹은 귀중한 보물들을 진열한다.
· 設其裳衣(설기상의) : 조상이 착용하던 의상을 진열한다, 혹은 옷을 시동(尸童)에게 입힌다. 의(衣)는 윗저고리, 상(裳)은 아래 옷. 시동은 고인의 손자 대에 해당하는 어린아이를, 제사 지낼 때 신위 곁에 앉게 하고, 신령이나 영혼이 의지할 수 있게 한다.
· 薦其時食(천기시식) : 계절마다 신선한 음식을 제사 상에 올린다.「천(薦)」은 신령에게 바치고 잡숫게 한다.

제19장 4절

宗廟之禮 所以序昭穆也 序爵 所以辨貴賤也 序事 所以辨賢也 旅酬 下爲上 所以逮賤也 燕毛 所以序齒也.

종묘지례(는) 소이서소목야(요) 서작(은) 소이변귀천야(요) 서사(는) 소이변현야(요) 여수(에) 하(이) 위상(은) 소이체천야(요) 연모(는) 소이서치야(니라)

종묘의 예법은 소목(昭穆)의 서열이나 순차를 바르게 세우기 위해서다. 작위(爵位)에 따라 서열을 매기는 것은 신분상의 귀천을 분별하기 위해서다. 제사 지낼 때의 담당할 직책의 서열을 바르게 잡는 것은 현명한 사람과 그렇지 못한 사람을 분별하기 위해서다. 모든 사람에게 「음복주(飮福酒)」하게 하고, 또 아래가 위에게 잔을 권하게 하는 까닭은 <제사의 일과 은혜를> 하천한 사람에게도 두루 미치게 하기 위해서다. 동족만의 연음(宴飮)에서 머리털, 즉 나이로 자리 순서를 정하는 까닭은 노약(老若)의 질서를 바로잡기 위해서다.

▶ **어구 설명**

· 所以序昭穆也(소이서소목야) : 소목(昭穆)의 서열을 바르게 세우기 위해서다.
· 序爵(서작) : 작위에 따라 서열을 매기는 것은, 즉 제사 지낼 때에 공경대부사(公卿大夫士)의 작위를 지키는 까닭은.
· 所以辨貴賤也(소이변귀천야) : 신분상의 귀천을 분별하기 위해서다.
· 序事(서사) : 제사 지낼 때의 담당할 직책의 서열을 바르게 잡는 것은.
· 所以辨賢也(소이변현야) : 현명한 사람과 그렇지 못한 사람을 분별하기 위해서다.
· 旅酬(여수) : 모든 사람에게 「음복주(飮福酒)」하는 까닭은. 「여(旅)」는 「모든 사람, 중(衆)」의 뜻. 「수(酬)」는 수작(酬酌). 빈객과 잔을 주고받으며 함께 마신다.
· 下爲上(하위상) : 아랫사람이 위 어른에게 술잔을 권한다.
· 所以逮賤也(소이체천야) : <제사의 은혜를> 밑에도 미치게 하기 위해서다.
· 燕毛(연모) : 제사를 다 마치고 시동이 물러가고, 또 타성(他姓)의 빈객도 퇴장한 다음 동성(同姓)의 일가만이 모여 연음(宴飮=燕飮)한다. 그때 머리털 색, 즉 연치(年齒)를 기준으로 자리 순서를 정한다. 이것을 「연모(燕毛)」라고 한다.

· 所以序齒也(소이서치야) : 나이, 즉 노약(老若)의 차례를 바로잡기 위해서다.

[集註 選譯] (1) 宗廟之次 左爲昭 右爲穆 而子孫 亦以爲序 有事於太廟 則子姓兄弟羣昭群穆 咸在而不失其倫焉. : 종묘의 예법상의 순차는 왼쪽이 소(昭)이고, 오른쪽이 목(穆)이다. 그리고 <제사에 참여하는> 자손도 역시 그 순차를 따르고 지킨다. 종묘에서 제사를 지낼 때에는 자손이나 같은 성의 형제 일가 모든 사람에게도 집단적으로 지킬 소(昭)와 목(穆)이 있으며, 모두가 그 순서와 차례를 잃으면 안 된다.

(2) 爵公侯卿大夫也 事宗祝有司之職事也 旅衆也 酬導飮也 旅酬之禮 賓弟子 兄弟之子 各擧觶於其長 而衆相酬 蓋宗廟之中 以有事爲榮 故逮及賤者 使亦得以申其敬也. : 「작(爵)」은 공(公) 후(侯) 경(卿) 대부 등의 신분 작위를 말한다. 「사(事)」는 종백(宗伯)과 종인(宗人), 대축(大祝)과 소축(小祝) 등 제사에 관한 여러 가지 크고작은 일을 맡아 처리하는 직책을 말한다. 「여(旅)」는 「모든 사람」의 뜻이다. 「수(酬)」는 주인측에서 빈객에게 술잔을 권하고 복주(福酒)를 들게 함이다. 「여수지례(旅酬之禮)」는 <다음같이 한다.> 빈객의 자제나 형제의 자제, 즉 아랫사람들이 저마다 술잔을 들어 어른에게 권한다. 그렇게 해서 모든 사람이 서로 수작(酬酌)을 한다. 무릇 종묘에서 <제사를 지낼 때에> 어떠한 일이나 구실을 하는 것은 영광이다. 고로 아랫사람도 참여시켜서 <선조에 대한> 공경하는 마음을 지니게 하는 것이다.

(3) 燕毛 祭畢而燕 則以毛髮之色 別長幼 爲坐次也. : 「연모(燕毛)」는 <다음 같은 것을> 말한다. 제사를 다 마치고, <동족의 일가가 모여서> 연회를 할 때에 곧 머리털의 색을 가지고 노소 장유를 분별하고 자리 순서를 정한다.

제19장 5절

踐其位 行其禮 奏其樂 敬其所尊 愛其所親 事死如事生 事亡如事存 孝之至也.

천기위(하야) 행기례(하며) 주기악(하며) 경기소존(하며) 애기소친(하며) 사사여사생(하며) 사망여사존(이) 효지지야(니라)

선왕이 제사 지내실 때 밟던 같은 자리를 <내가> 밟고, 선왕과 같은 예를 행하고, 선왕과 같은 예악을 연주하고, 선왕이 높이시던 선조와 신령을 존경하고, 선왕이 친애하시던 자손과 백성을 친애한다. 돌아가신 분을 살아 계신 듯이 섬기고, 사망하신 분을 생존해 계신 듯이 섬기고 받든다. 이렇게 하는 것이 효도의 지극함이다.

▶ 어구 설명

- 踐其位(천기위) : <선왕이> 밟던 같은 자리를 밟고, 혹은 「선왕의 뒤를 이어 자리에 오르다」로 풀기도 한다. 「천(踐)」은 「이(履)」와 같은 뜻이다.
- 行其禮(행기례) : 선왕과 같은 예를 행하고. 「기(其)」는 선왕을 가리킨다.
- 奏其樂(주기악) : 선왕과 같은 예악을 연주하고.
- 敬其所尊(경기소존) : 선왕이 높이시던 선조와 신령을 존경하고.
- 愛其所親(애기소친) : 선왕이 친애하시던 자손과 백성을 친애한다.
- 事死如事生(사사여사생) : 돌아가신 분을 살아 있을 때와 같이 섬기고.
- 事亡如事存(사망여사존) : 사망하신 분을 생존해 계신 듯이 섬기고 받든다.
- 孝之至也(효지지야) : 그렇게 하는 것이 효도의 지극함이다.

[集註 選譯] (1) 所尊所親先王之祖考子孫臣庶也 始死謂之死 旣葬則曰反而亡焉 皆指先王也. : 높이고 친애하는 바는 선왕이 높이신

선조와 고부(考父) 및 선왕이 친애하시던 자손과 신하와 서민들이다. 처음 죽었을 때는 「사(死)」라고 이른다. 장사를 지낸 다음 돌아와서 비로소 「가셨구나(亡)」하고 말한다. 모두가 선왕을 지칭하는 말이다.

제19장 6절

郊社之禮 所以事上帝也 宗廟之禮 所以祀乎其先也 明乎郊社之禮 禘嘗之義 治國其如示諸掌乎.

교사지례(는) 소이사상제야(요) 종묘지례(는) 소이사호기선야(요) 명호교사지례(와) 체상지의(면) 치국(은) 기여시제장호(인저)

교제(郊祭)와 사제(社祭)의 제례는 상제(上帝)와 후토(后土)를 모시기 위함이다. 종묘에서 제례를 지내는 까닭은 선조의 신령을 잘 섬기고자 함이다. 교제나 사제의 예와 체제(禘祭)나 상제(嘗祭)의 뜻을 밝게 알고 성실하게 실행하면, 나라 다스리기는 손바닥 안을 들여다보듯이 밝게 알고 행할 수 있다.

▶ 어구 설명

- 郊社之禮(교사지례) : 「교(郊)」는 상제(上帝), 즉 천신(天神)을 모시는 제사, 「사(社)」는 후토(后土), 즉 지신(地神)을 모시는 제사다.
- 所以事上帝也(소이사상제야) : 상제를 섬기는 바탕이다.
- 宗廟之禮(종묘지례) : 종묘에서 제례를 지내는 것은, 혹은 까닭은.
- 所以祀乎其先也(소이사호기선야) : 선조의 신령을 잘 섬기고자 함이다. 「사(祀)」에는 「제사를 지내고 정성으로 섬긴다」는 뜻이 있다.
- 明乎郊社之禮(명호교사지례) : 교제(郊祭)나 사제(社祭)의 뜻을 밝게 알고 성실하게 실행한다.
- 禘嘗之義(체상지의) : 체제(禘祭)와 상제(嘗祭)의 뜻을.

· 治國其如示諸掌乎(치국기여시제장호) : 「나라 다스림(治國)」의 도리나 방법을 마치 손바닥 안을 보는 듯이. <밝게 알고 행할 수 있다.> 「示(시)=視(볼 시)」

[集註 選譯] (1) 禘天子宗廟之大祭 追祭太祖之所自出於太廟 而以太祖配之也 嘗秋祭也 四時皆祭 擧其一耳. : 「체(禘)」는 천자가 종묘에서 올리는 큰제사다. 태조를 태어나게 한 근원이 되는 오제(五帝)의 한 분, 곡(嚳)을 태묘(太廟)에서 제사를 지내고 추존(追尊)하고, 태조로 하여금 배향(配享)하게 한다. 「상(嘗)」은 가을에 올리는 제사다. 사계절마다 제사를 드리지만 <여기서는> 그 일부만을 들어 말했다.

(2) 禮必有義 對擧之互文也. : 예에는 반드시 뜻[義]이 있다. <앞의 경문에서> <예와 의(義)를> 대립시켜 말했으나, <실은> 서로 돌려 쓴 것이다.

【참고 보충】「달효(達孝)의 깊은 뜻」

「달효(達孝)」는 「지극한 경지에 도달한 효도」라는 뜻이다. 즉 「효는 부모를 정성으로 받들고 모시는 효」만이 아니다. 「역사적으로 부모와 선조의 뜻과 사업을 계승하고 성취하여 더욱 발전되게 하는 효」를 포함한 것이다.

일지록(日知錄) 권6에 있다. 「달효는 선조와 후손에게 통하고 영혼의 세계와 현세에 통한다. 효경(孝經)에서 말한바, 지극한 효제(孝悌)는 신명에 통하고 사해(四海)에 빛을 내며 시간적으로나 공간적으로나 통하지 않는 바가 없다.(達孝者 達於上下 達於幽明 所謂 孝弟之至 通於神明 光於四海 無所不通者也)」

효도도 천도(天道)에서 나온 것이다. 천도는 현시적(現時的)으로 만물을 창조하고 생성하는 동시에 역사적으로 「생생불이(生生不已)」

하는 번식과 발전의 절대선의 도리이다.

그러므로 「지극한 경지에 도달한 달효(達孝)」는 「신명에 통하고 사해에 빛나게 마련이며(通於神明 光於四海)」 또 「유명(幽明)에 통하게 마련이다.」

中庸 제20장

*「제20장」은 자사(子思)가 공자의 말을 인용해서「요순우탕문무주공(堯舜禹湯文武周公)」으로 이어진 도통(道統)을 말한 글들이다.

제20장 1절

哀公問政.

애공(이) 문정(하노라)

애공이 정치에 대해서 물었다.

▶ **어구 설명**

· 哀公(애공) : 노나라의 임금. 이름은 장(蔣).

【참고 보충】「애공(哀公)」

노(魯)나라 애공은 B.C. 494년에 자리에 올랐다. 당시 공자는 노나라를 떠나 여러 나라를 떠돌았으며, 69세에 귀국하고 73세에 사망했다. 그러므로 애공이 공자에게 정치에 대해서 물어본 때는 공자 말년이었다. 그래서, 공자는 여러 면에서 덕치(德治)의 깊은 뜻을 풀이하고 대답했던 것이다.

第20장 2절

子曰 文武之政 布在方策 其人存 則其政擧 其人亡 則其政息.

자왈 문무지정(이) 포재방책(하니) 기인존 즉기정거(하고) 기인망 즉기정식(이라)

공자가 말했다. 주(周)나라 문왕(文王)과 무왕(武王)의 정치의 법도나 업적은 옛날의 전적(典籍)에 기록되어 있다. <그들 같은> 성왕(聖王)이 있으면 성왕의 덕치(德治)가 이루어지고, 성왕이 없으면 성왕의 덕치도 없어지게 마련이다.

▶ 어구 설명

- 文武之政(문무지정) : 주(周)나라 문왕(文王)과 무왕(武王)의 인애(仁愛)의 덕치.
- 布在方策(포재방책) : 옛날의 전적(典籍)에 두루 기록되어 있다. 「방(方)」은 목판(木板), 즉 나뭇조각. 「책(策)」은 죽간(竹簡). 옛날에는 목판이나 죽간에 글을 썼다. 그러므로 방책(方策)은 전적이다.
- 其人存 則其政擧(기인존 즉기정거) : 보통 「그 사람이 있으면, 그 정치가 높아진다」로 풀이한다. 「기(其)」는 「앞과 뒤가 하나이며, 같다」는 뜻을 나타내는 특수 허사(虛詞)다. 그러므로 여기서는 「성왕(聖王)이 있으면, 성왕의 덕치가 이루어진다」로 풀이하는 것이 좋다.
- 其人亡 則其政息(기인망 즉기정식) : 성왕이 없으면 성왕의 정치도 없어진다. 「식(息)」은 「멸(滅)」과 같은 뜻이다.

제20장 3절
人道敏政 地道敏樹 夫政也者 蒲盧也.

인도(는) 민정(하고) 지도(는) 민수(하니) 부정야자(는) 포로야(니라)

사람의 도리는 정치에 민첩하게 나타난다. 땅의 도리는 식물에 민첩하게 나타난다. 무릇 인애(仁愛)를 베푸는 인정(仁政)은 <땅에서> 갈대가 자라고 번식하듯이 즉시 나타나게 마련이다.

▶ 어구 설명

· 人道敏政(인도민정) : 사람의 도리가 정치에 빠르게 나타난다. 이때의 「인도(人道)」는 「인도(仁道)」다. 따라서 「인애의 도덕정치의 도리가 즉각 빠르게 그 효과를 나타낸다」로 풀이한다. 「민(敏)」은 빠르다는 뜻이다.

· 地道敏樹(지도민수) : <식물을 자라게 하는> 땅의 도리는 수목에 예민하고 빠르게 나타난다. 「수(樹)」는 「수목을 심고 재배한다」는 뜻.

· 夫政也者(부정야자) : 무릇 정치는. 「야자(也者)」는 어조사. 「정(政)」을 「바르고 착한 인덕(仁德)의 정치」로 풀어야 한다. 그래야 공자의 주장에 맞는다.

· 蒲盧也(포로야) : 주자는 「갈대」라고 풀었다. 「蒲(부들 포), 盧=蘆(갈대 로)」 갈대는 잘 자란다. 「포로(蒲盧)」를 심괄(沈括)은 포위(蒲葦)라고 했으며, 그의 설이 맞는다.

[集註 選譯] (1) 以人立政 猶以地種樹 其成速矣 而蒲葦 又易生之物 其成尤速也 言人存政擧 其易如此. : 「성군(聖君)이나 현인(賢人)이 나서서 인정(仁政)을 바로 세우는 것을 흡사 땅에 나무를 심고 재배하는 것과 같다」고 비유했다. <인덕의 정치의 효험은> 빠르게 이루어지며, 갈대도 역시 쉽게 자라난다. <인정(仁政)의 효험은> 특히 빠르게 이루어진다. 이 구절은 「성군이 있으면, 인(仁)의 정치가 높

이 이루어진다(人存政擧)」는 뜻을 말한 것이며, 그 쉬움이 <갈대와 같이> 쉽다는 뜻을 말한 것이다.

제20장 4절
故爲政在人 取人以身 修身以道 修道以仁.

고(로) 위정재인(하니) 취인이신(이오) 수신이도(요) 수도이인(이니라)

그러므로, 어진 정치를 펴는 것은 <어질고 현명한> 사람, 즉 신하에게 매여 있다. 신하를 취하는 일은 임금 자신이 하는 것이니, 임금은 자신을 도로써 수양해야 하며, 자기 수양은 인을 바탕으로 해야 한다.

▶ 어구 설명

- 爲政在人(위정재인) : 일반적으로는 「정치는 사람에게 달려 있다」의 뜻으로 풀이한다. 그러나 공자의 말뜻은 「어진 정치는 <현명하고 어진> 신하를 등용해 쓰는 데에 매여 있다」이다. 공자가어(孔子家語)에 「위정재어득인(爲政在於得人)」이라고 쓰여 있다.
- 取人以身(취인이신) : <현명하고 어진> 신하를 취하는 것은 임금 자신에게 달렸다.
- 修身以道(수신이도) : 몸을 닦음은 도(道)로써 한다.
- 修道以仁(수도이인) : 도를 닦는 것은 인(仁)으로써 한다. 즉 인을 바탕으로 도를 닦는다.

[集註 選譯] (1) 人謂賢臣 身指君身 道者天下之達道 仁者天地生物之心 而人得以生者 所謂元者善之長也. : 「인(人)」은 현명한 신하를 말한다. 「신(身)」은 임금 자신을 지칭한다. 「도(道)」는 「천하의 달도(達道)」이다. 인(仁)은 천지간에 만물을 낳고 키우고 발전되게 하는

마음이며, 아울러 사람도 <그것을> 얻음으로써 살고 삶을 누리는 <바탕이 되는> 것이다. 이른바 역경(易經) 건문언(乾文言)에 있는 「원은 선의 으뜸이다(元者善之長也)」라고 한 「원(元)」과 같은 것이다.

(2) 言人君爲政 在於得人 而取人之則 又在修身 能仁其身 則有君有臣 而政無不擧矣. : 이 구절은 모든 사람을 다스리는 임금이 인정(仁政)을 펴는 <바탕은 현명하고 어진> 신하를 얻음에 있다. 그리고 신하를 취하는 원칙적 기준은 또한 임금 자신의 수신에 있다. 임금 자신이 능히 인(仁)할 수 있으면, 곧 어진 임금 밑에 어진 신하가 있게 되고 따라서 어진 정치가 높이 나타나지 않음이 없을 것이다.

제20장 5절

仁者人也 親親爲大 義者宜也 尊賢爲大 親親之殺 尊賢之等 禮所生也.

인자(는) 인야(니) 친친(이) 위대(니라) 의자(는) 의야(니) 존현(이) 위대(니라) 친친지쇄(와) 존현지등(이) 예소생야(니라)

인(仁)은 인(人)이다. 육친과 일가 친족이 서로 친애하는 것을 가장 귀중하고 중대하게 여긴다. 의(義)는 마땅하고 옳게 함이다. <사회적 인간 관계에서는> 현인(賢人)을 존경하는 것을 가장 귀중하고 중대하게 여긴다. 육친 가족과 일가 친족을 사랑함에 있어, <상하 원근에 따라> 사랑에 차등과 감소가 있으며, 현인을 존경함에도 등급 차등이 있으나, 그로부터 예의와 예절이 나오는 것이다.

▶ 어구 설명

· 仁者人也(인자인야) : 인(仁)은 인(人)이다. 「인(仁)」은 인간만이 지니고 행하는 윤리의 핵심이다. 「인」은 서로 사랑하고 협동하여 함께 잘살

고 발전하는 덕성과 덕행을 통합한 말이다.
- 親親爲大(친친위대) : 가족과 친족이 서로 친애하는 것이 중대하다.
- 義者宜也(의자의야) : 의(義)는 마땅하고 옳게 함이다.
- 尊賢爲大(존현위대) : 현인(賢人)을 존경하는 것이 중대하다.
- 親親之殺(친친지쇄) : 가족과 친족 사랑에도 차등이 있다.
- 尊賢之等(존현지등) : 현인을 존경함에도 등급 차등이 있다.
- 禮所生也(예소생야) : 그로부터 예의와 예절이 나오는 것이다.

[集註 選譯] (1) 人指人身而言 具此生理 自然便有惻怛慈愛之意 深體味之可見. : 「인(人)」은 「사람의 몸」을 가리키는 말이다. <즉 현실로 육신을 갖추고 생활하고 활동하고, 일하고, 생업에 종사하고 있는 사람> 그와 같은 사람은 삶의 도리를 갖추고 있다. 그러므로 자연히 <모든 사람에게는> 「측은하게 여기고(惻), 슬퍼하고(怛), 자비를 베풀고(慈), 사랑으로 키우려는(愛)」 뜻이 있게 마련이다. <사람의 삶을> 깊이 체득하고 음미하면 <그와 같이 만물을 사랑하고 낳고 키우려는 인(仁)의 생리(生理)를> 보고 알 수 있다.

(2) 宜者分別事理 各有所宜也 禮則節文斯二者而已. : 「의(宜)」는 사물의 도리를 분별하고 저마다에 맞게 적절하고 올바르게 한다는 뜻이다. 「예」는 인(仁)과 의(義)를 서로 잘 조절하고 함께 어울리게 하는 것이다.

제20장 6절

故君子 不可以不修身 思修身 不可以不事親 思事親 不可以不知人 思知人 不可以不知天.

고(로) 군자(이) 불가이불수신(이니) 사수신(이면) 불가이불사친(이오) 사사친(이면) 불가이부지인(이오) 사지인(이면) 불가이부지천(이니라)

고로 <나라를 다스리는> 임금은 자신을 수양하지 않으면 안 된다. 자신을 수양하려고 생각하면, 불가불 어버이를 잘 섬기고 효도를 해야 한다. 어버이나 일가 친족을 잘 섬기고 받들려면, 불가불 사람, 즉 신하를 잘 알고 현명한 사람을 가려 써야 한다. 사람을 바르게 알려고 생각하면, 불가불 하늘을 잘 알아야 한다.

▶ 어구 설명

- 思修身 不可以不事親(사수신 불가이불사친) : 자신을 수양하려면 어버이를 잘 섬기고 효도를 해야 한다. 친(親)은 부모 형제 처자 같은 가족이다. 더 나아가서는 일가 친척을 포함한다. 단 「친소원근(親疎遠近)」에 따른 「경중후박(輕重厚薄)」의 차이가 있게 마련이다.
- 思事親 不可以不知人(사사친 불가이부지인) : 어버이나 일가 친족을 잘 섬기고 받들려면 사람을 잘 알아야 한다.
- 思知人 不可以不知天(사지인 불가이부지천) : 사람을 알려면 하늘을 잘 알아야 한다. 주자는 「천(天)=이(理)」라고 했다. 그러므로 「천(天)」을 잘 안다고 함은 곧 천명(天命)으로 주어진 성리(性理)=천리(天理)를 바르게 알고 행한다는 뜻이다. 지(知)는 앎와 행(行)을 겸한다.

[集註 選譯] (1) 爲政在人 取人以身 故不可以不修身 修身以道 修道以仁. : 인정(仁政)을 펴는 바탕은 임금의 인덕(仁德)에 매여 있으며, 착하고 현명한 신하를 취하고 등용해 쓰는 것은 임금 자신의 인덕을 바탕으로 한다. 그러므로 임금은 자신을 수양하지 않으면 안 된다. 임금의 자기 수양은 도를 바탕으로 해야 한다. 도를 닦음은 인(仁)을 바탕으로 해야 한다.

(2) 故思修身 不可以不事親 欲盡親親之仁 必由尊賢之義 故又當知人. : 고로 임금이 자신의 몸을 닦으려고 생각하면, 불가불 어버이를 잘 섬기고 효도를 해야 한다. 임금이 「친친(親親)의 인(仁)」을 다하려고 바라면, 반드시 현인(賢人)을 존경하고 등용하는 의(義)를 거

쳐야 한다. 고로 <임금은> 신하의 사람됨을 잘 알아야 한다.

(3) 親親之殺 尊賢之等 皆天理也 故又當知天. : 직계 가족이나 일가 친척을 친애함에 있어 친소원근(親疎遠近)에 따른 경중후박(輕重厚薄)의 차등이 있고, 현명한 사람을 존경하고 높이는 데도 등급이 있음은 다 하늘의 도리를 따른 것이다. 고로 마땅히 하늘과 하늘의 도리를 바르게 알아야 한다.

【참고 보충】「주자(朱子)의 인(仁) 해석」

인(仁)에 대해서 주자가 내린 특수한 해석을 몇 가지 들겠다.

애지리(愛之理) : 인(仁)은 곧 「천명에 의해서 주어진 본성 속에 있는 만물을 사랑하고 생육하는 도리」이다. 이는 「인(仁)의 체(體)이고, 미발(未發)의 성(性)」이다.

심지덕(心之德) : 마음은 성(性)과 정(情)을 통합하고 있다. 사랑의 성리(性理)가 사물에 감동되어 나타난 것이 사랑의 정(愛情=仁情)이다. 「사랑의 정」은 「인(仁)의 용(用)이며, 이발(已發)한 정(情)」이다. 마음이 형이상의 도리를 형이하의 덕행으로 나타나게 한다. 그러므로 「나타난 인(仁)」을 「심지덕(心之德)」이라고 한 것이다.

「인(仁)은 천지 만물과 하나됨이다.(仁者以天地萬物爲一體)」 : 즉 사람인 내가 공간(宇)과 시간(宙)을 통합한 우주적 차원에서 만물을 사랑하고 생육하는 도리이고 덕행이다.

「인(仁)은 천지 만물의 생기(生氣)」 : 「인은 천지 만물을 살고 자라게 하는 기운이다」. 물론 생기의 바탕은 하늘의 기운이다. 그러나 만물을 주관하는 사람이 하늘의 생기를 바탕으로 하고 만물을 더욱 생육(生育)하고 문화적으로 더욱 번식하고 발전하게 해주어야 한다. 그러므로 「인(仁)」을 「만물의 생기」라고 했다.

【참고 보충】「인도민정(人道敏政)」

이 말은 공자가 애공(哀公)에게 한 말이다. 「인도(人道)」는 곧 인애(仁愛)를 베푸는 인정(仁政)과 덕치의 도리이다. 곧 백성을 사랑하고 잘살게 해주는 바르고 착한 정치가 곧 인정(仁政)이고 덕치이다.

「인(仁)은 인(人)」이다. 「민(敏)은 예민하고 빠르게 나타난다」는 뜻이다. 공자는 논어에서 말했다. 「정(政)은 정(正)이다.」 「정(正)」은 「하나(一)에 가서 멈춘다(止)」는 뜻이다. 「하나(一)」는 곧 절대선인 「천도 천리(天道天理)」다.

이는 곧 「대학의 삼강령(三綱領)」 ①명명덕(明明德), ②친민(親民)=신민(新民), ③지어지선(止於至善)과 같은 경지이다.

모든 사람은 「명덕(明德)」이 있다. 고로 「인애(仁愛)의 덕치」가 민감하게 나타난다. 이를 「인도민어정(人道敏於政)」이라 한 것이다.

제20장 7절

天下之達道五 所以行之者三 曰君臣也 父子也 夫婦也 昆弟也 朋友之交也 五者 天下之達道也 知仁勇 三者 天下之達德也 所以行之者 一也.

천하지달도(이) 오(에) 소이행지자(는) 삼(이니) 왈 군신야 부자야 부부야 곤제야 붕우지교야(요) 오자(는) 천하지달도야(요) 지인용 삼자(는) 천하지달덕야(이니) 소이행지자(는) 일야(니라)

천하가 도에 도달하는 바탕은 다섯이다. 그것을 행하는 바탕은 셋이다. 말하자면 「임금과 신하, 아버지와 자식, 남편과 아내, 형과 동생, 붕우가 어울리는 다섯 가지 <윤리가>」 곧 천하가 도에 도달하는 바탕이다. 「지(知), 인(仁), 용(勇)」 셋이 천하가 덕을 달성하는 바탕이다. 그러나 「삼달덕(三達德)」을 행하는 바탕은 하나이다.

▶ 어구 설명

· 天下之達道五(천하지달도오) : <직역> 「천하가 도에 도달하는 바탕은 다섯이다.」 <의역> 「천하 모든 사람이 고금동서(古今東西)를 막론하고 천도(天道)를 달성하는 바탕이 다섯 가지 윤리다.」
· 所以行之者三(소이행지자삼) : 그것을 행하는 바탕은 셋이다. 즉 「지인용(知仁勇)」 셋을 바탕으로 해야 덕을 달성할 수 있다.
· 君臣也(군신야) : 임금과 신하가 서로 예양(禮讓)해야 한다.
· 父子也(부자야) : 아버지와 자식이 친친(親親)해야 한다.
· 夫婦也(부부야) : 남편과 아내가 내외를 분별해야 한다.
· 昆弟也(곤제야) : 형과 동생이 서로 공경 우애해야 한다.
· 朋友之交也(붕우지교야) : 붕우가 서로 신의를 지켜야 한다.
· 五者天下之達道也(오자천하지달도야) : 이와 같은 오륜(五倫)이 「천하지달도」이다. <즉 천하 만민이 도에 통달하는 바탕이다.>
· 知仁勇三者 天下之達德也(지인용삼자 천하지달덕야) : 「지(知), 인(仁), 용(勇)」 셋이 천하 만민이 덕을 달성하는 바탕이다.
· 所以行之者 一也(소이행지자 일야) : 「지인용 삼달덕」을 행하는 바탕은 하나이다. <즉 성리(性理)를 따르고 행함이다.>

[集註 選譯] (1) 達道者 天下古今所共由之路 卽書所謂五典 孟子所謂父子有親 君臣有義 夫婦有別 長幼有序 朋友有信 是也. : 통달하는 도리라고 하는 것은 천하 어디에서나 또 고금을 통해서 모든 사람에게 통달하는 길이라는 뜻이다. 즉 서경 요전편(堯典篇)에서 말하는 바, 오전(五典)이고 또 맹자가 말하는 바, <오상(五常)으로> 곧 아버지와 자식은 서로 친애해야 한다. 임금과 신하는 서로 의를 지켜야 한다. 부부 사이에는 분별이 있어야 한다. 연장자와 어린 사람은 서로 위계 질서를 지켜야 한다. 붕우는 서로 신의를 지켜야 한다. <이상의

다섯이> 바로 「오달도」다.

(2) 知所以知此也 仁所以禮此也 勇所以强此也 謂之達德者 天下古今所同得之理也 一則誠而已矣. : 지(知)는 「오달도」를 알고 행하는 바탕이다. 인(仁)은 「오달도」를 체득하고 몸으로 행하는 바탕이다. 용(勇)은 「오달도」를 힘차게 실행하는 바탕이다. 그 셋을 달덕(達德)이라고 말한 것은 천하 어디서나 고금을 통해 모든 사람들이 <경험을 통해서 얻은> 덕행의 이치이기 때문에 <달덕(達德)이라고 한 것이다.> 「일(一)이란 곧 성(誠)일 뿐이다」의 뜻이다.

(3) 達道 雖人所共由 然 無是三德 則無以行之 達德 雖人所同得 然 一有不誠 則人欲間之 而德非其德矣. : 달도(達道)는 비록 모든 사람이 따르고 행해야 할 도리이지만, 그러나 「삼달덕」이 없으면, 즉 행할 수가 없다. 「삼달덕」도 비록 모든 사람이 <도를 행하고> 다 같이 얻을 수 있는 덕이지만 만약에 조금이라도 성실하지 못하면 곧 사사로운 욕심이 사이에 끼어들기 때문에 덕이 진정한 덕이 되지 못하는 것이다.

(4) 程子曰 所謂誠者 止是誠實此三者 三者之外 更別無誠. : 정자가 말했다. 이른바 「성(誠)」은 오직 「지·인·용」 셋을 성실하게 행하라는 뜻이다. 세 가지 덕행 외로 또 다른 성(誠)이란 덕행이 있는 것이 아니다.

【참고 보충】「오달도(五達道) · 삼달덕(三達德)」

「천하의 달도(達道)」를 오늘의 말로 하면 「동서고금을 막론하고 세계 모든 사람이 따르고 행해야 할 도리」로 이는 곧 「윤리 도덕의 도리다.」

그 핵심은 맹자가 말하는 오상(五常)이다. 「부자유친(父子有親), 군신유의(君臣有義), 부부유별(夫婦有別), 장유유서(長幼有序), 붕우유신(朋友有信)」의 다섯 가지 윤리의 기본 도리다.

이러한 도리는 절대선인 천도(天道)와 인간의 선본성(善本性)을 바탕으로 한다. 이와 같은 가르침이나 전통은 서양에는 없다.

도(道)를 따르고 실천해서 얻는 좋은 성과, 열매가 덕(德)이다. 덕은 득(得)에 통한다.

그러므로「오달도(五達道)」를 행하고 실천해서 좋은 성과를 거두는 덕행을「삼달덕(三達德)」이라 한다.

「도를 바르게 아는 지(知), 사랑을 체휼(體恤)하고 몸소 행하는 인(仁), 인욕(人欲)을 물리치고 천리(天理)만을 따르고 행하려는 용(勇)」을 일관해서 실천해야 한다. 그것을 성(誠)이라 한다.「삼달덕」을 바탕으로「오달도」를 일관되게 실천해야 한다.

제20장 8절

或生而知之 或學而知之 或困而知之 及其知之一也 或安而行之 或利而行之 或勉强而行之 及其成功一也.

혹생이지지(하며) 혹학이지지(하며) 혹곤이지지(하나) 급기지지(에는) 일야(라) 혹안이행지(하며) 혹리이행지(하며) 혹면강이행지(하나) 급기성공(에는) 일야(이니라)

혹은 태어나면서 도를 잘 아는 사람도 있고, 혹은 배워서 도를 아는 사람도 있고, 혹은 막힌 다음에 애를 써서 도를 알게 된 사람도 있다. 그러나 도를 알게 된 점에서는 동일하다. 혹 어떤 사람은 도를 힘들이지 않고 안락하게 행하기도 하고, 혹 어떤 사람은 좋고 이롭다는 생각으로 도를 행하기도 하고, 혹 어떤 사람은 힘들여 노력하여 도를 행하기도 한다. 그러나 도를 행하게 된 점에서는 동일하다.

▶ **어구 설명**

· 及其知之一也(급기지지일야) : 도를 알게 된 점에서는 동일하다.
· 及其成功一也(급기성공일야) : 도를 행한 점에서는 동일하다.

[集註 選譯] (1) 知之者之所知 行之者之所行 謂達道也. : 「지지(知之)」라고 한 말의 「아는 바」나, 「행지(行之)」라고 한 말의 「행한 바」는 다 「달도(達道)」를 일컬음이다.

(2) 以其分而言 則所以知者知也 所以行者仁也 所以至於知之 成功而一者 勇也. : 나누어 말하면 알게 하는 바탕이 「지(知)」이다. 행하게 하는 바탕이 곧 「인(仁)」이다. 지(知)를 <행해서> 공이 되고, 또 <지와 행을> 하나되는 경지에 이르게 하는 바탕이 곧 「용(勇)」이다.

(3) 以其等而言 則生知安行者知也 學知利行者仁也 困知勉行者勇也. : 등급별로 말하면 「생지(生知)」「안행(安行)」의 경지는 지(知)에 해당하고, 「학지(學知)」「이행(利行)」은 인(仁)에 해당하고, 「곤지(困知)」「면행(勉行)」은 용(勇)에 해당한다.

(4) 蓋人性雖無不善 而氣稟有不同者 故聞道有蚤莫 行道有難易 然能自强不息 則其至一也. : 무릇 사람의 본성은 착하지 않음이 없고 <다 같이 착하다.> 그러나 타고난 기질이 같지 않고 <서로 다르다.> 고로 도를 듣고 터득하는 데 빠른 사람과 늦은 사람의 차이가 있고, 또 도를 행함에 어렵게 하는 사람과 쉽게 하는 사람의 차이가 있게 마련이다. 그러나 스스로 힘들여 노력하고 쉬지 않으면, 그 이름이 동일하게 된다. <즉 누구나 다 같이 공을 이루게 된다.>

(5) 呂氏曰 所入之塗雖異 而所至之域則同 此所以爲中庸 若乃企生知安行之資 爲不可幾及 輕困知勉行 謂不能有成 此道之所以不明不行也. : 여대림(呂大臨 : 1040~1092년)이 말했다. 들어가는 길은

비록 다르지만 이르는 곳은 동일하다. 그러므로 중용이라고 하는 것이다. 만약에 그대가 「<가장 높은 경지의> 「생지(生知)」 「안행(安行)」의 자질 <갖추기를 바라고 자기는> 가까이 갈 수 없다고 생각하고, 또 「곤지(困知)」 「면행(勉行)」을 가볍게 여기고 <자기는> 공을 이룰 수 없다고 생각하면 <바로> 그것이 <도를> 밝히지 못하고 행하지 못하는 원인이 되는 것이다.

【참고 보충】「생지(生知)·학지(學知)·곤지(困知)」

「인륜의 도」를 인식하고 실천하는 단계를 크게 셋으로 분류할 수 있다. 최고의 경지는 성인(聖人)의 경지다. 천성이 총명한 그들은 「나면서 알고 행한다(生而知之)」라고 한다.

다음이 군자(君子)의 단계다. 그들은 부지런히 배우고 성실하게 행동함으로써 도를 알고 행하게 된다. 그래서 「학이지지(學而知之)」라고 한다.

그 다음이 일반 사람들 중에서도 착한 사람들이다. 그들은 실생활에서 여러 가지 경우에 막히고 곤란을 겪은 다음에 경험적으로 도를 터득하고 도를 행해야 한다고 알고 행한다. 그래서 「곤이지지(困而知之)」라고 한다.

이 세 가지에 들지 못하고 끝내 「인륜의 도」를 모르고 행하지 못하는 사람은 동물 이하다.

【참고 보충】「안행(安行)·이행(利行)·면행(勉行)」

「인륜의 도」를 행하는 태도 역시 크게 셋으로 등급을 매길 수 있다. 최고의 경지는 「안이행지(安而行之)」다. 「생지(生知)」하는 성인들은 도를 행함에 있어서도, 힘들이지 않고 편안하고 즐거운 마음으로 행한다.

그 다음이 「학지(學知)」하는 군자의 경우다. 그들은 도를 행함이 좋고 당연하니깐 성실하게 따르고 행한다. 이때의 「이(利)」는 「세속적·물질적 이」가 아니다. 「원형이정(元亨利貞)」의 「이(利)」다.

그 다음의 경지는 「곤지(困知)」하는 사람들의 경우다. 그들은 힘들여 노력하고 도를 행한다. 이를 「면강이행(勉强而行)」이라고 한다.

제20장 9절
(子曰) 好學近乎知 力行近乎仁 知恥近乎勇.

(자왈) 호학(은) 근호지(하고) 역행(은) 근호인(하고) 지치(는) 근호용(이니라)

배우기를 좋아하면 지(知)에 가까워진다. 힘써 행하면 인(仁)에 가까워진다. 부끄러움을 알고 가리면 용(勇)에 가까워진다.

▶ 어구 설명

·(子曰) : 이 두 글자는 연문(衍文)이다.
·好學近乎知(호학근호지) : 호학(好學)은 지(知)에 가깝다.
·力行近乎仁(역행근호인) : 역행(力行)은 인(仁)에 가깝다.
·知恥近乎勇(지치근호용) : 지치(知恥)는 용(勇)에 가깝다.

[集註 選譯] (1) 此言未及乎達德 而求以入德之事. : 이는 아직 달덕(達德)에 이르지 못했으나 그래도 덕에 들어가기를 구함을 말한 것이다.

(2) 通上文三知爲知 三行爲仁 則此三近者 勇之次也. : 앞의 글을 통해 보면 「생지(生知), 학지(學知), 곤지(困知)」의 세 가지는 「지(知)」에 속하고, 「안행(安行), 이행(利行), 면행(勉行)」 세 가지는 「인(仁)」에 속한다. <이와 같은 식으로 통해 본다면> 즉 「호학(好學), 역행(力行), 지치(知恥)」의 삼근(三近)은 용에 속하는 것이다.

(3) 呂氏曰 愚者自是而不求 自私者 徇人欲而忘返 懦者甘爲人下而不辭. : 여씨가 말했다. 우매한 사람은 자신을 옳다고 여기고, <도를> 구하지 않는다. 자신의 사욕만을 채우려는 사람은 욕심만을 따르고 도(道)에 돌아갈 줄 모른다. 나약한 사람은 <도덕적으로> 남보다 못한 것을 감수하고 <밑에 있기를> 마다하지 않는다.

(4) 故好學非知 然足以破愚 力行非仁 然足以忘私 知恥非勇 然足以起懦. : 고로 「호학(好學)」이 그대로 지극한 「지(知)」는 아니지만 그러나 <호학하면> 우매함을 타파할 수는 있다. 「역행(力行)」이 그대로 지극한 인(仁)은 아니지만 그러나 <역행하면> 사욕에 빠지는 것을 잊게 할 수 있다. <도덕적으로 남보다 못한 것을> 창피하게 여기는 지치(知恥)가 그대로 지극한 용(勇)은 아니지만, 그러나 지치하면 나약함을 떨치고 일어나게 할 수 있다.

제20장 10절

知斯三者 則知所以修身 知所以修身 則知所以治人 知所以治人 則知所以治天下國家矣.

지사삼자(면) 즉지소이수신(이오) 지소이수신(이면) 즉지소이치인(이오) 지소이치인(이면) 즉지소이치천하국가의(니라)

이 세 가지를 알고 행하면 곧 수신하는 바탕을 알게 되고, 수신하는 바탕을 알고 행하면 곧 남을 다스리는 도리나 방법을 알게 되고, 또 남을 다스리는 바탕을 알고 행하면, 곧 천하나 국가를 다스릴 도리나 방법도 알게 된다.

▶ 어구 설명

・知斯三者(지사삼자) : 이 세 가지를 잘 알고 행하면. 즉 「호학 근호지

(好學近乎知)」「역행 근호인(力行近乎仁)」「지치 근호용(知恥近乎勇)」의 도리를 잘 알고 실천하면.

- 則知所以修身(즉지소이수신) : 수신하는 바탕을 알게 된다.
- 知所以修身(지소이수신) : 수신하는 바탕을 잘 알고 행하면.
- 則知所以治人(즉지소이치인) : 남을 다스리는 도리나 방법을 알게 된다.
- 知所以治人(지소이치인) : 남을 다스리는 바탕을 잘 알면.
- 則知所以治天下國家矣(즉지소이치천하국가의) : 즉 천하나 국가를 다스릴 도리나 방법도 알게 된다.

[集註 選譯] (1) 斯三者 指三近而言 人者對己之稱 天下國家 則盡乎人矣. : 이 삼자(三者)」는 삼근(三近), 즉 「호학 근호지(好學近乎知)」, 「역행 근호인(力行近乎仁)」, 「지치 근호용(知恥近乎勇)」을 가리킨 말이다. 「인(人)」은 자기의 대칭으로 즉 남, 다른 사람이다. 「천하 국가」라는 말은 「모든 사람을 다 포괄한다」는 뜻이다.

(2) 言此以結上文修身之意 其下文九經之端也. : 이렇게 말하고 앞에 있는 「수신」에 관한 뜻을 결론 지은 것이다. 다음의 글은 구경(九經)의 단서이다.

【참고 보충】「호학(好學)·역행(力行)·지치(知恥)」

「호학(好學)」은 배우기를 좋아함이다. 「배울 학(學)」은 「깨달을 각(覺)」과 「본받을 효(效)」와 뜻이 통한다. 즉 천도(天道)를 깨닫고 천도를 본받고 따르고 행한다는 뜻이다.

「역행(力行)」은 힘을 기울여 행한다는 뜻이다. 동물적 이기심을 극복하고 어디까지나 도를 따르고 행한다는 뜻이다. 도의 핵심은 「오상(五常)」이다.

「지치(知恥)」는 내가 남보다 도덕적으로 높지 못한 것을 창피하게 여긴다는 뜻이다. 남들은 성인 군자가 되는데, 자신은 동물적 존재에 머물고 있음을 창피하게 여긴다는 뜻이다.

「지인용(知仁勇) 삼달덕(三達德)」은 인류 세계를 하나의 도덕 세계로 만드는 핵심적 덕목 덕행이다.

<* 주자는 「천(天)=이(理)」 「천도(天道)=천리(天理)」라고 하여 한층 「도리화(道理化)」 했다. 그러므로 「하늘을 안다(知天)」고 함은 「천도 천리를 바르게 알고 행한다」, 즉 「윤리 도덕을 실천한다」는 뜻이 된다.>

제20장 11절

凡爲天下國家 有九經 曰 修身也 尊賢也 親親也 敬大臣也 體群臣也 子庶民也 來百工也 柔遠人也 懷諸侯也.

범위천하국가 유구경(하니) 왈 수신야(와) 존현야(와) 친친야(와) 경대신야(와) 체군신야(와) 자서민야(와) 내백공야(와) 유원인야(와) 회제후야(니라)

무릇 천하와 국가를 다스림에 있어 천자나 임금이 지키고 행해야 할 「구경(九經)」이 있다. 다음과 같다. 임금 자신이 몸을 닦고 수양해야 한다. 현명한 사람을 스승으로 모시고, 벗으로 사귀어야 한다. 임금이 부모형제 및 일가 친족을 친애해야 한다. 높은 신하를 존경해야 한다. 모든 신하들의 처지와 어려움을 몸소 살피고 걱정을 하고, 또 구휼해야 한다. 서민 백성들을 자식처럼 사랑해야 한다. 모든 생산의 기술자들이 자진해서 모여들게 해야 한다. 먼 곳에서 온 여행객이나 이방인들을 부드럽게 돌봐주어야 한다. 각 지방을 다스리는 제후들을 덕으로써 품어야 한다.

▶ 어구 설명

· 爲天下國家(위천하국가) : 천하와 국가를 다스림에 있어.
· 有九經(유구경) : 「아홉 개의 기본 도리」가 있다. 「경(經)」은 항상 지키고 행할 기본 도리나 원칙.
· 子庶民也(자서민야) : 서민 백성을 자식처럼 사랑해야 한다. 「자(子)」는 흡사 부모가 자식을 사랑하듯, 임금이 백성을 자애(慈愛)한다는 뜻이다.
· 來百工也(내백공야) : 모든 기술자나 수공업자들이 자진해서 모여들게 해야 한다. 즉 편의를 제공하고 부렴(賦斂)을 가볍게 해야 한다.
· 柔遠人也(유원인야) : 먼 곳 사람들도 부드럽게 돌봐주어야 한다.
· 懷諸侯也(회제후야) : 지방을 다스리는 제후들을 인덕으로 품어야 한다.

[集註 選譯] (1) 呂氏曰 天下國家之本在身 故修身爲九經之本 然必親師取友 然後修身之道進 故尊賢次之. : 여대림(呂大臨)이 말했다. 천하 국가를 다스리는 근본은 임금 자신에게 있다. 고로 수신이 구경(九經)의 근본이 된다. 그러나 <임금이> 반드시 현명한 스승을 존경하고 친히 배우고, 또 현명한 벗을 취하고 사귀어야 한다. 그렇게 해야 수신해 나가는 길에 더욱 발전이 있게 된다. 그래서 존현(尊賢)을 다음에 내세운 것이다.

(2) 道之所進 莫先其家 故親親次之 由家以及朝廷 故敬大臣 體君臣次之. : 도를 발전해 나감에는 제가(齊家)보다 더 앞서는 것이 없다. 고로 친친(親親)이 다음에 온다. <임금의 덕이> 집에서 조정으로 미쳐야 한다. 고로 높은 신하를 공경하고 여러 신하들을 몸소 살피고 구휼하는 것이 다음에 온다.

(3) 由朝廷以及其國 故子庶民 來百工次之 由其國以及天下 故柔遠人 懷諸侯次之 此九經之序也. : <임금의 덕이> 조정에서 나라 전체에 미쳐야 한다. 고로 「자서민(子庶民)」과 「내백공(來百工)」이 다음에

온다. <임금의 덕이> 자기 나라에서 천하에 미쳐야 한다. 고로 「유원인(柔遠人)」과 「회제후(懷諸侯)」가 다음에 온다. 이상이 구경(九經)의 순서다.

(4) 視羣臣 猶吾四體 視百姓 猶吾子 此視臣視民之別也. : 모든 신하를 자기 몸같이 돌본다. 백성 돌보기를 자식과 같이 한다. 이것이 신하를 보는 것과 백성을 보는 것의 차이다.

【참고 보충】「구경(九經)」

「구경(九經)」은 천자(天子)가 천하를 다스릴 때에 지키고 행할 만고불변의 도리이자 원칙이다. 다음과 같다.

① 수신(修身) : 국가를 다스리는 임금이 먼저 자신을 수양해야 한다.

② 존현(尊賢) : 임금이 도를 닦고 인덕을 높이기 위해서는 현명한 스승을 모시고 학문을 배우고, 또 현명한 벗과 사귀고 면려(勉勵)해야 한다.

③ 친친(親親) : 임금은 먼저 일가를 사랑으로 품고 제가(齊家)해야 한다.

④ 경대신(敬大臣) : 임금은 고관대작이나 국가의 원로들을 공경하고 예양(禮讓)해야 한다.

⑤ 체군신(體群臣) : 각계 각층의 많은 신하들을 잘 돌봐주어야 한다. 임금은 신하를 체휼(體恤)하고, 또 구휼(救恤)해 주어야 한다.

⑥ 자서민(子庶民) : 만백성을 자식처럼 자애(慈愛)하고 양육해야 한다.

⑦ 내백공(來百工) : 농업 생산이나 공예에 종사하는 모든 직업인이나 기능공에게 덕을 베풀고 부렴(賦斂)을 덜어 주어야 한다. 그래야 많은 고급 인력이 자진해서 모여들고 나라의 생산성이 높아진다.

⑧ 유원인(柔遠人) : 먼 곳에서 온 사람들을 부드럽고 따뜻하게 맞이하고 대접해 주어야 한다. <* 사방의 미개인이나 야만인을 말하는 것이 아니다.>

⑨ 회제후(懷諸侯) : 각 지방 국가를 다스리는 제후를 덕으로 품어야 평화와 친선이 유지되고 상호 발전할 수 있다.

<* 기본 도리는 대학의 삼강령(三綱領)이나 팔조목(八條目)과 같다.>

제20장 12절

修身則道立　尊賢則不惑　親親則諸父昆弟不怨 敬大臣則不眩 體群臣則士之報禮重 子庶民則百姓勸 來百工則財用足 柔遠人則四方歸之 懷諸侯則天下畏之.

수신즉도립(하고) 존현즉불혹(하고) 친친즉제부곤제불원(하고) 경대신즉불현(하고) 체군신즉사지보례중(하고) 자서민즉백성권(하고) 내백공즉재용족(하고) 유원인즉사방귀지(하고) 회제후즉천하외지(니라)

임금이 수신하면 도가 서고, 현명한 스승이나 벗을 높이면 미혹(迷惑)하지 않으며, 일가 친족을 고르게 친애하면 백부나 숙부 및 자기 형제들 일가 모든 사람이 원망하지 않게 된다. 임금이 <나라의 중진인> 원로 대신들을 공경하면, 정사가 흐리지 않고 밝게 되며, 임금이 몸소 신하들의 처지와 심정을 살피고 구휼하면, 모든 선비들이 예를 갖추고 정중히 보답하게 될 것이다. 임금이 백성들을 자식처럼 자애(慈愛)하면 백성들이 서로 권면(勸勉)하게 될 것이다. 모든 생산 기술자나 수공업자들이 자진해서 모여들면, 나라의 재물이 풍족해지고, 또 기물도구가 풍족하게 될 것이다. 먼 곳에서 온 여행객을 온유(溫柔)하게 대접하면, 사방으로부터 상려(商旅)나 귀빈들이 몰려올 것이다. 모든 나라의 제후들을 덕으로 품으면, 천하 만민들이 경외하고 귀순할 것이다.

▶ 어구 설명

- 修身則道立(수신즉도립) : 임금이 수신하면 도가 바르게 선다.
- 尊賢則不惑(존현즉불혹) : 임금이 현인을 높여야 미혹(迷惑)하지 않는다.
- 親親則諸父昆弟不怨(친친즉제부곤제불원) : 임금이 일가 친척을 친애해야, 백부나 숙부 및 자기 형제들 모든 사람이 원망하지 않게 된다.
- 敬大臣則不眩(경대신즉불현) : 임금이 원로 대신들을 공경하면, 정사가 흐리지 않고 밝게 된다.
- 體群臣則士之報禮重(체군신즉사지보례중) : 임금이 몸소 신하들의 처지와 심정을 살피고 구휼하면 모든 선비들이 예를 갖추고 정중히 보답하게 된다.
- 子庶民則百姓勸(자서민즉백성권) : 임금이 백성들을 자식처럼 자애(慈愛)하면 백성들이 서로 권면하게 될 것이다.
- 來百工則財用足(내백공즉재용족) : 모든 기술자나 수공업자들이 자진해서 모여들면 나라의 재물이 풍족해지고, 또 기물 도구가 풍족하게 될 것이다.
- 柔遠人則四方歸之(유원인즉사방귀지) : 먼 곳에서 온 사람들을 온유(溫柔)하게 대하면 사방으로부터 상려(商旅)나 귀빈들이 몰려올 것이다.
- 懷諸侯則天下畏之(회제후즉천하외지) : 모든 나라의 제후들을 덕으로 품으면, 천하 만민이 경외하고 귀순할 것이다.

[集註 選譯] (1) 道立謂道成於己 而可爲民表 所謂皇建其有極是也 不惑謂不疑於理 不眩謂不迷於事 敬大臣 則信任專 而小臣不得以間之 故臨事而不眩也. : 「도가 선다」는 말은, 자기에게 도가 바르게 서고, 만민의 의표(儀表)가 된다는 뜻이다. <서경 홍범(洪範)에서>

말한바 「임금이 극(極)을 세웠다」고 한 것과 같다. 「불혹(不惑)」은 도리에 의혹(疑惑)하거나 미혹(迷惑)하지 않는다는 뜻이다. 「불현(不眩)」은 일을 처리함에 헷갈리거나 헤매지 않는다는 뜻이다. 나라의 원로 대신들을 공경하고 <그들에 대한> 신임을 한결같이 하면 아래 신하들이 중간에 끼어들지 못하고, 따라서 일처리에 있어 현혹하는 일이 없게 된다.

(2) 來百工 則通功易事 農末相資 故財用足 柔遠人 則天下之旅 皆悅而願出於其塗 故四方歸 懷諸侯 則德之所施者博 而威之所制者廣矣 故曰天下畏之. : 모든 기술자가 오면 각자의 기술이나 공적을 서로 통하고, 또 생산품을 교역하고 아울러 농업과 상업이 서로 돕게 된다. 고로 재용이 풍족하게 된다. 먼 곳에서 온 사람을 부드럽고 따뜻하게 맞이하고 대하면 천하의 모든 나그네나, 상려(商旅)들이 모두 즐거운 마음으로 그 나라 여행길에 나서기를 원할 것이며, 따라서 사방의 사람들이 그 나라로 귀순하게 될 것이다. <천하를 다스릴 임금이> 인덕(仁德)으로써 제후들을 품으면, 곧 덕이 미치는 바가 넓게 되며, 위세로써 제압하는 바도 넓게 된다. 고로 천하 모든 나라가 경외한다고 말한 것이다.

제20장 13절

(1) 齊明盛服 非禮不動 所以修身也 去讒遠色 賤貨而貴德 所以勸賢也 尊其位 重其祿 同其好惡 所以勸親親也.

제명성복(하야) 비례부동(은) 소이수신야(요) 거참원색(하며) 천화이귀덕(은) 소이권현야(요) 존기위(하며) 중기록(하며) 동기호오(는) 소이권친친

야(니라)

임금이 마음속을 한결같이 맑게 지니고, 외모를 빛나고 엄숙하게 차리고, 예가 아니면 움직이지 않으니, <그렇게 하는 것이> 수신의 바탕이다. 임금이 참언(讒言)하는 간신(奸臣)을 물리치고, 여색(女色)을 멀리하고, 재물보화(財物寶貨)를 천시하고, 인애덕치(仁愛德治)를 귀중하게 여기니, <그렇게 하는 것이> 바로 「권현(勸賢)」의 바탕이다. 임금이 국가의 <왕 일가 어른들의> 신분 지위를 높이고, 그들의 녹봉(祿俸)을 후하게 주고, 그들과 호오(好惡)를 같이함이 바로 「친친(親親)」을 권면(勸勉)하는 바탕이다.

▶ **어구 설명**

· 齊明盛服(제명성복) : 「임금이 항상 겉으로 빛나게 차려입고 존엄함을 내보인다」라고 푼다. 그러나 「마음속을 한결같이 맑게 지니고, 외모를 눈이 부시면서 엄숙하게 차리고 가꾼다」는 뜻으로 풀이함이 좋다.
· 去讒遠色(거참원색) : 참(讒)하는 간신을 물리치고 여색(女色)을 멀리한다.
· 賤貨而貴德(천화이귀덕) : 재화(財貨)를 천시하고 덕을 귀하게 여긴다.
· 所以勸賢也(소이권현야) : 「권현(勸賢)」의 바탕이다.
· 尊其位(존기위) : 임금이 왕실 일가의 어른들의 신분과 지위를 존귀하게 높이고.
· 重其祿(중기록) : 그들에게 국록(國祿)을 후하게 주고.
· 同其好惡(동기호오) : <여러 어른들과> 호오(好惡)를 같이한다.
· 所以勸親親也(소이권친친야) : 「친친(親親)」을 권면하는 바탕이다.

(2) 官盛任使 所以勸大臣也 忠信重祿 所以勸士也.

관성임사(는) 소이권대신야(요) 충신중록(은) 소이권사야(라)

<대신 밑에 각종의 우수한> 관속(官屬)을 많이 두고, <대신으로 하여금 임의로> 부려쓰게 하는 것이, 곧 대신을 권면하는 바탕이다. <임금이 신하를> 성심으로 신임하고, 봉록(俸祿)을 후하게 주는 것이, 곧 선비를 권면하는 바탕이다.

▶ **어구 설명**

· 官盛任使(관성임사) : 관속(官屬)을 두고 부려쓰게 하는 것이.
· 所以勸大臣也(소이권대신야) : 대신을 권면하는 바탕이다.
· 忠信重祿(충신중록) : 임금이 성실하게 믿고 녹(祿)을 후하게 하는 것이.
· 所以勸士也(소이권사야) : 선비를 권면하는 바탕이다.

(3) 時使薄斂 所以勸百姓也 日省月試 旣稟稱事 所以勸百工也.

시사박렴(은) 소이권백성야(요) 일성월시(하야) 희름칭사(는) 소이권백공야(니라)

<백성들을 부려쓰되> 때를 가려서 부려쓰고, <백성들로부터 세금을 거두어들이되> 가볍게 거두어들이는 것이, 백성을 권면하는 바탕이다. <즉 백성들의 생산을 높이고, 잘살게 하는 바탕이다.> <모든 직능공의 작업량이나 실적을> 날마다 살피고 달마다 헤아려서, 실적이나 성과를 헤아려 평가하고, 녹봉(祿俸)이나 급여(給與)를 일의 성적에 맞게 하는 것이, 모든 기능공을 권면하는 바탕이다.

▶ **어구 설명**

· 時使薄斂(시사박렴) : 때 맞춰 부리고 가볍게 거두는 것이.
· 所以勸百姓也(소이권백성야) : 백성을 권면하는 바탕이다.
· 日省月試(일성월시) : 날마다 살피고 달마다 헤아려서. 「시(試)」는 「실적이나 성과를 시험적으로 헤아려 보다, 평가한다」는 뜻.

· 旣廩稱事(희름칭사) : 보수로 주는 녹봉이나 급여를 일의 성적에 맞게 하는 것이. 「기(旣)」를 「희(餼 : 양식, 봉록)」와 같은 뜻으로 풀이한다.
· 所以勸百工也(소이권백공야) : 백공(百工)을 권면하는 바탕이다.

(4) 送往迎來 嘉善而矜不能 所以柔遠人也 繼絶世 擧廢國 治亂持危 朝聘以時 厚往而薄來 所以懷諸侯也.

송왕영래(하며) 가선이긍불능(은) 소이유원인야(요) 계절세(하야) 거폐국(하며) 치란지위(하며) 조빙이시(하며) 후왕이박래(는) 소이회제후야(니라)

<먼 나라에서 찾아온 귀빈이나 상려(商旅)들이> 돌아갈 때는 정중히 전송하고, 올 때는 환영한다. <그들 중에> 착하고 능력 있는 사람을 반겨서 잘 대접하고, 능력 없고 어려운 처지에 있는 사람들을 긍휼히 여기고 돌봐준다. 이렇게 하는 것이 먼 나라 사람들을 부드럽고 따뜻하게 대하는 바탕이다. <제후로 하여금> 단절된 대를 이어 주게 하고, 폐망(廢亡)한 <제후국을> 다시 일으켜 세우고, 흐트러진 나라를 잘 다스리게 하고, 위태하게 기운 나라를 바로잡아 준다. 제후들이 내조(來朝)하고 예물을 바칠 때에도 <제후들을> 후하게 대접해 보내고, 올 때의 예물은 박하게 받는다. 이렇게 하는 것이 <천자가> 제후들을 <은덕으로> 품는 바탕이다.

▶ 어구 설명

· 送往迎來(송왕영래) : 손님을 정중히 보내고 또 환영한다.
· 嘉善而矜不能(가선이긍불능) : 착한 사람을 잘 대접하고 능력 없는 사람들도 긍휼히 여기는 것이.
· 繼絶世(계절세) : <제후로 하여금> 단절된 대를 이어 주게 하고.

· 擧廢國(거폐국) : 폐망(廢亡)한 <제후국을> 다시 일으켜 세우고.
· 治亂持危(치란지위) : 난을 다스리고 기운 나라를 바로잡아 주고.
· 朝聘以時(조빙이시) : 제후들의 내조(來朝)와 예물 진상을 때에 맞게 하고.
· 厚往而薄來(후왕이박래) : 후하게 보내고 올 때의 예물은 박하게 받는다.

[集註 選譯] (1) 官盛任使 謂官屬衆盛 足任使令也 蓋大臣 不當親細事 故所以優之者如此 忠信重祿 謂待之誠而養之厚 蓋以身體之 而知其所賴乎上者如此也. : 「관성임사(官盛任使)」는 <대신 밑에> 관속(官屬)들이 많이 있고, 또 <그 능력이> 성대하므로 <대신이 여러 가지 일을> 족히 맡기고 부려 쓸 수 있다는 뜻이다. 무릇 대신은 자신이 손수 사소한 일을 맡아서 처리하지 않고 <도를 바탕으로 기본 원칙만을 세운다.> 고로 대신을 우대하는 바탕이 이와 같다는 것이다. 「충신중록(忠信重祿)」은 임금이 선비들을 성실하게 신임하고 후하게 녹을 주어 잘살게 한다는 뜻이다. 대체로 선비들이 체험적으로 <임금의 은혜를> 체득하고 위의 임금에게 의지하고 <사는 바 그 은혜가> 그렇듯이 <막중함을> 안다는 뜻이다.

(2) 旣讀曰餼 餼稟稍食也 稱事如周禮藁人職曰 考其弓弩 以上下其食 是也. : 「기(旣)」는 「희(餼)」라고 읽는다. 「희름(餼稟)」은 「초식(稍食)」이다. 「칭사(稱事 : 일의 성적에 어울리게 함)」는 주례(周禮) 하관사마편(夏官司馬篇)에서 「고인(藁人)의 직책을 설명하면서, 그가 만든 활[弓]과 쇠뇌[弩]를 살펴서 녹봉을 높이기도 하고 낮추기도 한다고 말한 것」과 같다.

(3) 往則爲之授節以送之 來則豊其委積以迎之 朝謂諸侯見於天子 聘謂諸侯使大夫來獻 王制比年一小聘 三年一大聘 五年一朝 厚往薄來 謂燕賜厚而納貢薄. : <외국에서 온 귀빈(貴賓)이나 상려(商旅)가> 돌아갈 때는 그를 위해 부절(符節 : 여권에 해당하는 부신)을 주고

잘 전송한다. <외국의 손님이> 오면 「위자(委積)」를 풀어 풍성하게 대접한다. 「조(朝)」는 「제후가 천자를 알현함을 말한다.」 「빙(聘)」은 「제후가 대부로 하여금 와서 예물을 바치게 하는 것」을 말한다. 예기(禮記) 왕제편(王制篇)에 있다. 1년마다 소빙(小聘)하고, 3년마다 한 번씩 대빙(大聘)을 한다. 제후는 5년에 한 번씩 와서 천자를 알현한다. 돌아갈 때는 후하게 대접하고, 올 때의 예물은 박하게 한다. <앞의 후왕박래(厚往薄來)라고 한 것은 천자가 제후에게 베푸는> 잔치나 내리는 예물을 후하게 하고, 받는 공물이나 예물을 적게 한다는 뜻이다.

【참고 보충】「천도(天道)와 성(誠)」

유교사상은 2500년 전의 공자 시대부터 「인의(仁義)의 도덕정치」를 펴야 한다고 강조했다. 그러나 후세의 유학자들은 덕치(德治)의 길이나 도리 및 실천 방법을 여러 가지로 다르게 설명했다.

「대학」에서는 「삼강령(三綱領)과 팔조목(八條目)」을 주로 했다.

「중용」에서는 크게 두 부문으로 나눌 수 있다. 여기서는 「구경(九經)」을 강조했다.

그러나 「20장」에서는 「구경(九經)도 하나(一)다」라 했다. 21장 이후에는 「성(誠)」을 「진실무망(眞實無妄)하게 만물을 생육하는 하늘의 도리」라고 풀이했다.

중용 후반부에서는 특히 「성(誠)을 천지 자연 만물을 진실무망하게 낳고 양육하는 도리라 했다.(誠者 天之道也)」 그러므로 「사람은 성실한 하늘의 도리를 따르고 행해야 한다.(誠之者 人之道也)」

제20장 14절

凡爲天下國家 有九經 所以行之者 一也.

범위천하국가 유구경(하니) 소이행지자(는) 일야(라)

무릇 국가를 다스리는 구경(九經)이 있다. <그러나> 구경을 행하는 바탕은 하나다.

▶ 어구 설명

· 所以行之者 一也(소이행지자 일야) : 구경을 행하는 바탕은 하나다.

[集註 選譯] (1) 一者誠也 一有不誠 則是九者 皆爲虛文矣 此九經之實也. : 「일(一)」은 바로 「성(誠)」이다. 만약에 조금이라도 성실하지 못하면 아홉 가지 전법(典法), 즉 구경(九經)이 모두 빈 글이 되고 만다. 성(誠)이 구경을 알차게 하는 것이다.

【참고 보충】「성(誠)과 구경(九經)」

구경(九經)은 천자(天子)로 하여금 천하를 인덕(仁德)으로 다스리게 하는 전법(典法)이자 원리다.

임금 자신이 수신(修身)해야 한다. 「13절」에서 말한 「제명성복 비례부동(齊明盛服 非禮不動)」이 곧 수신이다. 그리고 「권현(勸賢), 권친친(勸親親), 권대신(勸大臣), 권사(勸士), 권백성(勸百姓), 권백공(勸百工), 유원인(柔遠人), 회제후(懷諸侯)」 등은 실천 사항이다.

수신이나 구경은 「성(誠)」을 바탕으로 한다.

제20장 15절

凡事 豫則立 不豫則廢 言前定則不跲 事前定則不困 行前定則不疚 道前定則不窮.

범사 예즉립(하고) 불예즉폐(하나니) 언전정즉불겁(하고) 사전정즉불곤(하고) 행전정즉불구(하고) 도전정즉불궁(이니라)

무릇 모든 일은 <성실을> 미리 갖추어야 이루어진다. 미리 갖추지 않으면 폐(廢)하게 된다. 말함에도 먼저 성실한 바탕이 확고하게 서있어야 말이 허망하지 않게 된다. 일을 해도 먼저 성실한 바탕이 확고하게 서있어야 일이 막히지 않게 된다. 행동을 해도 먼저 성실한 바탕이 확고하게 서있어야 행동에 병폐가 없게 된다. 도를 따르고 행함에도 먼저 성실한 바탕이 확고하게 서있어야 도가 막히지 않게 된다.

▶ 어구 설명

- 凡事(범사) : 「오달도(五達道), 삼달덕(三達德), 구경(九經)」 등을 지칭한다.
- 豫則立(예즉립) : 「예(豫)」는 「평소부터 성실한 바탕이 확고하게 서 있어야 한다」는 뜻이다.
- 不豫則廢(불예즉폐) : 성실한 바탕이 서 있지 않으면 모든 것이 폐(廢)하게 된다. 즉 모두가 이루어지지 않는다.
- 言前定則不跲(언전정즉불겁) : 말을 해도 성실한 바탕이 확고하게 서 있어야 말이 허망하지 않게 된다. 「겁(跲)」은 「넘어질 지(躓)」와 같다.
- 事前定則不困(사전정즉불곤) : 일을 해도 먼저 성실한 바탕이 확고하게 서 있어야 곤란하지 않게 된다.
- 行前定則不疚(행전정즉불구) : 행동을 해도 먼저 성실한 바탕이 확고하게 서 있어야 행동에 병폐가 없게 된다. 「구(疚)」는 「병폐(病弊)」의

뜻이다.

· 道前定則不窮(도전정즉불궁) : 도를 따르고 행함에도 먼저 성실한 바탕이 확고하게 서 있어야 도가 막히지 않게 된다.

[集註 選譯] (1) 此承上文 言凡事 皆欲先立乎誠 如下文所推是也. : 이 구절은 앞의 글을 이어받고, 모든 일을 <행함에 있어> 먼저 성(誠)을 세워야 함을 말한 것이다. 아래 글, 즉 17절에서 더 미루어 말한 것이 바로 그것이다.

【참고 보충】「범사(凡事)는 예즉립(豫則立)」

「모든 일(凡事)」은 「임금이 덕치를 행하는 모든 일이다. 즉 오달도(五達道), 삼달덕(三達德), 구경(九經)」이다. 모든 것은 수신(修身)을 바탕으로 한다. 수신의 핵심은 「성(誠)」이다.

임금은 평소에 성실한 마음가짐과 성실한 언행으로 수신해야 한다. 그래야 「오달도, 삼달덕, 구경」도 알차게 행할 수 있다. 「성실」하지 않으면 모든 일이 허사가 된다.

주자(朱子)는 「예(豫)」를 「소정(素定)」이라고 풀이했다. 「예(豫)」는 앞에서 말한 대로 언행을 하기 전에 미리 예비한다는 뜻이다. 즉 「성실한 마음가짐과 성실한 실천태도」를 취해야 한다. 「소정(素定)」은 「평소에 정해진다」는 뜻이다. 즉 「성(誠)이 평소부터 확립해야, 모든 일이 된다. 성(誠)이 확립되어 있지 않으면 만사가 허망하게 된다.」

제20장 16절

在下位 不獲乎上 民不可得而治矣 獲乎上有道 不信乎朋友 不獲乎上矣 信乎朋友有道 不順乎親 不信乎朋友矣 順乎親有道 反諸身不誠 不順乎親矣 誠身有道 不明乎善 不誠乎身矣.

재하위(하야) 불획호상(이면) 민불가득이치의(리라) 획호상(이) 유도(하니) 불신호붕우(이면) 불획호상의(리라) 신호붕우(이) 유도(이니) 불순호친(이면) 불신호붕우의(니라) 순호친(이) 유도(이니) 반제신불성(이면) 불순호친의(리라) 성신(이) 유도(이니) 불명호선(이면) 불성호신의(리라)

아래에 있으면서 윗사람에게 신임을 얻지 못하면, 백성들을 잘 다스릴 수 없다. 윗사람에게 신임을 얻는 데에, 기본 도리와 원칙이 있다. 붕우나 동료에게 믿음을 받지 못하면 윗사람에게 신임을 얻지 못한다. 붕우나 동료에게 믿음을 받는 데에 기본 도리와 원칙이 있다. 부모에게 효순(孝順)하지 않으면 붕우나 동료에게 믿음을 받지 못한다. 부모에게 효순하는 데, 기본 도리와 원칙이 있다. 자신의 <언행을> 돌이켜보고 성실하지 않으면 부모에게 효순할 수 없다. 자신을 성실하게 하는 데 기본 도리와 원칙이 있다. 선(善)을 밝게 알지 못하면 자신을 성실하게 할 수 없다.

▶ 어구 설명

- 民不可得而治矣(민불가득이치의) : 백성들을 다스릴 수 없다.
- 獲乎上有道(획호상유도) : 위의 신임을 얻는 데는 도리가 있다.
- 不信乎朋友(불신호붕우) : 붕우나 동료에게 믿음을 받지 못하면.
- 信乎朋友有道(신호붕우유도) : 붕우에게 믿음을 받는 데도 도리가 있다.
- 不信乎朋友矣(불신호붕우의) : 붕우나 동료에게 믿음을 받지 못한다.
- 順乎親有道(순호친유도) : 부모에게 효순하는 데, 도리가 있다.

· 反諸身不誠(반제신불성) : 자신을 돌이켜보고 성실하지 않으면.
· 不順乎親矣(불순호친의) : 부모에게 효순할 수 없다.
· 誠身有道(성신유도) : 자신을 성실하게 하는 데, 기본 도리가 있다.
· 不誠乎身矣(불성호신의) : 자신을 성실하게 할 수 없다.

[集註 選譯] (1) 此又以在下位者 推言素定之意. : 이 16절도 역시 아래 자리에 있는 벼슬아치의 입장을 미루어 평소에 <성실한 태도를> 취하라고 말한 것이다.

(2) 反諸身不誠 謂反求諸身 而所存所發 未能眞實而無妄也. : 「자신의 불성실을 돌이켜 본다」 함은 곧 자신의 몸으로 행한바, 언행을 되돌려 반성해보고, 그리고 <자기가 말하고 행했을 때에> 속에 품었던 마음이나 밖으로 나타난 행동이 미처 충분히 참되고 허망한 데가 없었는가를 <반성한다는 뜻을> 말한 것이다.

(3) 不明乎善 謂不能察於人心天命之本然 而眞知至善之所在也. : 「선을 밝게 알지 못한다」고 한 말은 곧 「사람의 마음속에 천명으로 주어진 본연의 성리(性理)와 아울러 참다운 앎과 지극한 선이 있는 곳을 살피지 못한다」는 뜻을 말한 것이다.

【참고 보충】「도(道) · 이(理) · 성(誠) · 일(一)」

공자가 터를 잡고, 주자가 집대성한 유교의 도통사상의 특성을 다음 같이 종합적으로 요약할 수 있다.

① 공간을 우(宇)라 하고 시간을 주(宙)라 한다. 공간과 시간을 통합한 우주는 「하나(一)의 큰(大) 생명체」다. 즉 우주는 살아 있다.

② 「한 일(一)과 큰 대(大)를 합친 글자」가 「하늘 천(天)」이다. 그러므로 「공간과 시간을 통합한 우주」를 「천(天)」이라고도 한다. 그러므로 「하늘」도 하나의 큰 생명체이며, 살아서 작용을 하고 있다.

③ 「살아 있는 하나의 큰 생명체」라는 말은 다른 뜻이 아니다. 「우

주, 즉 하늘」 속에 「천지, 자연, 만물 및 인간이 생성, 변화, 번식하고 있다」는 뜻이다. 특히 인간, 인류는 역사적 · 문화적으로 발전하고 있다는 뜻이다. 1대로 끝나지 않고, 대를 이어가면서 생육 발전하고 있다. 이를 역경(易經)에서는 「생생불이(生生不已)」라고 했다.

④ 실재하는 자연 만물은 기(氣)의 결합체다. 하늘과 땅도 기의 결합체다. 일월성(日月星)도 기의 결합체다. 식물 동물 및 인간도 기의 결합체다. 공기와 물도 기가 모인 것이다. 그러므로 기는 지극히 미세하다. 오늘의 의학에서 말하는 인체의 세포나 유전자, 혹은 원자(原子)나 미립자(微粒子)도 다 기라고 말할 수 있다.

⑤ 지극히 미세한 하나하나의 기도, 기가 모인 식물, 동물, 인간도 우주의 기의 일부이다. 그러므로 살아 있는 우주와 직결되어 있고, 또 직접적인 영향을 받는다.

⑥ 하나의 작은 기와 총체로서의 우주의 기를 통합한 절대를 태극(太極)이라고 한다. 우주는 살아서 회전 운동을 한다. 그래서 낮과 밤이 교체하고, 음(陰)과 양(陽)의 두 기가 발생하고, 음과 양의 두 기가 상대적으로 관계하고 어울림으로써 만물이 생성화육(生成化育)한다. 음양의 기 속에는 열(熱)과 냉(冷), 동(動)과 정(靜) 및 오행(五行)의 특성이 작용하고 있다.

⑦ 이와 같은 우주, 천(天), 태극(太極)을 주자학(朱子學)에서는 「이(理)와 기(氣)」라고 했다. 즉 「시간과 공간을 초월한 하나의 이(理)」 「천리(天理)」를 바탕으로 「우주, 천지, 자연, 만물 및 인간이 실체로서 생성, 변화, 번식한다. 인류의 역사와 문화가 발전하고 있다.」

⑧ 「형이상의 절대인 하나의 이(理)」는 반드시 「기(氣)」를 타고 운행하고 생멸(生滅)한다. 인류의 역사 문화도 그와 같은 「우주의 이법(理法)」 「천리」를 따라 구체적으로 눈에 보이게 나타나고 발전하고 있는 것이다.

⑨ 영특한 사람만이 이와 같은 이(理)를 터득하고 따르고 실천하는 본성이 있다. 이를 중용의 첫머리에서 「천명지위성(天命之謂性)」이라고 말했다.

⑩ 그러므로 본성을 따라 사는 것이 사람의 길이며, 도리라고 했다. 이를 중용에서 「솔성지위도(率性之謂道)」라고 했다.

⑪ 그러나 육신을 터로 하고 삶을 사는 인간은 저마다의 기질의 차이가 있다. 그러므로 저마다 자신을 조절해서 「본성 속에 주어진 천리」에 맞게 자신을 교육하고 수양해야 한다. 이를 중용에서 「수도지위교(修道之謂敎)」라고 했다.

이상이 중용의 전반부의 핵심이며, 「도(道) 혹은 이(理)」를 주제로 한 것이다.

그러나 중용의 후반부에서는 주제가 되는 덕목을 「성(誠)」으로 바꾸어 내세웠다. 그러나 「도(道)」와 「성(誠)」은 다른 것이 아니다. 「천도(天道) 천리(天理)」는 반드시 「진실무망(眞實無妄)」하게 나타난다. 그러므로 사람도 「진실무망」하게 「천도 천리」를 따르고 행해야 함을 강조하기 위해서 「성(誠)」을 내세운 것이다.

제20장 17절

誠者 天之道也 誠之者 人之道也 誠者 不勉而中 不思而得 從容中道 聖人也 誠之者 擇善而固執之者也.

성자(는) 천지도야(요) 성지자(는) 인지도야(니라) 성자(는) 불면이중(하며) 불사이득(하여) 종용중도(하나니) 성인야(요) 성지자(는) 택선이고집지자야(니라)

성(誠)은 하늘의 길이자 도리이다. 그것을 성실하게 받들고 따르는 것이 사람의 길이자 도리다. 성(誠)은 애쓰고 힘들이지 않고도 맞으며, 생각하지 않고도 바르게 되며, 조용히 태연자약하면서, 도에 맞게 된다. <이 경지가> 바로 성인의 경지다. 성실하게 따르는 사람은 곧 의식적으로 선(善)을 택하고 굳게 지키는 사람이다.

▶ **어구 설명**

· 誠之者 人之道也(성지자 인지도야) : 「하늘의 도를 성실하게 받들고 따르는 것(誠之者)」이 「사람의 도리다.(人之道也)」
· 誠者(성자) : 「성실은. 혹은 성실한 사람은.」 <직역>
· 不勉而中(불면이중) : 애쓰지 않고도 맞는다.
· 不思而得(불사이득) : 생각하지 않고도 얻는다. 바르게 된다.
· 從容中道(종용중도) : 조용히 태연자약하면서 도에 맞는다.
· 擇善而固執之者也(택선이고집지자야) : 「선(善)을 택하고 선을 굳게 지키는 사람이다.」

[集註 選譯] (1) 誠之者 未能眞實無妄 而欲其眞實無妄之謂 人事之當然也. : 「그것을 성실하게 따르고 행한다고 함」은 아직 진실무망하지 못하므로 그래서 진실무망하게 되기를 바란다는 뜻을 말한 것이다. 이는 사람이 할 당연한 일이다.

(2) 聖人之德 渾然天理 眞實無妄 不待思勉而從容中道 則亦天之道也. : 성인의 덕은 모두가 천리와 하나를 이루고 있으며, 진실무망하며 생각하고 힘쓰기를 기다리지 않고, 조용히 태연해도, 도에 맞으니 <그것이> 역시 하늘의 도와 하나가 된 것이다.

(3) 未至於聖 則不能無人欲之私 而其爲德 不能皆實 故未能不思而得 則必擇善然後 可以明善 未能不勉而中 則必固執而後 可以誠身 此則所謂人之道也. : 미처 성인의 경지에 이르지 못하면 곧 인간적인 사욕이 없을 수 없으며, 따라서 그가 덕을 행해도 모두가 진실될

수 없다. 고로 생각하지 않고서는 도에 맞게 할 수 없으니 즉 반드시 선을 택한 연후에 <도에 맞게> 될 것이며, 선을 밝힐 수 있다. 애를 쓰지 않으면 도에 맞게 할 수 없으므로 반드시 굳게 잡고 지켜야 하며, 그런 다음에, 자신을 성실하게 할 수 있다. 그러므로 이를 곧 사람의 길이고 도리라고 말하는 것이다.

(4) 不思而得 生知也 不勉而中 安行也 擇善學知以下之事 固執利行以下之事也. : 생각하지 않고 도를 터득하는 경지는 「생이지지(生而知之)」하는 경지다. 애를 쓰지 않고도 도에 맞게 하는 경지는 「안이행지(安而行之)」하는 경지다. 택선(擇善)은 「학이지지(學而知之)」 이하의 경지다. 고집(固執)은 「이이행지(利而行之)」 이하의 경지다.

【참고 보충】「성(誠)의 깊은 뜻」

시경, 서경, 역경(易經), 춘추(春秋) 및 예기(禮記) 등 옛글에는 「성(誠)」에 대한 철학적 기술이 별로 없다. 예기에 있는 고문(古文) 대학에도 성(誠)에 대한 철학적 고찰이 부족하다.

옛날에는 「성(誠)」을 「참되고 성실하다」는 뜻으로 썼을 뿐이다. 논어에서도 「성(誠)」자가 두 번 나오며, 부사나 조사의 뜻으로 쓰였다.

그러나 자사(子思)가 중용에서 「성(誠)」의 뜻을 유교의 도덕철학의 핵심용어로 삼았으며, 뒤를 이은 맹자가 한층 높였다. 특히 정자(程子)나 주자(朱子)가 「성(誠)」을 철학적으로 깊고 높게 풀이했다.

주자는 「중용장구서(中庸章句序)」에서 다음같이 말했다.

① 「옛날 성신(聖神)이 계천(繼天)하고 입극(立極)한 도통(道統)을 계승하고 전해야 한다.」 「사람은 마음속에 도심(道心)과 인심(人心)이 엉켜 있다.」 「이를 바르게 다스리지 못하면 천리의 공(公)이 인욕의 사(私)를 이기지 못한다.(天理之公卒無以勝人欲之私)」

② 「천명솔성(天命率性)의 도심(道心)을 바탕으로 택선고집(擇善

固執)하여 정일(精一)하고 아울러 군자시중(君子時中)해서 집중(執中)해야 한다.」

③「자사가 중용을 저술한 목적은 인심사욕(人心私欲)을 극복하고, 도심천리(道心天理)를 정일집중(精一執中)하고, 종국에는 중화를 이루고 천지를 바로잡고 만물을 생육함(致中和 天地位焉 萬物育焉)」이다.

④ 그래서 자사는 후반부에는「성(誠)」을 핵심적 주제로 내세웠던 것이다. 다음에서「성(誠)」의 깊은 뜻을 살펴보자.

【참고 보충】「성자 천지도야(誠者 天之道也)」

일반적으로「성실은, 혹은 성실하게 하는 것이 하늘의 길이나 도리다.(誠者天之道也)」라고 풀이한다.

물론 그런 뜻도 있다. 그러나 주자학에서는 더 깊이 해석한다. 즉「성(誠)」은「우주 천지를 운행하고 자연 만물을 생성하고, 또 번식 발전케 하는 핵심적인 동능(動能 = 에너지)」을 일컫는 말이다.

진입부(陳立夫) 선생은「인리학연구(人理學硏究) 및 사서도관(四書道貫)」에서 대략 다음같이 말했다.

①「우주는 하나의 큰 생명체다. 사람은 그 중의 하나의 단위다. 우주나 사람이나 그 생존의 원리는 같다.」「모든 생명의 근원은 같다. 그것을 일컬어 성(誠)이라고 한다. 이를 중용에서『성자 자성지야(誠者 自成之也)』라고 한다.」

②「천인합일(天人合一)」의 도리가 여기서 비롯한다. 그러므로 중용에서「성자 천지도야(誠者 天之道也)」「성지자 인지도야(誠之者 人之道也)」라고 한다.

③「본성은 생존본능이며, 우주의 동능(動能 = 에너지)의 하나다. 우주 만물에도 저마다의 사물의 본성이 있다. 그래서 저마다의 동능이 있다.」「동능은 절대 존재이며 사람이 하늘로부터 받은 것이다.

일체의 인간문화에 대한 본질적인 인식도 이를 바탕으로 해야 한다.」「우주의 능동적인 힘을 만물이 받음으로써 산다. 이를 자연과학적으로는 동능(動能 : 에너지)이라 한다.」

주자는 「성은 진실무망의 뜻이며, 천리의 본연이다.(誠者 眞實無妄之謂 天理之本然)」라고 주를 달았다. 즉 우주의 에너지는 참되고 실하게 거짓없이 질서정연하게 나타나고 발현한다.

생성화육하는 우주 및 사물의 이(理)와 기(氣)를 총괄해서 성(誠)이라고 한 것이다. 천리(天理)는 절대선의 도리다. 도리는 반드시 스스로 성실하게 발현한다. 그래서 「성(誠)을 진실무망(眞實無妄)」이라 했다.

제20장 18절
博學之 審問之 愼思之 明辨之 篤行之.

박학지(하며) 심문지(하며) 신사지(하며) 명변지(하며) 독행지(니라)

넓게 많은 것을 배우고, 자세히 세밀하게 묻고, 신중하게 깊이 생각하고, 분명하고 바르게 변별하고, 독실하게 실천하고 행한다.

[集註 選譯] (1) 此誠之之目也 學問思辨 所以擇善而爲知 學而知也 篤行 所以固執而爲仁 利而行也 程子曰 五者廢其一 非學也. : 이 구절은 「성(誠)」을 성실하게 따르고 행하는 세목(細目)이다. 배우고, 의문을 묻고, 자신이 생각하고, 분별하는 것은, 선(善)을 택하고 바르게 앎을 이루는 바탕이며, <그것이 곧> 배워서 알게 되는 일이다. 독실하게 행함은 <택한 선을> 굳게 지킴이며, 인(仁)을 행하는 바탕이며, <그것이 곧> 좋은 줄 알고 행하는 일이다. 정자가 말했다. 다섯 가지 중에서 하나만 폐해도 참다운 배움이 아니다.

【참고 보충】「박학 · 심문 · 신사 · 명변 · 독행」

① 박학(博學) : 넓게 배워야 천하의 견문을 수집하고 또 사물의 도리를 두루 알게 된다.

② 심문(審問) : 배운 것에 대해서 의문을 제시하고 자세히 묻고 앎을 바르게 해야 한다.

③ 신사(愼思) : 자신이 스스로 깊이 생각해야, 학문이 정밀하게 되고, 또 마음으로 터득하게 된다.

④ 명변(明辨) : 분명하게 변별해야 비로소 의리의 공사 및 선악시비 등을 바르게 분별하게 된다.

⑤ 독행(篤行) : 바르게 깊이 터득한 앎을 반드시 독실하게 실천하고 행동하여 덕(德)으로 나타내야 한다.

이상의 「다섯 가지」를 다 구비해야 한다. 그것이 곧 「성(性)=천리(天理)」를 성실하게 따르고 행함이다. 곧 「성지자(誠之者)」「인지도(人之道)」이다.

제20장 19절

有弗學 學之 弗能 弗措也 有弗問 問之 弗知 弗措也 有弗思 思之 弗得 弗措也 有弗辨 辨之 弗明 弗措也 有弗行 行之 弗篤 弗措也 人一能之 己百之 人十能之 己千之.

유불학(이언정) 학지(인댄) 불능(을) 불조야(하며) 유불문(이어정) 문지(인댄) 불지(를) 불조야(하며) 유불사(이언정) 사지(인댄) 불득(을) 불조야(하며) 유불변(이언정) 변지(인댄) 불명(을) 불조야(하며) 유불행(이언정)

행지(인댄) 불독(을) 불조야(하야) 인일능지(어든) 기백지(하며) 인십능지(어든) 기천지(니라)

배우지 않는 수도 있다. 그러나 일단 배우면 잘하지 못하면, 그만두지 않는다. 묻지 않는 수도 있다. 그러나 일단 의문을 품고 물었다면, 잘하지 않고서는 그만두지 않는다. 생각을 않을 수는 있다. 그러나 일단 생각을 한 이상, 잘하지 않고서는 그만두지 않는다. 사리를 변별하지 않을 수는 있다. 그러나 일단 변별한 이상, 잘 밝히지 않고서는 그만두지 않는다. 행하지 않을 수는 있다. 그러나 일단 행한 이상, 독실하게 하지 않고서는 그만두지 않는다. 남이 한 번으로 잘한다면, 나는 백 번을 하겠다. 남이 열 번으로 잘한다면, 나는 천 번을 하겠다.

[集註 選譯] (1) 君子之學 不爲則已 爲則必要其成 故常百倍其功 此困而知 勉而行者也 勇之事也. : 군자의 학문은 하지 않으면 그만이지만, 일단 학문을 하면 반드시 성공하기를 구해야 한다. 그러므로 항상 노력을 백 배나 기울여야 한다. 이렇게 하는 것이 곧 고생해서 알고, 노력해서 행한다는 뜻이며, 바로 용(勇)의 일이다.

제20장 20절

果能此道矣 雖愚必明 雖柔必强.

과능차도의(면) 수우필명(하며) 수유필강(이니라)

과연 <이 다섯 가지 학문의 도를> 능히 다할 수 있으면 비록 어리석은 사람도 밝게 되고, 비록 유약한 사람도 강하게 된다.

▶ 어구 설명

・果能此道矣(과능차도의) : 과연 「이 도리」를 다할 수 있으면.

・雖愚必明(수우필명) : 비록 어리석은 사람도 밝게 되고. 「명(明)」은 「선을 택한 공(擇善之功)」이다.
・雖柔必强(수유필강) : 유약한 사람도 강하게 된다. 「강(强)」은 「굳게 지킨 효과(固執之效)」이다.

[集註 選譯] (1) 呂氏曰 君子所以學者 爲能變化氣質而已 德勝氣質 則愚者可進於明 柔者可進於强 不能勝之 則雖有志於學 亦愚不能明 柔不能立而已矣. : 여대림(呂大臨)이 말했다. 군자가 학문을 하는 이유는, 능히 기질을 변화할 수 있기 때문이다. 덕이 기질을 이기면, 즉 우매한 사람도 발전하여 현명하게 될 수 있고, 유약한 사람도 발전하여 강인하게 될 수 있다. <덕으로써> 기질을 변화할 수 없다면 비록 뜻을 학문에 두었다 해도 역시 어리석은 사람이 현명해질 수 없고, 유약한 사람이 강인하게 <덕(德)을> 세울 수 없다.

(2) 蓋均善而無惡者 性也 人所同也 昏明强弱之稟不齊者 才也 人所異也 誠之者 所以反其同而變其異也 夫以不美之質 求變而美 非百倍其功 不足以致之. : 무릇 고르게 선하고 악이 없는 것이 <사람의> 성리(性理)이며 모든 사람이 다 같이 <천명으로 받아 지니고 있다. 그러나> 어둡거나 밝거나, 강하거나 약하거나, 기질적 품성이 같지 않은 것은 곧 재질이며, 사람마다 다르다. 「성실하게 받들고 행하는 사람」은 본성적으로 같은 성리에 돌아가고 기질적 차이를 변하게 한다. 무릇 아름답지 못한 기질을, 아름답게 변화하고자 하면, 백배의 공이 아니고서는 이룩할 수 없다.

(3) 今以鹵莽滅裂之學 或作或輟 以變其不美之質 及不能變 則曰天質不美 非學所能變 是果於自棄 其爲不仁 甚矣. : 오늘에는 <많은 사람들은> 거칠고 잡되고 지리멸렬한 학문을 하며 <그것도> 하다가 만다. 아름답지 못한 재질을 고치려다가 고치지 못하게 된다. <그리고> 말한다. 「천품(天稟)의 재질이 아름답지 못한 것을 학문만으로는 고칠

수 있는 것이 아니다.」 <학문만으로 고치려고 하는 것은> 결과적으로 자포자기이다. 그러한 태도는 참으로 어질지 못한 짓이다.

【참고 보충】「성(性)·도(道)·교(敎)·성(誠)」

「중용 제1장」은 「성(性)·도(道)·교(敎)」를 논했다. 즉 하늘은 만물의 영장(靈長)인 사람에게만 「천명(天命)으로 선본성(善本性)」을 내려주었다. 「선본성」은 곧 「성리(性理)」다. 즉 「사람만이 본성적으로 절대선인 천도천리(天道天理)를 깨닫고 실천할 수 있다」. 그러므로 사람은 「하늘을 대신해서 천공을 대신할 수 있다」. 즉 사람은 하늘의 대신자로서 천도를 따라 지덕(地德)을 세울 수 있다.

지덕(地德)은 바로 「인의(仁義)의 도덕정치」를 구현하는 것이다. 즉 인류대동(人類大同)의 하나의 평화세계를 창건하는 일이다.

대학에서는 삼강팔조(三綱八條)를 내세웠다. 중용에서는 「구경(九經), 오달도(五達道), 삼달덕(三達德)」 및 「성(誠)」을 내세웠다.

천도(天道)를 따라 지덕(地德)을 세우는 주체는 사람이다. 그러므로 천하를 다스리는 임금이나 정치에 참여하는 군자는 물론, 모든 백성들도 천도를 따르고 윤리도덕을 실천해야 한다.

그러기 위해서는 모든 사람들이 바르게 배우고 실천해야 한다. 이를 공자는 논어 첫머리에서 「학습(學習)」이라 하고 내세웠다. 중용에서는 「박학(博學), 심문(審問), 신사(愼思), 명변(明辨), 독행(篤行)」이라고 했다.

특히 「절대선의 천도를 성실하게 실천하는 것이 사람의 도리(誠之者 人之道也)」라 했다. 「성(誠)」은 곧 선(善)이다. 역경(易經) 계사전(繫辭傳)에 있다. 「일음일양지위도(一陰一陽之謂道) 계지자선(繼之者善) 성지자성(成之者性)」, 즉 「도(道)=성(誠)=선(善)」임을 알 수 있다.

中庸 제21장

* 제21장은 자사(子思)의 말이다. 앞에서 공자가 천도(天道)와 인도(人道)에 대해서 말한 것을 자사가 거듭 설명한 글이다. 그리고 다음의 「제22장부터 제33장까지」는 자사가 다시 「제21장」을 부연 설명한 글이다. 그러므로 이 장은 매우 중요하다.

제21장 1절

自誠明 謂之性 自明誠 謂之敎 誠則明矣 明則誠矣.

자성명(을) 위지성(이요) 자명성(을) 위지교(이니) 성즉명의(오) 명즉성의(니라)

성실함으로써 밝게 됨은 <바로> 본성대로 함을 이르는 말이다. 밝게 앎으로써 성실하게 됨은 <바로> 가르침을 이르는 말이다. 성실하게 하면 밝아진다. 밝으면 성실하게 된다.

▶ 어구 설명

- 自誠明 謂之性(자성명 위지성) : 성실함으로써 밝게 알고, 밝게 나타나는 것을 성(性)이라고 한다. 「자(自)」는 「유(由)」의 뜻이다.
- 自明誠 謂之敎(자명성 위지교) : 밝게 알거나 덕을 밝힘으로써 성(誠)을 이루게 하는 것이 가르침, 즉 교육이다.
- 誠則明矣(성즉명의) : 성하면 밝게 알고, 밝게 덕을 세운다.
- 明則誠矣(명즉성의) : 밝게 알고, 덕을 밝게 세우는 것이 곧 성이다.

<* 「성(誠)」은 「천지 만물을 생육화성(生育化成)하는 진실무망(眞實無妄)한 천리(天理)를 성실하게 받든다」는 뜻으로 풀이한다. 「명(明)」은 「밝게 알고, 또 밝은 덕을 세운다」는 뜻이다.>

[集註 選譯] (1) 德無不實而明無不照者 聖人之德 所性而有者也 天道也. : 덕(德)에 실하지 않음이 없다. 그리고 명(明)에 빛나지 않음이 없다. 성인의 덕은 <하늘이 천명으로 부여해준> 성리(性理)를 바탕으로 하고 <그와 같이 밝은 덕으로> 나타나는 것이다. 그것이 곧 하늘의 도리다.

(2) 先明乎善 而後能實其善者 賢人之學 由教而入者也 人道也. : 먼저 선을 밝게 알고 그 다음에 능히 그 선을 알차게 실행하는 것이 현인들의 배움이다. 교학(教學)을 통해서 덕에 들어가는 것이 사람의 길이며, 사람이 따르고 행할 도리다.

(3) 誠則無不明矣 明則可以至於誠矣. : 「성(誠)」은 밝지 않음이 없다. <즉 하늘은 진실무망한 성으로써 만물을 밝게 나타내고 있다. 그러므로 사람은 그와 같은 성을 성실하게 따르고 행함으로써 밝게 알고, 밝은 덕(德)을 세울 수 있다. 하늘이 밝게 발현함으로써 성에 이르듯이> 사람은 밝게 알아야 성에 도달할 수 있다.

【참고 보충】「자성명 위지성(自誠明 謂之性)」

「제20장 17절」에서 공자가 말했다. 「성인은 천도인 성(誠)을 성실하게 따르고 받든다. 그래서, 노력하지 않고도 도에 맞고, 사려하지 않고도 덕을 얻고, 태연하게 도에 맞게 한다.(誠者 不勉而中 不思而得 從容中道 聖人也)」

이를 자사(子思)가 줄여서 「자성명 위지성(自誠明 謂之性)」이라고 했다. 이는 곧 「성인은 하늘과 같은 경지에서 성(誠)으로써 모든 것을 밝게 알고 밝게 나타낸다」는 뜻이다.

「자성명(自誠明)」은 하늘의 경지를 말한 것이다. 즉 시간과 공간을 통합한 하늘은 진실무망하게 만물을 생육화성하고 있다. 그러므로 하늘을 「성(誠)」이라고 일컬었다. 「위지성(謂之性)」을 「성(誠)으로써, 만물을 발현하는 것이 하늘의 본성이다」라고 풀이해도 된다. 단 주자는 「성실하게 함으로써 밝게 알고, 밝은 덕을 세우는 것이 성인의 본성이다」라고 풀이했다. 이 책은 주자의 설을 중하게 여기고 충실하게 소개하는 책이다.

【참고 보충】「자명성 위지교(自明誠 謂之敎)」

「제20장 17절」에서 공자가 또 다음같이 말했다. 「하늘의 성(誠)을 성실하게 따르고 받드는 것이 사람의 길이고, 또 사람의 도리다.(誠之者 人之道也)」「성실하게 따르고 받든다고 함은 곧 택선고집(擇善固執)이다.(誠之者 擇善而固執之者也)」

이를 자사는 줄여서, 「<학문을 통해서> 먼저 밝게 알고, 그로부터 성실하게 하는 것을 교육이라고 한다.(自明誠 謂之敎)」고 말했다. 이를 주자는 주에서 「현인의 배움(賢人之學)」이라고 풀이했다.

【참고 보충】「성즉명의 명즉성의(誠則明矣 明則誠矣)」

일반적으로는 「성실하면 밝게 알고, 밝게 알면 성실하게 된다」로 풀이한다. 물론 그런 뜻도 있다. 그러나 더 깊은 뜻을 알아야 한다.

앞에서도 말했듯이 「성(誠)」을 「우주적 생명의 근원, 즉 에너지」로 본다. 그러므로 「성즉명(誠則明)」을 「우주 자체가 진실무망한 생명력이다. 그러므로 만물이 발현하고 끝없이 생육화성한다」로 풀이할 수 있다.

한편 「명즉성(明則誠)」을 「진실무망하게 발현하니깐 곧 성(誠)이라 한다」로 풀이할 수 있다.

옛날의 성현도 우주가 하나의 큰 생명체라는 것과, 그 우주 속에서 만물이 삶을 누리고 있다는 사실을 직감적으로 터득했을 것이다. 그러한 형이상의 철학적 도리를 압축된 한문으로 표현한 것이다. 그러므로 한문 고전 속에 숨어있는 깊은 뜻을 오늘의 말과 오늘의 지식을 바탕으로 해석해야 한다.

「대전주소(大全註疏)」에서 주자는 다음같이 말했다.

「『자성명 위지성(自誠明 謂之性)』은 실제로 그렇게 되는 이치에 성실함이고, 이는 요·순 이전의 일이다. 배우는 사람은 즉 『자명성 위지교(自明誠 謂之敎)』에 해당하며, 이는 천명의 본성을 밝혀서 실지로 그렇게 되는 도리를 구하는 경지다.(自誠明 謂之性 誠實然之理 此堯舜以上事 學者 則自明誠 謂之敎 明此性 而求實然之理)」

中庸 제22장

* 이 장도 역시 자사(子思)의 말이며, 특히 앞 장의 「자성명(自誠明)」을 폭넓게 기술했다. 즉 천도(天道)와 하나가 된 「지성(至誠)의 성인」이 「천지의 화육(化育)」에 참여할 수 있음을 밝혔다.

제22장 1절

唯天下至誠 爲能盡其性 能盡其性 則能盡人之性 能盡人之性 則能盡物之性 能盡物之性 則可以贊天地之化育 可以贊天地之化育 則可以與天地參矣.

유천하지성(이아) 위능진기성(이니) 능진기성 즉능진인지성(이오) 능진인지성 즉능진물지성(이오) 능진물지성 즉가이찬천지지화육(이오) 가이찬천지지화육 즉가이여천지참의(니라)

오직 천하에서 가장 성실한 성인이라야, <천명으로 주어진> 본성의 천리를 다할 수 있다. 본성의 천리를 다할 수 있으므로, 즉 인간 본성의 도리를 다할 수 있다. 인간 본성의 도리를 다할 수 있으므로, 즉 사물의 도리를 다 알고, 또 처리할 수 있다. 사물의 도리를 다 알고, 또 처리할 수 있으므로, 즉 천지가 만물을 생성(生成)하고, 또 화육(化育)하는 데 도울 수 있다. 천지가 만물을 생성 화육하는 데 도울 수 있으니깐, 즉 천지가 <만물을 낳고 키우는 데> 참여할 수 있다.

▶ 어구 설명

- 爲能盡其性(위능진기성) : 본성의 천리를 다할 수 있다.
- 能盡其性(능진기성) : 본성의 천리를 다할 수 있으므로.
- 則能盡人之性(즉능진인지성) : 인간 본성의 도리를 다할 수 있다.
- 能盡人之性(능진인지성) : 인간 본성의 도리를 다할 수 있으므로.
- 則能盡物之性(즉능진물지성) : 사물의 도리를 다 알고, 또 처리할 수 있다.
- 能盡物之性(능진물지성) : 사물의 도리를 다 알고, 또 처리할 수 있으므로.
- 則可以贊天地之化育(즉가이찬천지지화육) : 천지가 만물을 생성하고, 또 화육(化育)하는 데 도울 수 있다. 「찬(贊)」은 「도울 조(助)」의 뜻.
- 則可以與天地參矣(즉가이여천지참의) : 즉 천지가 <만물을 낳고 키우는 데> 참여할 수 있다.

[集註 選譯] (1) 天下至誠 謂聖人之德之實 天下莫能加也 盡其性者 德無不實 故無人欲之私 而天命之在我者 察之由之 巨細精粗 無毫髮之不盡也. : 천하에서 지극히 성실하다고 한 말은 바로 성인의 덕이 실하다는 뜻을 말한 것이며, 천하에는 <지성 이외의> 다른 것을 가할 수 없다. 성리(性理)를 다한다 함은 덕에 성실하지 않음이 없다. 그러므로 사사로운 인욕이 없으며, 천명으로 주어진 나에게 있는 <본성의 천리만을> 살펴보고 따르고 행한다. <고로> 거대한 일이나 미세한 일이나, 정밀한 일이나 조잡한 일이나 <모든 사물을 천리에 맞게 하고> 머리털끝만큼도 다하지 않음이 없다.

(2) 人物之性 亦我之性 但以所賦形氣不同 而有異耳 能盡之者 謂知之無不明 而處之無不當也 贊猶助也 與天地參 謂與天地並立 而爲三也 此自誠而明者之事也. : 다른 사람이나 사물의 본성과 <그 속에 있는 천리도> 역시 나의 본성 속에 있는 천리와 같다. 다만 주어진 형체와 기질, 즉 형기(形氣)가 같지 않고 다를 뿐이다. 「다할 수 있다」는 뜻은 앎에 밝지 않음이 없고, 처리에 부당함이 없다는 뜻을 말한

것이다. 「찬(贊)」은 「조(助)」와 같다. 「천지와 더불어 참여한다」는 말은 천지와 함께 <화육(化育)에> 나선다는 뜻이다. 그래서 천지인(天地人) 삼재(三才)가 된다는 뜻이다. 이것이 「자성이명(自誠而明)」이다.

【참고 보충】「천지화육(天地化育)에 참여」

성인(聖人)은 곧 지성(至誠)이다. 즉 성인은 본성 속에 주어진 천리(天理)만을 따르고 실천한다.

성인은 털끝만큼의 사사로운 인욕(人欲)에 미혹되는 일이 없다. 그래서 성인은 천도 천리와 하나가 되어, 천지의 생육화성(生育化成)에 참여할 수 있다.

천지인(天地人)을 삼재(三才)라 한다. 하늘과 땅만으로는 자연의 원시적인 화성(化成)만을 이룩한다. 사람이 끼어들어야 문화적 발전이 이루어진다.

자연과학의 성과와 발전이 바로 천지인 삼자(三者)의 합작이며 빛나는 효과이다. 자연법칙은 하늘의 도리다. 과학자의 연구와 노력이 가해짐으로써 찬란한 과학적 성과가 나타난다.

「하늘의 도리」는 곧 천(天)이다. 과학자는 곧 인(人)이다. 성과는 곧 지덕(地德)이며 지(地)이다.

사람은 개별적 존재이면서 동시에 함께 어울려 살아야 한다. 개별적 삶은 동물적·육체적 생존본능인 식색(食色)을 바탕으로 한다. 먹어야 육체적 삶을 살고, 또 활동할 수 있다. 남자와 여자가 서로 어울려야 자손을 낳고 대를 이어갈 수 있다. 그러므로 식색은 절대로 중요하다.

개개인이 모여서 공동체를 꾸미고, 함께 잘살기 위해서는 서로 사랑하고 협동해야 한다. 그러므로 윤리도덕을 따르고 실천해야 한다.

개별적·동물적·육체적 삶만을 강조하면 서로 싸우고 쟁탈하게 된다. 윤리도덕을 바탕으로 한 인의의 도덕정치를 펴야 모든 사람이 함께 잘살 수 있다.

만물의 영장(靈長)인 인간은 동물적·육체적 삶만을 살면 안 된다. 하늘은 천명(天命)으로 인간에게만 「숭고한 정신적·이성적 도덕성을 본성 속에 심어 주었다」. 그것을 성리(性理)라고 한다.

「성인은 지성(至誠)을 이룩하는 사람이다」. 이를 「제22장」에서 「찬천지지화육(贊天地之化育)」 「여천지참(與天地參)」이라 했다. 「천하지성(天下至誠)」은 곧 요순(堯舜)의 덕치이다.

中庸 제23장

* 앞 장 제22장은 천도(天道)와 하나가 된 성인의 지성(至誠)이 「천지화육(天地化育)」에 참여할 수 있음을 말했다. 이 장에서는 성인 다음가는 현인(賢人)이나 군자들도 「하나의 덕을 성실하게 행하면(曲能有誠)」 역시 화육할 수 있음을 말했다.

제23장 1절

其次致曲 曲能有誠 誠則形 形則著 著則明 明則動 動則變 變則化 唯天下至誠 爲能化.

기차(는) 치곡(이니) 곡능유성(이니) 성즉형(하고) 형즉저(하고) 저즉명(하고) 명즉동(하고) 동즉변(하고) 변즉화(이니) 유천하지성(이야) 위능화(이니라)

그 다음은 하나하나의 덕을 행하는 <군자의> 단계다. 하나의 덕을 정성껏 행하고 참되고 실해야 한다. 참되고 실하면 즉 형상이 생긴다. 형상이 생기면, 즉 나타나고, 나타나면, 즉 밝게 빛나고, 밝게 빛나면, 즉 동하고, 동하면, 즉 변하고, 변하면, 즉 <다른 것으로> 화한다. 오직 천하는 지성으로써 변화하게 할 수 있다.

▶ 어구 설명

- 其次(기차) : 다음 단계의 사람. 즉 성인에 못 미치는 현인(賢人)이나 군자.
- 致曲(치곡) : 「곡(曲)」은 「부분」이다. 「치곡(致曲)」은 곧 「성(誠)을 부

분적·개별적으로 밝히고, 또 덕을 세운다」는 뜻이다.
- 曲能有誠(곡능유성) : 부분적·개별적으로 성(誠)할 수 있어야 한다.
- 誠則形(성즉형) : 성실하면 형체가 생긴다.
- 形則著(형즉저) : 형체가 생기면 곧 형상이 보인다.
- 著則明(저즉명) : 형상이 나타나 보이면, 즉 밝게 빛난다.
- 明則動(명즉동) : 밝게 빛나면, 즉 동(動)한다.
- 動則變(동즉변) : 동하면, 즉 변한다.
- 變則化(변즉화) : 변하면, 즉 <다른 것으로> 화한다.
- 唯天下至誠 爲能化(유천하지성 위능화) : 오직 천하는 지성으로써만 능히 변화하게 할 수 있다.

[集註 選譯] (1) 其次 通大賢以下 凡誠有未至者 而言也 致推致也 曲一偏也. : 다음은 대현(大賢) 이하의 사람이다. 무릇 성실함이 지극하지 못한 사람을 다 말한다. 「치(致)」는 「미루어서 이룬다」는 뜻이다. 「곡(曲)」은 「<전체가 아니고> 한 구석, 한 부분」을 말한다.

(2) 形者積中而發外 著則又加顯矣 明則又有光輝發越之誠也 動者誠能動物 變者物從而變 化則有不知其所以然者. : 「형(形)」은 <성(誠)이> 속에 쌓이면 밖으로 나타난다. 「저(著)」는 곧 「<형체가> 가해지고 나타나 보인다」는 뜻이다. 「명(明)」은 곧 「더욱 빛을 내고 넘치는 성(誠)」을 말한다. 「동(動)」은 「성(誠)이 능히 만물을 움직이게 한다」는 뜻이다. 「변(變)」은 「만물이 <성(誠)에 의해> 변한다」는 뜻이다. 「화(化)하되 그렇게 되는 바탕을 알지 못한다.」

(3) 蓋人之性 無不同 而氣則有異 故惟聖人能擧其性之全體 而盡之 其次 則必自其善端發見之偏 而悉推致之 以各造其極也. : 무릇 사람의 본성 속에 주어진 천리는 다 같다. 그러나 기질에 다름이 있다. 고로 오직 <청명한 기를 타고난> 성인만이, 능히 그 성리(性理)를 전부 체득하고 충분히 다 발현할 수 있다. 성현 다음가는 <현인이나

군자들은〉 반드시 선단(善端)부터 하나하나를 발현하여 전체로 미루어 나가면서 이루게 하고, 하나씩 극점(極點)에 도달해야 한다.

(4) 曲無不致 則德無不實 而形著動變之功 自不能已 積而至於能化 則其至誠之妙 亦不異於聖人矣. : 부분적인 하나하나를 다하지 않음이 없고, 덕이 실하지 않음이 없으면, 형성되고(形), 나타나고(著), 동(動)하고, 변(變)하는 공(功)이 스스로 멈출 수 없고 쌓여서 능히 화할 수 있게 된다. 〈그러므로〉 곧 〈현인이나 군자의〉 지성(至誠)의 신묘한 공도 역시 성인과 다르지 않다.

【참고 보충】「곡능유성(曲能有誠)」

성인은 성(誠)으로써 「천지화육(天地化育)」에 동참할 수 있다. 그러나 한 단계 아래에 있는 현인(賢人)이나 군자는 일시에 총체적인 「성(誠)」을 행할 수 없다.

그래서 하나하나에 따라 성(誠)을 밝히고 덕(德)을 세워나가야 한다. 이를 「곡으로써 성할 수 있다(曲能有誠)」고 말한 것이다. 「곡(曲)」은 「한 구석, 하나하나, 부분적」이라는 뜻이다.

보통사람은 「일시에 천도의 총체를 터득하고, 또 실천할 수 없다」. 한 구석, 하나의 작은 일을 성실하게 실천하여 실적을 쌓아야 한다. 그 과정이 「성(誠)-형(形)-저(著)-명(明)-동(動)-변(變)-화(化)」이다.

中庸 제24장

* 제24장은 「지성은 신 같음(至誠如神)」을 기술했다. 「지성(至誠)」은 곧 「천지 자연 만물을 낳고 변화하게 만드는 하늘의 힘」이다. 그와 같은 「하늘의 힘과 도리」는 신령(神靈)하다. 고로 모든 징조를 미리 알리고 느끼게도 한다.

제24장 1절

至誠之道 可以前知 國家將興 必有禎祥 國家將亡 必有妖孼 見乎蓍龜 動乎四體 禍福將至 善 必先知之 不善 必先知之 故至誠如神.

지성지도(는) 가이전지(니) 국가장흥(에) 필유정상(하며) 국가장망(에) 필유요얼(하야) 현호시귀(하며) 동호사체(라) 화복장지(에) 선(을) 필선지지(하며) 불선(을) 필선지지(니) 고지성(은) 여신(이니라)

지극한 정성으로 만물을 낳고 키우는 하늘의 힘이나 도리는 미리 알 수 있다. 나라가 장차 흥하려고 하면 반드시 상서로운 징조가 있고, 나라가 장차 쇠망하려고 하면 반드시 요괴한 흉조가 있다. <그와 같은> 징조는 점치는 시초(蓍草)나 귀갑(龜甲)에도 나타나고, 사람의 몸이나 손발의 움직임에도 나타난다. 화나 복이 바야흐로 닥치려 할 때에는 좋은 것도 반드시 먼저 알게 하고, 좋지 않은 것도 반드시 먼저 알게 한다. 고로 지성은 신과 같다.

▶ 어구 설명

· 至誠之道(지성지도) : 지성의 힘이나 도리는.

· 必有禎祥(필유정상) : 반드시 상서로운 징조가 있다. 「정상(禎祥)」은 복(福)의 징조다. 「禎(복 정), 祥(상서로울 상)」
· 必有妖孼(필유요얼) : 반드시 요괴(妖怪)한 흉조가 있다. 「요얼(妖孼)」은 화(禍)의 싹틈이다. 「孼(괴이할 얼)」
· 見乎蓍龜(현호시귀) : 징조는 점치는 시초(蓍草)나 귀갑(龜甲)에 나타난다. 「시초」는 점을 치는 것. 「귀갑」은 점복(占卜)을 치는 것.
· 動乎四體(동호사체) : 몸이나 손발의 움직임에도 나타난다. 「사체(四體)」는 곧 동작을 꾸미고 의식을 차리는 <몸놀림의> 뜻이다. 예를 들면 옥을 잡을 때에, 높거나 얕게 한다든가, 용모가 지나치게 굽어보거나 혹은 올려보는 따위를 말한다.

[集註 選譯] (1) 凡此皆理之先見者也 然唯誠之至極 而無一毫私僞留於心目之間者 乃能有以察其幾焉 神謂鬼神. : 이와 같은 모든 것에, 모든 도리와 징조가 먼저 나타나 보인다. 그러나 오직 정성이 지극하고 털끝만큼의 사욕(私欲)과 허위(虛僞)가 마음과 눈 사이에 머물러 있지 않은 사람만이 능히 그 기미를 살피고 볼 수 있다. 신(神)은 귀신을 말한다.

【참고 보충】「지성지도(至誠之道) 가이전지(可以前知)」

「하늘의 지성(至誠)」은 「하늘이 지극한 정성으로 만물을 낳고 키운다」는 뜻이다. 공간과 시간을 통합한 하늘은 진실무망(眞實無妄)하게 만물을 낳고 키운다. 그와 같은 「하늘의 생명력=에너지」를 중용에서는 「성(誠)」이라 하고, 또 그 도리를 「천도(天道)」라고 했다.

「성(誠)」은 곧 하늘의 체(體)와 용(用)이다. 성인(聖人)은 하늘과 하나가 된 경지에서 「지성지도(至誠之道)」를 따르고 실천한다. 성인 다음 단계의 현인이나 군자도 「지성지도=천도(天道)」를 깨닫고 행한다.

「천지인(天地人) 삼재(三才)」에 의해서 국가나 만민이 「생생불이

(生生不已)」하면서 역사와 문화를 계승 발전하고 있다. 이때 천도(天道)를 지덕(地德)으로 나타내는 주체가 사람이다.

사람은 천명(天命)으로 부여된 성리(性理)를 바탕으로 「지성지도(至誠之道)=천도(天道)」를 깨닫고 실천한다. 특히 성인은 「털끝만큼의 사욕과 허위가 없다.(無一毫私僞)」 그러므로 「지성지도=천도」를 깊이 잘 알고, 또 미리 느낄 수 있다.

즉 봉황이나 기린이 나타나는 길상(吉祥)이나, 천재지변 같은 흉조(凶兆)도 나타난다. 성인은 이와 같은 「흥망의 징조를 미리 알 수 있다(可以前知)」고 말한 것이다.

하늘과 사람은 감응한다. 그래서 징조가 처음에는 천체(天體)나 기상변화(氣象變化)에 나타난다. 다음에는 자연과 지상에 괴변으로 나타난다. 끝으로 사회 풍조나 인심 및 생활양식에 나타난다. 고대에는 점괘로써 맞추기도 하였다.

천리를 따르면 흥(興)하게 되고, 천리를 어기면 망(亡)하게 된다. 나타나는 현상으로 흥망을 알 수 있다.

【참고 보충】「동호사체(動乎四體)」

동호사체(動乎四體)를 집주(集註)에서 다음같이 풀이했다.

「사체(四體)는 곧 동작을 꾸미고 의식을 차리는 <몸놀림의> 뜻이다. 예를 들면 옥을 잡을 때에 너무 높거나 얕게 한다든가, 그 모양이 지나치게 굽어보거나 혹은 올려보는 따위를 말한다.」

「좌전(左傳) 정공(定公) 14년조」에 대략 다음 같은 기록이 있다.

「주(邾)나라의 은공(隱公)이 노(魯)나라 정공(定公)을 만났을 때, 은공이 옥을 높이 들고 올려다보는 자세로, 정공에게 넘겨주었다. 그래서 정공은 얼굴을 굽혔다. 이를 본 자공(子貢)이 『예에 어긋난다. 후일에 두 임금이 다 망할 것이다』라고 말했다. 과연 그 해에 노나라의 정공이 죽었다. 한편 노나라 애공(哀公)이 주나라를 무력으로 토벌했다.」

하늘과 성인은 서로 호응하게 마련이다. 이러한 경지를 「천인합일(天人合一)」 혹은 「내성외왕(內聖外王)」이라고도 한다. 「성인은 청명하고 털끝만큼의 욕심의 덮임도 없다. 그래서 지기(志氣)가 신(神) 같고 밝은 거울과 같으므로 영상이 슬쩍 비치기만 해도, 이내 안다. 그러나 중인(衆人)은 흐린 거울 같으므로 알지 못한다」.

中庸 제25장

* 「제25장」도 자사의 말이다. 「성(誠)」의 핵심을 이해하는 데 중요한 장이다. 「1절」 : 「성(誠)이나 도」의 근원은 하늘이다. 그러므로 「성이나 도」는 사람의 작위(作爲)를 거치지 않고 스스로 이루어지고 행해진다. 「2절」 : 「성(誠)=천리(天理)」에 의해서 만물이 있는 것이다. 「성=천리」가 없으면 만물도 없다. 「3절」 : 「성=천리」는 「성기(成已)」만으로 끝나지 않고 반드시 성물(成物)로 전개된다. 즉 본성 속의 인애(仁愛)를 만물에 미쳐 인덕(仁德)을 세운다.

「성(誠)=에너지=생명력」의 본체는 「형이상의 이(理), 즉 천리」다. 안에 있는 천리는 반드시 밖으로 나타난다. 이를 「내성외왕(內聖外王)」이라고 한다. 천도(天道)는 반드시 사람에 의해서 지덕(地德)으로 나타난다. 이를 「천도, 인행(人行), 지덕」 「천인합일(天人合一)」이라고 한다.

제25장 1절

誠者自成也 而道自道也.

성자(는) 자성야(요) 이도(는) 자도야(니라)

성(誠)은 <사물이> 스스로 이루어지는 바탕이다. 도(道)는 <사람이나 만물이> 스스로 따라가는 길이며 도리이다.

[集註 選譯] (1) 言誠者 物之所以自成 而道者 人之所當自行也 誠以心言本也 道以理言用也. : 「성(誠)」이라고 말한 것은 사물이 저절로

이루어지는 바탕이라는 뜻이다. 그리고 도라고 말한 것은 사람이 마땅히 스스로 가야 할 길이나 <도리라는> 뜻이다. 「성(誠)」은 마음을 바탕으로 한 본체를 말한 것이다. 도(道)는 이(理)를 바탕으로 한 용(用)을 말한 것이다.

제25장 2절

誠者物之終始 不誠無物 是故君子 誠之爲貴.

성자(는) 물지종시(니) 불성(이면) 무물(이니) 시고(로) 군자(는) 성지위귀(니라)

성(誠)은 만물의 끝이고 처음이다. 성(誠)하지 않으면 만물도 없게 된다. 그러므로 군자는 성(誠)을 귀하게 여긴다.

▶ 어구 설명

- 誠之爲貴(성지위귀) : 성(誠)을 귀하게 여긴다. <* 「성지(誠之)」는 「만물의 생(生)의 본체인 성(誠)」을 「성실하게 따르고 행한다」는 뜻이다. 「제20장 17절」 : 「성자 천지도야(誠者 天之道也), 성지자 인지도야(誠之者 人之道也)」>

[集註 選譯] (1) 天下之物 皆實理之所爲 故必得是理 然後 有是物 所得之理 旣盡 則是物亦盡 而無有矣. : 천하의 만물은 모두가 진실무망(眞實無妄)한 천리(天理)에 의해서 이루어진다. 그러므로 반드시 바른 도리를 터득한 연후에 바른 사물이 있게 마련이다. 터득한 천리가 이미 다하면 그것으로 사물도 끝나고 <그 이상 더> 없게 된다.

(2) 故人之心 一有不實 則雖有所爲 亦如無有 而君子必以誠爲貴也. : 그러므로 사람의 마음에 하나라도 성실하지 못한 것이 있으면 <즉 천리가 아니고, 잡되고 악한 사욕이 있으면> 비록 하는 바가 있어도

역시 없는 것과 같게 된다. 즉 천리에 맞는 일이 없게 된다. 군자는 반드시 성(誠)을 귀하게 여겨야 한다.

(3) 蓋人之心 能無不實 乃爲有以自成 而道之在我者 亦無不行矣. : 무릇 사람의 마음이 능히 불실함이 없어야, 즉 사물을 처리해도 <그 사물이 천리대로> 스스로 이루어진다. 그리고 나에게 있는 도와 도리도 역시 행해지지 않는 바가 없게 된다.

제25장 3절

誠者 非自成己而已也 所以成物也 成己仁也 成物知也 性之德也 合內外之道也 故時措之宜也.

성자(는) 비자성기이이야(라) 소이성물야(니) 성기(는) 인야(요) 성물(은) 지야(니) 성지덕야(라) 합내외지도야(니) 고(로) 시조지의야(니라)

성(誠)은 자기를 완성하는 것으로 끝나지 않는다. 사물을 완성하는 바탕이다. 자기를 이루는 것은 인(仁)이다. 사물을 이루는 것은 지(知)다. 성리(性理)의 덕이 곧 속과 밖을 하나 되게 하는 길이자 도리이다. 고로 때맞추어 <사물을> 옳고 바르게 처리해야 한다.

▶ 어구 설명

- 誠者 非自成己而已也(성자 비자성기이이야) : 성(誠)은 스스로 자기만을 이루는 것으로 끝나지 않는다.
- 所以成物也(소이성물야) : <성(誠)은> 만물을 이루는 바탕이다.
- 性之德也(성지덕야) : 본성의 덕이다. 즉 성리(性理)가 덕으로 나타난다.
- 合內外之道也(합내외지도야) : 속과 밖을 합친 도리다. <* 성(誠)은 내재하고 있는 천리(天理)를 외적인 덕으로 나타내게 하는 도리이다.>

· 故時措之宜也(고시조지의야) : 고로 때맞추어 바르게 다스려야 한다.

[集註 選譯] (1) 誠雖所以成己 然旣有以自成 則自然及物 而道亦行於彼矣. : 비록 성(誠)이 자기를 완성되게 하는 것이지만, 그러나 이미 자신이 완성된 다음에는 이내 자연히 대상에게 미치고, 또 도(道) 역시 사물에 행해지게 된다.

(2) 仁者體之存 知者用之發 是皆吾性之固有 而無內外之殊 旣得於己 則見於事者 以時措之 而皆得其宜也. : 인(仁)은 체(體)를 간직함이다. 지(知)는 용(用)을 발현함이다. 모두가 나의 본성 속에 있는 것으로 안과 밖의 다름이 없다. 이미 <내가 성기(成己)하여> 본성의 인(仁)을 얻게 되면 곧 사물에 나타나게 마련이다. 그러므로 때맞추어 옳게 적용해야 <사물이> 바르게 된다.

【참고 보충】「성(誠)·성기(成己)·성물(成物)」

우주 천지 자연 만물을 창조하고 사람이나 만물로 하여금 스스로 살고, 또 번성하고 발전하게 하는 절대자를 하늘이라 한다. 그리고 그와 같은 절대선(絶對善)의 도리를 천도(天道)라고 한다.

하늘은 진실무망(眞實無妄)하게 사람이나 자연 만물에게「생명력, 에너지」를 주고 있다. 이를 특히「성(誠)」이라고 한다. 거듭 말하겠다.「성(誠)」은 곧「사람은 물론, 자연 만물을 생육화성(生育化成)하는 진실무망한 하늘의 생명력, 에너지이자 도리」이다.

사람은 절대로 혼자 살다가 죽는 그런 삶을 살지 않는다. 나의 생존이나 생활은 자연만물에게도 영향을 준다. 특히 나의 생존이나 생활은 타인과 불가분의 관계 속에 이루어지고, 또 상호작용을 한다.

사람은 만물의 영장(靈長)이다. 사람은 탁월한 지능을 지니고 있다. 지능은 곧「생명의 근원인 하늘의 성(誠)과 절대선의 도리를 알고 따르고 행하는 능력」이다.

거듭 말하겠다. 「성(誠)」은 곧 「우주 천지 자연 만물을 창조하고 사람이나 만물을 살게 하고, 또 발전되게 하는 진실무망한 하늘, 하늘의 생명력, 에너지 및 도리」를 다 포함한 뜻이기도 하다.

그러므로 사람은 「성(誠)」을 따르고 실천하는 삶을 살아야 한다. 그와 같은 지능을 갖추는 것을 성기(成己)라고 한다. 성기는 곧 「자기완성, 인격완성」이다.

성인은 지성(至誠)을 바탕으로 인애(仁愛)의 덕치를 실현한다. 이를 성물(成物)이라고 한다.

中庸 제26장

* 제26장에서는 「지성무식(至誠無息)」한 「천지의 위대한 도」를 말하고 끝의 10절에서는 「순수한 문왕(文王)의 덕」을 높였다.

제26장 1절

故至誠無息.

고(로) 지성(은) 무식(이라)

그런 고로 지극한 정성은 쉬지 않는다.

[集註 選譯] (1) 旣無虛假 自無間斷. : 원래 거짓과 꾸밈이 없으므로 자연히 사이가 나거나 중단하는 일이 없다.

【참고 보충】「지성무식(至誠無息)」

일차적인 지성(至誠)은 하늘의 지성이다. 하늘은 참되고 알찬 생명력과 정성으로 자연 만물을 쉬지 않고 줄기차게 생육하고 발전케 하고 있다.

이차적인 지성은 성인의 지성이다. 즉 하늘과 하나가 된 성인이나 성군(聖君)은 지극한 정성으로 쉬지 않고 덕치(德治)를 펴서 인류의 역사와 문화를 더욱 새롭게 창조적으로 발전되게 한다.

그러므로 배우는 사람이나 군자도 지극한 정성으로 쉬지 않고 자기 완성, 즉 성기(成己)하고 더 나가서 대상을 완성하는 성물(成物)을 해야 한다.

제26장 2절

不息則久 久則徵.

불식즉구(하고) 구즉징(하니라)

쉬지 않으니깐 오래 지속하고, 오래 지속하니깐 그 징험이 밖으로 나타난다.

▶ 어구 설명

・久(구) : 항상 속에 <성(誠)이> 있다는 뜻이다.

・徵(징) : 밖으로 그 효험이 나타남이다.

【참고 보충】「불식즉구(不息則久) 구즉징(久則徵)」

하늘이나 성인은 쉬지 않고 「속에 있는 성(誠)=천리(天理)」를 항상 밖으로 발현한다. 그러므로 그 징험(徵驗)이 나타난다. 성인의 경우는 하늘과 같은 마음으로 「성=천리」를 간직하고 발현하므로 덕으로 나타난다.

제26장 3절

徵則悠遠 悠遠則博厚 博厚則高明.

징즉유원(하고) 유원즉박후(하고) 박후즉고명(하니라)

나타나는 징험(徵驗)이 유연하고 멀리 나타난다. 유연하게 멀리까지 나타나니깐, 즉 넓게 번지고 두텁게 쌓인다. 넓고 두터우니 곧 고대(高大)하고 광명(光明)하게 된다.

▶ **어구 설명**

・徵則悠遠(징즉유원) : 징험이 유연하고 멀리 퍼진다.

・悠遠則博厚(유원즉박후) : 유연하고 머니깐, 넓게 번지고 두텁게 쌓인다.

[集註 選譯] (1) 此皆以其驗於外者言之 鄭氏所謂至誠之德著於四方者 是也 存諸中者旣久 則驗於外者益悠遠而無窮矣 悠遠 故其積也 廣博而深厚 博厚 故其發也高大而光明. : 이상은 다 밖으로 나타난 징험을 말한 것이다. 정현(鄭玄)이 말한 바, 「지성의 덕이 사방으로 나타난다」고 한 것이 바로 그것이다. 속에 간직한 지가 이미 오래되면, 즉 밖으로 나타나는 징험이 더욱 유연하게 멀리 퍼지고, 또 무궁하다. 유연하게 멀리 퍼지는 고로 그 축적되는 것도 광범위하게 넓고, 또 깊으면서 두텁게 된다. 넓고 두터우니깐 고로 그 나타나는 징험도 높고 크고, 또 빛나고 밝다.

【참고 보충】「유원(悠遠)・박후(博厚)・고명(高明)」

「지성(至誠)」은 「우주의 에너지, 만물을 낳고 키우는 생명력」이다. 하늘이나 성인의 경지에서 「지성무식(至誠無息)하고」「오래되면 즉 나타난다.(久則徵)」 속에 지성이 넘치면 밖으로 나타난다. 그것이 곧 「지성의 덕」이고 「징험」이다. 그 「나타나는 징험의 품」을 「유원・박후・고명」하다고 한 것이다.

제26장 4절

博厚 所以載物也 高明 所以覆物也 悠久 所以成物也.

박후(는) 소이재물야(요) 고명(은) 소이복물야(요) 유구(는) 소이성물야(니라)

박후(博厚)는 모든 사물을 싣는 바탕이다. 고명(高明)은 모든 사물을 한결같이 통괄하는 바탕이다. 유구(悠久)는 모든 사물을 성취하는 바탕이다.

▶ 어구 설명

· 博厚所以載物也(박후소이재물야) : 「박후(博厚)」는 사물을 싣는 바탕이다. 박후하니깐 만물을 싣는다.
· 高明所以覆物也(고명소이복물야) : 고명(高明)하니깐 모든 사물을 통괄한다. 복(覆)은 「덮고 가린다」는 뜻이 아니고 「총체적으로 통괄한다」는 뜻이다.
· 悠久所以成物也(유구소이성물야) : 유구(悠久)하니깐 만물을 성취한다. 「유구」는 「유연하고 느긋하고 오래 지속된다」는 뜻.

[集註 選譯] (1) 本以悠遠致高厚 而高厚又悠久也 此言聖人與天地同用. : 근본이 유원(悠遠)하니깐 고후(高厚)하게 된다. 그래서 고후하고, 또 유구하다. 이 말은 성인과 천지의 용(用)이 같음을 말한 것이다.

【참고 보충】「재물(載物) · 복물(覆物) · 성물(成物)」

① 박후재물(博厚載物) : 「지성(至誠)의 덕」이 넓게 번지고 두텁게 쌓인다. 그래서 대지가 만물을 싣고 키워주고 있는 것이다. 그러므로 성인도 천하 만민을 인애덕치(仁愛德治)로 잘살게 해준다.

② 고명복물(高明覆物) : 「지성의 덕」이 하늘같이 높고 밝으니깐 성인도 하늘처럼 모든 사람과 사물을 다 통괄하고 다스리고 빛나게 할 수 있다.

③ 유구성물(悠久成物) : 「지성의 덕」이 유연하게 멀리까지 미치고, 또 오래 지속된다. 고로 성인이 온 천하를 영원히 다스리고 키워서 사람이나 만물이 저마다 성취되게 할 수 있는 것이다.

<* 예나 지금이나, 또 동양이나 서양이나 현실적 정치는 대개가 지성(至誠)을 따라 행하지 않고, 개인주의, 극단적인 이기적 욕심을 바탕으로 한다. 그래서 서로 싸우고 쟁탈을 하게 마련이다.>

제26장 5절

博厚配地 高明配天 悠久無疆.

박후(는) 배지(하고) 고명(은) 배천(하고) 유구(는) 무강(이니라)

성인의 박후(博厚)한 덕은 대지의 덕과 합치한다. 성인의 고명(高明)한 덕은 하늘의 덕과 합치한다. 성인의 유구한 덕은 무궁무진한 천지의 덕과 합치한다.

[集註 選譯] (1) 此言聖人 與天地同體. : 이 구절은 성인과 천지가 본체와 <지덕(地德)을> 같이하고 있음을 말한 것이다.

【참고 보충】「박후(博厚) · 고명(高明) · 유구(悠久)」

천도(天道)를 따른 지덕(地德)은 박후(博厚)하다. 이를 「박후배지(博厚配地)」라 했다.

만물을 생육화성(生育化成)하는 천도는 고명(高明)하다. 이를 「고명배천(高明配天)」이라 했다.

천지인(天地人) 삼재(三才)의 덕은 공간적으로나 시간적으로나 무궁무진하게 나타난다. 이를 「유구무강(悠久無疆)」이라 했다.

제26장 6절
如此者 不見而章 不動而變 無爲而成.

여차자(는) 불현이장(하며) 부동이변(하며) 무위이성(이니라)

이 같은 성인은 남에게 내보이려고 애를 쓰지 않아도, 저절로 아름답게 나타나고, 애를 쓰고 움직이지 않아도 스스로 변하게 되고, 인위적으로 꾸미고 작동하지 않아도 스스로 이루어진다.

▶ 어구 설명

· 如此者(여차자) : 지성무식(至誠無息)한 경지의 성인.
· 不見而章(불현이장) : 내보이려고 애를 쓰지 않아도 아름답게 나타난다.
· 不動而變(부동이변) : 애쓰고 움직이지 않아도 스스로 변한다.
· 無爲而成(무위이성) : 인위적으로 하지 않아도 스스로 이루어진다.

[集註 選譯] (1) 見猶視也 不見而章 以配地而言也 不動而變 以配天而言也 無爲而成 以無疆而言也. : 「현(見)」은 <애를 쓰고 남에게> 「내보인다」는 뜻이다. 「불현이장(不見而章)」은 <성인의 덕이> 땅과 합치한다는 뜻을 말한 것이다. 「부동이변(不動而變)」은 <성인의 덕이> 하늘과 합치한다는 뜻을 말한 것이다. 「무위이성(無爲而成)」은 <성인의 덕이> 하늘과 땅이 무궁무진함과 같다는 뜻을 말한 것이다.

【참고 보충】「하늘과 성인의 덕」

① 「불현이장(不見而章)」 : 자연 만물은 대지에 터를 잡고 삶을 누린다. 봄이 되면 꽃을 피우고, 가을이 되면 열매를 맺는다. 동식물이 번식하고, 인류의 문화가 발전한다. 이 모든 것이 땅의 덕이며, 자연스럽게 이루어진다.

② 「부동이변(不動而變)」 : 하늘이나 하늘의 도리는 눈에 보이지

않는다. 그러나 시간과 공간적으로 만물을 지배하고 만물을 변하게 한다. 이것이 하늘과 성인의 덕이다.

③ 「무위이성(無爲而成)」 : 하늘과 땅은 자연스럽게 만물을 낳고 키우고 번성하고, 또 「생생불이(生生不已)」한다. 이것이 「천지의 대덕(大德)」이자 「지극한 성(至誠)」이다. 이와 합치하는 사람이 성인이다. 그래서 요순(堯舜)의 「무위자연의 덕치(德治)」를 높이는 것이다.

제26장 7절

天地之道 可一言而盡也 其爲物 不貳 則其生物不測.

천지지도(는) 가일언이진야(이니) 기위물(이) 불이(라) 즉기생물(이) 불측(이니라)

하늘과 땅이 어울려 만물을 낳고 키우고 발전케 하는 길이나 도리를 한마디로 말할 수 있으니, 그것은 둘이 아니고, 하나인 「성(誠)」이다. 그래서 만물을 헤아릴 수 없이 많이 낳고 키운다.

▶ 어구 설명

- 天地之道(천지지도) : 하늘과 땅이 생육(生育)하는 도리.
- 可一言而盡也(가일언이진야) : 한마디로 말할 수 있다.
- 其爲物不貳(기위물불이) : <만물을 낳고 키우는> 하늘의 도리나 땅의 도리는 둘이 아니다. <하나다. 즉 성(誠)이다.>

[集註 選譯] (1) 此以下 復以天地 明至誠無息之功用 天地之道 可一言而盡 不過曰誠而已 不貳所以誠也 誠故 不息而生物之多 有莫知其所以然者. : 이 「6절」 다음의 글은 다시 하늘과 땅을 가지고 지성무식

(至誠無息)의 공용(功用)을 밝힌 것이다. 천지의 도를 한마디로 추려 말할 수 있으니, 즉 「성(誠)」이라 한다. 「불이(不貳)」, 즉 「하늘과 땅이 둘이 아니다」라는 뜻은 <하늘과 땅이 다> 성(誠)을 바탕으로 하고 있기 때문이다. 성(誠)이기 때문에 쉬지 않고 만물을 많이 낳고 자라게 한다. 그러면서 그렇게 되는 까닭을 알 수 없다.

제26장 8절

天地之道 博也 厚也 高也 明也 悠也 久也.

천지지도(는) 박야 후야 고야 명야 유야 구야(니라)

천지의 도는 <성(誠)이다.> 그래서 <그 공용(功用)이> 넓게 퍼지고, 두텁게 쌓이고, 높게 오르고, 밝게 빛나고, 유연하게 뻗어나고, 또 오래 지속한다.

[集註 選譯] (1) 言天地之道 誠一不貳 故能各極其盛 而有下文 生物之功. : 이 구절은 천지의 도는 성(誠) 하나뿐이고, 둘이 아니다. 그러므로 저마다 극성(極盛)함을 다할 수 있다는 <뜻을 말한 것이다.> 그리고 다음의 글에서는 <하늘과 땅이> 만물을 낳고 키우는 공용을 말했다.

【참고 보충】「박후고명유구(博厚高明悠久)」

하늘과 땅이 어울려 만물을 낳고 키우고 더욱 번식하고 인류의 경우는 역사와 문화를 새롭게 발전되게 하고 있다. 그 「원동력 생명력 에너지」를 중용에서는 「성(誠)」이라고 일컬었다.

제24장에서는 「지성은 신 같다(至誠如神)」고 했다. 그 신비한 「성(誠)」이 발현하여 「일월성(日月星)」이 되고, 또 천체를 운행하고

있다.

하늘에는 연비(鳶飛)하고, 물에는 어약(魚躍)하고, 산에는 초목이 자라고, 숲에는 동물이 달리고 있다.

인류는 수백만년에 걸쳐 대를 이어가면서, 문화적으로 발전하고 있다. 이와 같이 천지가 운행하고, 자연 만물이 공간적으로나 시간적으로나 생육하고 번식 발전하는 근원적인 힘이 곧 「성(誠)」이다.

8절에서는 「성(誠)의 발현, 공효(功效)의 범위와 양상」을 「박(博)·후(厚)·고(高)·명(明)·유(悠)·구(久)」라고 표현했다. 8절은 앞에 있는 「3절, 4절 및 5절」을 요약한 것이다.

제26장 9절

今夫天斯昭昭之多 及其無窮也 日月星辰繫焉 萬物覆焉 今夫地一撮土之多 及其廣厚 載華嶽而不重 振河海而不洩 萬物載焉.
今夫山一卷石之多 及其廣大 草木生之 禽獸居之 寶藏興焉 今夫水一勺之多 及其不測 黿鼉蛟龍魚鼈生焉 貨財殖焉.

금부천(이) 사소소지다(이니) 급기무궁야(하야는) 일월성신(이) 계언(하며) 만물(이) 복언(이니라) 금부지(이) 일촬토지다(이니) 급기광후(하야는) 재화악이부중(하며) 진하해이불설(하며) 만물(이) 재언(이니라)

금부산(이) 일권석지다(이니) 급기광대(하야는) 초목(이) 생지(하며) 금수(이) 거지(하며) 보장(이) 흥언(이니라) 금부수(이) 일작지다(이니) 급기불측(하야는) 원타교룡어별(이) 생언(하며) 화재(이) 식언(이니라)

지금 <우리가 대하고 보는> 저 하늘은 <말하자면> 맑고 빛나는 투명한 공간이 많이 모인 것이다. <그러나> 무궁함에 이르러서는 그 하늘, 곧 우주에 일월성신(日月星辰)이 매여 있고, 또 만물을 덮고 <자라게 하고 있다.> 지금 <우리가 대하고 있는> 대지는 <말하자면> 한줌의 흙이 많이 모인 것이다. <그러나> 그 넓고 두터움에 이르러서는 화산(華山)이나 악산(嶽山) 같은 산들을 싣고도 무겁게 여기지 않고, 또 강이나 바닷물을 담고도 새지 않게 하고, 또 만물을 싣고 생육(生育)하고 있다.

지금 <우리가 대하고 있는> 산은 <말하자면> 한 덩어리 돌들이 많이 모인 것이다. 그러나 그 산이 광대하게 되면 초목들이 살아서 우거지고 금수가 <산속에서> 살고, 여러 가지 보물을 감추어 두었다가 나타나게도 한다. 지금 <우리가 대하고 있는> 강물이나 바닷물도 <말하자면> 한 국자의 물이 많이 모인 것이다. <그러나> 그 물이 헤아릴 수 없이 많이 모이면, 큰 자라, 악어, 이무기, 용, 고기, 자라 등이 살아서 번식하며 여러 가지 보화 재물이 불어난다.

▶ 어구 설명

- 斯昭昭之多(사소소지다) : 맑고 빛나는 투명한 공간이 많이 모인 것이다. 「소소(昭昭)」는 「경경(耿耿)」과 같은 뜻이다.
- 及其無窮也(급기무궁야) : 그 무궁함에 이르러서는. <즉 공간적으로나 시간적으로 무궁무진한 하늘은 곧 우주다.>
- 日月星辰繫焉(일월성신계언) : 일월성신(日月星辰)이 매여 있고, 또 운행하고 있다.
- 萬物覆焉(만물복언) : 만물을 덮어 싸고. <살고 자라게 하고 있다.>
- 一撮土之多(일촬토지다) : 한줌의 흙이 많이 모인 것이다.
- 及其廣厚(급기광후) : 그 넓고 두터움에 이르러서는. <즉 대지의 넓이가 끝없이 광대하고, 또 그 두께가 헤아릴 수 없이 두텁다.>
- 載華嶽而不重(재화악이부중) : 그래서 화산(華山)이나 악산(嶽山) 같은 산들을 싣고도 무겁게 여기지 않는다. 「화악(華嶽)」을 화산(華山)이

라고 해석하기도 한다.

· 振河海而不洩(진하해이불설) : 강이나 바닷물을 담고 새지 않게 하고 있다. 「진(振)」은 「수(收)」와 같다. 즉 강물이나 바닷물을 다 거둬들이다.
· 萬物載焉(만물재언) : <대지나 지구가> 만물을 싣고, <생육(生育)하고 있다.>
· 一卷石之多(일권석지다) : 한 덩어리 돌들이 많이 모인 것이다.
· 寶藏興焉(보장흥언) : 보물을 감추어 두었다가 나타나게도 한다.
· 一勺之多(일작지다) : 한 국자의 물이 많이 모인 것이다.
· 及其不測(급기불측) : 그 물이 헤아릴 수 없이 많이 모이면.
· 黿鼉蛟龍魚鼈生焉(원타교룡어별생언) : 큰 자라, 악어, 이무기, 용, 고기, 자라 등이 살아서 번식한다. 「黿(자라 원), 鼉(악어 타), 蛟(이무기 교), 龍(용 룡), 鼈(자라 별)」
· 貨財殖焉(화재식언) : 보화 재물이 불어난다.

[集註 選譯] (1) 昭昭 猶耿耿小明也 此指其一處而言之 及其無窮 猶十二章及其至也之意 蓋擧全體而言也 振收也 卷區也 此四條 皆以發明由其不貳不息 以致盛大而能生物之意 然天地山川 實非由積累而後大 讀者不以辭害意可也. : 「소소(昭昭)」는 「경경소명(耿耿小明)」이며, 즉 「작게 빛난다」는 뜻이다. 이는 하늘의 한 구석을 말한 것이다. 「그 무궁함에 이르러서는」, 즉 제12장에서 말한 「급기지야(及其至也)」와 같은 뜻이다. 무릇 <하늘> 전체를 다 들고 말한 것이다. 「진(振)」은 「받아들인다」, 즉 「수(收)」와 같은 뜻이다. 「권(卷)」은 「하나(區)」, 즉 「한 덩어리」의 뜻이다. 이 네 가지 조목의 구절은 모두가 저마다 지니고 있는 한결같은 성(誠)을 바탕으로 쉬지 않음으로써 성대하게 되고, 능히 만물을 생육(生育)한다는 뜻을 밝힌 것이다. 그러나 천지산천이 사실에 있어 공간이나, 흙이나, 돌이나, 물만이 모이고 쌓여서 크게 된 것이 아니다. 독자들은 겉의 뜻을 가지고 본의를 해치지 않게 해야 한다. <즉 물질이 모여서 천지산천의 기능

이 위대하게 된 것이 아니고, 「우주의 생명의 근원인 성(誠)이 쉬지 않고 기능한 결과」라는 깊은 뜻을 바르게 알아야 한다.>

【참고 보충】「천지산천(天地山川)」

하늘(天) : 하늘은 물리적으로 말하면, 아무것도 없는 공간이다. 그런데 어떻게 거대한 태양과 달과 뭇 별들이 매달려 질서정연하게 억만년을 돌고 운행하며, 또 빛과 열을 발산하고, 또 사계절에 따라 기상변화를 일으키고 만물을 생육하고 있는가.

땅(地) : 지금 우리가 대하고 있는 땅도 말하자면 한줌의 흙이 많이 모인 것이다. 그런데 어떻게 해서, 화산(華山)이나 악산(嶽山) 같은 산들을 싣고도 무겁게 여기지 않고, 또 강이나 바닷물을 담고도 새지 않게 하고, 또 만물을 싣고 생육하고 있는가.

산(山) : 지금 우리가 대하고 있는 산도 말하자면 한 덩어리 돌들이 많이 모인 것이다. 그런데 어떻게 그 산에 초목들이 살아서 우거지고 금수가 살고 여러 가지 보물을 감추어 두었다가 나타나게 하는가.

하해(河海) : 강물이나 바닷물도 말하자면 한 국자의 물이 많이 모인 것이다. 그런데, 어떻게 그 물속에 헤아릴 수 없이 많은 자라, 악어, 이무기, 용, 고기 및 기타의 해산물과 기타의 보화 재물이 쏟아져 나오는가.

중용에서 자사(子思)는 그 원동력을 「성(誠)」이라 하고, 그 도리를 「천도(天道) 천리(天理)」로 보았다.

주자는 집주에서 말했다. 「모두가 저마다 지니고 있는 한결같은 성(誠)을 바탕으로 쉬지 않음으로써, 성대하게 되고 능히 만물을 생육한다.」 성인이 바로 「지성무식(至誠無息)」으로 만인을 교화하고 평천하(平天下)한다.

제26장 10절

詩云 維天之命 於穆不已 蓋曰天之所以爲天也 於乎不顯 文王之德之純 蓋曰文王之所以爲文也 純亦不已.

시운 유천지명(이) 오목불이(라하니) 개왈천지소이위천야(이오) 오호불현(가) 문왕지덕지순(이라하니) 개왈문왕지소이위문야(이니) 순역불이(니라)

시경 주송(周頌) 유천지명편(維天之命篇)에 있다. 「참으로 하늘의 명이 깊고 그윽하며 끝남이 없다.」 <이 구절은> 무릇 하늘의 하늘 됨을 말한 것이다. 「아아! 나타나지 않으랴! 문왕의 덕이 순수하시니!」 <이 구절은> 문왕의 문왕 되심을 말한 것이다. <문왕의> 「순수한 덕도 역시 끝이 없다」는 뜻을 말한 것이다.

▶ 어구 설명

- 詩云(시운) : 시경 주송(周頌) 유천지명편(維天之命篇)의 시. 문왕(文王)을 제사 지낼 때 읊은 시다.
- 維天之命 於穆不已(유천지명 오목불이) : 「하늘의 명이 깊고 그윽하며 끝남이 없다.」 「오(於)」는 감탄사. 「목(穆)」은 「깊고 원대하다」는 뜻.
- 蓋曰天之所以爲天也(개왈천지소이위천야) : <시경의 구절은> 무릇 하늘의 「하늘 됨을」 말한 것이다.
- 於乎不顯 文王之德之純(오호불현 문왕지덕지순) : 「아아! 나타나지 않으랴? 문왕의 덕이 순수하시니!」 <시경의 구절> 「불현(不顯)」은 「어찌 나타나지 않으랴」의 뜻과 같다. 「순(純)」은 「순수하고 한결같고 잡티가 없다」는 뜻이다.
- 蓋曰文王之所以爲文也(개왈문왕지소이위문야) : 무릇 문왕의 「문왕 되심을」 말한 것이다.

· 純亦不已(순역불이) : <문왕의> 「순수한 덕도 역시 끝이 없다」는 뜻을 말한 것이다.

[集註 選譯] (1) 引此 以明至誠無息之意. : 이 시를 인용해서 「지성무식(至誠無息)」의 뜻을 밝힌 것이다.

(2) 程子曰 天道不已 文王純於天道 亦不已 純則無二無雜 不已則無間斷先後. : 정자가 말했다. 천도는 끝이 없다. 문왕은 천도를 순수하게 지키고 따랐으므로 그의 덕도 끝이 없다. 순수하니깐 곧 하나이고 잡티가 없으며, 끝이 없으니깐 앞과 뒤가 사이가 나거나 중단되는 일이 없다.

【참고 보충】「천도(天道)와 지성무식(至誠無息)」

「제26장 1절」에서 「지성무식(至誠無息)」을 내세웠다. 그리고 제26장의 마지막인 「10절」에서 시경의 구절을 인용했다.

주(周)나라 문왕(文王)은 유가(儒家)에서 최고로 높이는 성군(聖君)이다.

문왕은 하루아침에 성군이 된 것이 아니다. 주나라 선조의 공덕, 문왕의 백부들의 양보, 문왕의 출생과 은(殷)나라 때의 고생, 태공망(太公望) 여상(呂尙)과의 만남, 아들 무왕(武王), 주공(周公) 등의 효성(孝誠)이 합해서 주나라가 천명(天命)을 받게 된 것이다.

결국 「지극한 정성으로 쉬지 않고 세운 덕이다」. 그래서 지성무식을 강조한 「제26장 마지막」에 내세웠던 것이다.

中庸 제27장

* 성인이 천리(天理)를 바탕으로 복잡다단한 문물제도를 꾸미고 예치(禮治)를 폈다. 그러나 그 핵심은 사람이다. 즉 임금이나 군자가 덕성을 높이고 학문을 따라야 함을 밝혔다. 즉 「군자존덕성 이도문학(君子尊德性 而道問學)」해야 비로소 「온고이지신(溫故而知新)」 「돈후이숭례(敦厚以崇禮)」 「명철보신(明哲保身)」함을 강조했다.

제27장 1절

大哉 聖人之道.

대재(라) 성인지도(여)

위대하다, 성인의 도여.

제27장 2절

洋洋乎 發育萬物 峻極于天.

양양호 발육만물(하야) 준극우천(이로다)

<성인의 도(道)와 덕(德)이> 사방으로 넘쳐, 흘러 퍼지고, 만물로 하여금 스스로 발동케 하고, 또 자라게 하며, 그 높고 위대함이 하늘에까지 치솟는다.

▶ 어구 설명

· 洋洋乎(양양호) : <사방으로> 넘치고 흘러 퍼지다.
· 發育萬物(발육만물) : 만물을 발육케 하다. 「발(發)」은 발동하다. 즉 본성 속에 있는 「천리(天理)=성(誠)=생명력=에너지」를 스스로 발동케 하다.
· 峻極于天(준극우천) : <성인의> 높고 위대한 도덕이 하늘에까지 도달하다. 즉 하늘과 같은 경지에 이르다. 「준(峻)」은 높고 크다는 뜻이다.

[集註 選譯] (1) 此言道之極於至大而無外也. : 이 구절은 「성인의 도(道)와 덕의 극점이 지대(至大)함에 이르고, 더는 밖이 없다」는 뜻을 말한 것이다.

제27장 3절
優優大哉 禮儀三百 威儀三千.

우우대재(라) 예의삼백(과) 위의삼천(이로다)

참으로 우아하고 성대하다. <성인이 제정한> 대강이 되는 예의가 3백 가지나 되고, 작은 예의범절의 조목이 3천 가지나 된다.

▶ 어구 설명

· 優優大哉(우우대재) : 참으로 우미(優美)하고 성대(盛大)하다. 「우우(優優)」를 주자(朱子)는 「충분히 족하고 여유가 있다」로 풀었다.
· 禮儀(예의) : 기본적 대강(大綱)이 되는 예의를 말한다.
· 威儀(위의) : 「곡례(曲禮)」의 뜻.

[集註 選譯] (1) 此言道之入於至小而無間也. : 이 구절은 「도가 지극히 작은 일이나 행동 속에도 들어가고 빈틈이 없다」는 뜻을 말한 것이다.

제27장 4절

待其人而後行.

대기인이후(에) 행(이니라)

모두가 성인이 나타나야 비로소 행하게 된다.

▶ 어구 설명

· 待其人而後行(대기인이후행) : <예의 대강 3백 개도, 작은 조목 3천 개도 그것을 행할 만한> 성인이 나타나야 비로소 행하게 마련이다.

【참고 보충】「대인후행(待人後行)」

옛날의 성왕이 제정한 예의범절이 많아도, 그 도리를 알고 행할 수 있는 성인이 나타나야 비로소 예치(禮治)와 덕치가 구현될 수 있다. 「제20장 2절」에서 「기인존 즉기정거(其人存 則其政擧)」「기인망 즉기정식(其人亡 則其政息)」이라고 한 것과 같다.

제27장 5절

故日 苟不至德 至道不凝焉.

고왈 구부지덕(이면) 지도불응언(이라하니라)

고로 말한다. 적어도 지극한 덕이 아니면, 지극한 도에 묶어서 이루지 못한다.

▶ 어구 설명

· 苟不至德(구부지덕) : 적어도 지극한 덕에 이르지 못하면. <즉 나라를 다스리는 임금의 덕이 지극하지 못하면.> 「지덕(至德)」은 성인의 지극

한 덕을 말한다.

· 至道不凝焉(지도불응언) : <예법 속에 있는 도리가> 천도(天道)에 응결되지 않으며. 「지도(至道)」는 앞의 「2절, 3절」에서 말한 「지극한 도리」를 말한다. 「응(凝)」은 <하나인 천도로> 「집약하고 성취한다」는 뜻이다. <* 예의 대강 3백 개와, 작은 항목 3천 개는 모두 천도를 바탕으로 한 것이다. 성인의 지극한 덕이 아니면 천도에 집중하고, 또 맞게 성취할 수 없다.>

제27장 6절

故君子 尊德性 而道問學 致廣大 而盡精微 極高明 而道中庸 溫故而知新 敦厚以崇禮.

고(로) 군자(는) 존덕성 이도문학(이니) 치광대 이진정미(하며) 극고명 이도중용(하며) 온고이지신(하며) 돈후이숭례(니라)

고로 군자는 덕성을 높이고, 그리고 도(道)를 묻고 배운다. 광대한 <도를> 알고, 그리고 정밀하고 미세하게 한다. 높고 큰 <도(道)를> 끝까지 구명해 알고, 그리고 중용의 도를 따르고 행한다. 옛날의 학문을 익히고 새것을 알고 다스린다. <덕성을> 돈독히 두텁게 함양하고 예의범절을 높이고 지킨다.

▶ 어구 설명

· 尊德性 而道問學(존덕성 이도문학) : 덕성을 높이고 도를 묻고 배운다. 「존(尊)」은 공경하고 받들어 지닌다는 뜻이다. 「덕성(德性)」은 「내가 하늘로부터 받은 바 바른 도리」라는 뜻이다. 「도(道)」는 「따라간다」는 뜻이다.

· 致廣大 而盡精微(치광대 이진정미) : 광대한 <도를> 알고 <실제로 사물을 대하고 처리함에 있어> 정밀하고 미세하게 한다.

·極高明 而道中庸(극고명 이도중용) : 높고 큰 <도를> 끝까지 구명해 알고 <실제로 사물을 대하고 처리함에 있어> 중용의 도를 따르고 행한다.

·溫故而知新(온고이지신) : 옛 학문을 익히고, 그리고 새것을 알고 다스린다. 「온(溫)」은 「삶고 따뜻하게 한다[燖溫]는 온(溫)」과 같은 뜻이다. <온(溫)은> 곧 이전에 배운 것을 거듭 때에 따라 익힌다는 뜻을 말한 것이다.

·敦厚以崇禮(돈후이숭례) : <덕성을> 돈독히 두텁게 함양하고 나가서 예의범절을 높이고 지킨다. 「돈(敦)」은 「더욱 두텁게 한다」는 뜻이다.

[集註 選譯] (1) 尊德性 所以存心 而極乎道體之大也 道問學 所以致知 而盡乎道體之細也 二者修德凝道之大端也. : 덕성을 존중하는 것이 곧 마음을 존양(存養)하고 도체(道體)의 큼을 끝까지 알게 하는 바탕이다. 도를 묻고 배우는 것이 앎을 이루는 바탕이며, 또한 <큰 도체를> 알고 도체를 정밀하게 하는 바탕이다. 이 두 가지, 즉 「존덕성(尊德性)과 도문학(道問學)」이 자신의 덕성을 수양하고 <자신의 행동이나 예의범절 모든 것을> 천도(天道)에 집결케 하는 기본 바탕이다.

(2) 不以一毫私意自蔽 不以一毫私欲自累 涵泳乎其所已知 敦篤乎其所已能 此皆存心之屬也. : 터럭만큼의 사사로운 뜻에 덮이지 않고, 터럭만큼의 사사로운 욕심에 묶이거나 매이지 않고, 자기가 이미 아는 바, 바른 도리만을 깊이 간직하고 따르고, 또 자기가 이미 행할 수 있는 바 예의범절을 더욱 돈독히 하고 행한다. 이와 같이 하는 것은 다 「존심함양(存心涵養)」에 속한다.

(3) 析理則不使有 毫釐之差 處事則不使有過不及之謬 理義則日知其所未知 節文則日謹其所未謹 此皆致知之屬也. : <존덕성 도문학하면> 사리를 분석함에 있어, 털끝만큼의 차질도 없게 되고, 사물을 처리함에 있어, 지나치거나 못 미치는 잘못도 없게 되고, 의리를 밝힘

에 있어 전에 알지 못했던 바를 날로 더 알게 되고, 다양한 예절을 행함에 있어 전에 잘 행하지 못한바 예절을 날로 더욱 삼가 행하게 된다. 이들은 모두 치지(致知)에 속하는 일들이다.

(4) 蓋非存心 無以致知 而存心者 又不可以不致知. : 무릇 <본성 속에 주어진 천리를> 「존심함양(存心涵養)」하지 않으면 치지(致知)하지 못한다. 그리고 존심함양하기 위해서도 역시 치지하지 않을 수 없다.

(5) 故此五句 大小相資 首尾相應 聖賢所示入德之方 莫詳於此 學者宜盡心焉. : 고로 위의 다섯 구절은 큰 것과 작은 것이 서로 받쳐주고 머리와 꼬리가 서로 호응한다. 성현이 지시한 바, 덕에 들어가는 방도에 있어, 이보다 더 자상한 것이 없으니 배우는 사람들은 마땅히 마음을 다하여 익혀야 한다.

제27장 7절

是故 居上不驕 爲下不倍 國有道 其言足以興 國無道 其默足以容 詩曰 旣明且哲 以保其身 其此之謂與.

시고(로) 거상불교(하며) 위하불배(라) 국유도(에) 기언(이) 족이흥(이오) 국무도(에) 기묵(이) 족이용(이니) 시왈 기명차철(하야) 이보기신(이라하니) 기차지위여(인져)

그러므로 군자는 위에 있어도 교만하지 않고, 아래에서도 천리(天理)나 예에 어긋나지 않는다. 나라에 도가 있으면 그의 말이 족히 나라를 흥하게 하고, 나라에 도가 없으면 그의 은퇴와 침묵이 족히 용납될 것이다. 시경 대아(大雅) 증민편(烝民篇)에 「이미 밝고, 또 지혜로워서 자기 몸을 보전한다」고 있다. 이 말이 바로 군자를 말한 것이다.

▶ 어구 설명

· 居上不驕(거상불교) : 위에 있어도 교만하지 않는다.
· 爲下不倍(위하불배) : 아래에서도 천리(天理)나 예(禮)에 어긋나지 않는다.
· 其言足以興(기언족이홍) : 그의 말이 족히 나라를 홍성케 한다. 「홍(興)」은 홍기(興起)의 뜻이다.
· 其默足以容(기묵족이용) : 그의 은퇴와 침묵이 족히 용납될 것이다.
· 旣明且哲(기명차철) : 이미 밝고 또 지혜로움이.
· 以保其身(이보기신) : 자기 몸을 보전한다.
· 其此之謂與(기차지위여) : 바로 이와 같은 군자를 말한 것이다.

【참고 보충】「명철보신(明哲保身)」

주자(朱子)는 말했다. 「명철보신은 어디까지나 천하의 모든 사리를 밝게 알고, 천리를 따라 순리대로 행한다. 그러므로 자연히 재해가 자기 몸에 미치지 않음을 말한다.(明哲 只是曉天下事理 順理而行 自然災害不及其身)」 <大全註疏>

그러나 많은 사람들은 「사심(邪心)을 가지고 악한 짓을 하고도 약삭빠르게 재난이나 벌을 모면하는 것」이라고 잘못 해석하고 있다.

【참고 보충】「위대하다, 성인의 도리(大哉 聖人之道)」

성인이 천도를 따라 만물을 양육하는 예치(禮治)를 확립했다. 군자도 자강불식(自强不息)하여 덕성을 높이고 학문으로 수양하고 중용을 실천했다. 이를 온고지신(溫故知新)이라 했다.

이렇게 하는 것이 인도(人道)다. 도의 근원은 천(天)이다. 천명(天命)으로 부여된 성리(性理)를 순수하게 따르고 행하는 사람이 곧 성인이다. 그래서 앞 10장의 집주(集註)에서 주자(朱子)는 다음같이 말했다. 「천도는 끝이 없다. 문왕은 천도를 순수하게 지키고 따랐으므로 그의 덕도 끝이 없다. 순수하니깐 성(誠)과 하나가 되었다.」 주(周)나라에서 제정한 「예의삼백(禮儀三百) 위의삼천(威儀三千)」도 내면적으로는 「천리(天理)=성(誠)」을 따른 것이다.

中庸 제28장

* 제28장은 총 5절이다. 각 절의 뜻을 요약하면 다음과 같다. 1절 : 우매하고 하천한 사람은 제 고집을 세우고, 멋대로 행동하고, 이상적인 주나라의 문물제도를 부정하고 옛날로 돌아가자고 주장한다. 그러다가는 재앙을 초래한다. 2절 : 천자가 아니면 예법이나 제도를 논하지 말라. 3절 : 지금은 주나라에 의해 천하의 문물이 통일되었다. 4절 : 덕 있는 천자만이 예악을 제정할 수 있다. 5절 : 공자의 말이다. 「내가 아는 한 하(夏)나라나 은(殷)나라의 예법은 주(周)나라의 예법같이 찬란하지 못하다. 그러므로 나는 오늘날 쓰이는 주나라의 예법을 따르겠다.」

제28장 1절

子曰 愚而好自用 賤而好自專 生乎今之世 反古之道 如此者 災及其身者也.

자왈 우이호자용(하며) 천이호자전(이요) 생호금지세(하야) 반고지도(면) 여차자(는) 재급기신자야(니라)

공자가 말했다. 어리석으면서 자기의 편견이 쓰여지기를 좋아하고, 천하면서 제멋대로 하기를 좋아하고, 오늘의 세상에 태어나 살면서, 옛날의 <무도한> 방식으로 돌아가려고 한다. 이 같이 하는 자들에게는 재난이 그 몸에 미칠 것이다.

▶ 어구 설명

- 愚而好自用(우이호자용) : 도도 모르고 덕도 없는 우매한 자가 무턱대고 자기의 그릇된 주장이나 방식이 쓰여지기를 좋아한다.
- 賤而好自專(천이호자전) : 높은 자리에 오르지 못한 하천(下賤)한 자가 제멋대로 하기를 좋아한다.
- 生乎今之世(생호금지세) : 지금 세상에 태어나 살면서.
- 反古之道(반고지도) : 옛날의 방식으로 돌아가려고 한다. 「반(反)」을 주자(朱子)는 집주(集註)에서 「반(返)」이나 「복(復)」의 뜻으로 풀이했다. <* 주(周)나라 문무주공(文武周公)이 세운 찬란한 예악 따르기를 주장한 것이다.>

【참고 보충】「재급기신(災及其身)」

유교의 도통사상(道統思想)은 우주의 이법(理法)이다. 절대선(絶對善)인 천도(天道)를 바탕으로 천지 자연 만물이 조화를 이루고 함께 잘살고 번성하는 도리다. 그러므로 「온고지신(溫故知新)」해야 한다.

유교사상은 「생명철학적 발전관」을 바탕으로 사해일가(四海一家)의 평화세계를 창건하는 위대한 사상이다.

이와 같은 사상은 이미 주(周)나라에 실증되었다. 그런데 후세에 태어난, 우매(愚昧)하고 하천한 자들은 도통사상의 높은 경지를 모르고 반대로 무지막지(無知莫知)하고 잔인포학한 악덕통치만을 일삼고자 한다. 그래서 공자가 말했다. 「재화가 미친다.(災及其身)」

오늘의 인류세계가 바로 공자가 말한 대로 「옛날의 도덕정치를 반대하고 그 결과 재난에 빠져 있는 것이다.(反古之道 如此者 災及其身者也)」

제28장 2절

非天子 不議禮 不制度 不考文.

비천자(면) 불의례(하며) 부제도(하며) 불고문(이니라)

천자가 아니면 예를 논하지 못하고, 나라의 제도를 제정하지 못하고, 문물을 살펴보지 못한다.

▶ 어구 설명

- 非天子(비천자) : 천명을 받은 덕이 높은 천자가 아니면.
- 禮(예) : 친소(親疎), 귀천(貴賤)이 서로 접대하는 예절.
- 度(도) : 「품격에 따라서 제도한다」는 뜻이다.
- 文(문) : 「글로 적는다」는 뜻이다.

제28장 3절

今天下 車同軌 書同文 行同倫.

금천하 거동궤(하며) 서동문(하며) 행동륜(이니라)

오늘의 천하에서는 <주(周)나라 천자(天子)가 제정한 바에 따라> 수레의 규격이 통일되고, 글이나 서류의 문자가 통일되고, 행동의 윤리규범이 통일되어 있다.

▶ 어구 설명

- 今天下(금천하) : 오늘의 천하. 춘추(春秋)나 전국(戰國)시대를 말한다. 비록 주(周)나라가 쇠약해도 주나라의 예치(禮治)를 높이고 한 말이다.
- 車同軌(차동궤) : 수레의 규격이 같다. 차궤(車軌)는 바퀴의 간격.
- 書同文(서동문) : 글이나 서류의 문자가 통일되었다.

· 行同倫(행동륜) : 행동의 윤리규범이 통일되었다. 「윤(倫)」은 차등과 순서의 기본 강령[體]이다.

[集註 選譯] (1) 三者皆同 言天下一統也. : <차궤(車軌), 문자, 윤리 등> 셋이 통일되었다. <그러므로> 천하가 하나로 통일되었다고 말한 것이다.

제28장 4절

雖有其位 苟無其德 不敢作禮樂焉 雖有其德 苟無其位 亦不敢作禮樂焉.

수유기위(나) 구무기덕(이면) 불감작례악언(이며) 수유기덕(이나) 구무기위(면) 역불감작례악언(이니라)

비록 그 자리에 있어도 만약에 그에 어울리는 덕이 없으면, 감히 예악이나 문물제도를 제정하지 못한다. 비록 그만한 덕이 있어도, 만약에 그에 어울리는 자리, 즉 임금자리에 있지 않으면, 역시 감히 예악을 제작할 수 없다.

▶ **어구 설명**

· 苟無其德(구무기덕) : 만약에 그에 어울리는 덕이 없으면.
· 苟無其位(구무기위) : 만약에 그에 어울리는 임금자리가 아니면.

[集註 選譯] (1) 鄭氏曰 言作禮樂者 必聖人在天子之位. : 정현이 말했다. 이 구절은 예악을 제작할 사람은 반드시 천자의 자리에 오른 성인이라야 한다는 뜻을 말한 것이다.

제28장 5절

子曰 吾說夏禮 杞不足徵也 吾學殷禮 有宋存焉 吾學周禮 今用之 吾從周.

자왈 오설하례(나) 기부족징야(요) 오학은례(호니) 유송(이) 존언(이어니와) 오학주례(호니) 금용지(라) 오종주(호리라)

공자가 말했다. 내가 하(夏)나라의 예를 논하려고 해도, 하나라의 후예인 기(杞)의 자료가 부족하다. 나는 은(殷)나라의 예를 배워서 알고 있으며, 은나라의 후손이 봉해진 송(宋)나라가 있다. 한편 나는 주(周)나라의 예도 배워서 잘 알고 있으며, 오늘 실지로 주례(周禮)가 쓰이고 있다. 그러므로 나는 주나라의 예를 따르겠다.

▶ 어구 설명

· 吾說夏禮(오설하례) : 나는 하나라의 예악이나 문물에 대해서 말하고자 하나.

· 杞不足徵也(기부족징야) : 하나라의 후예 나라인 기(杞)나라를 증거할 자료가 부족하다. 「기(杞)」는 주무왕(周武王)이 하우(夏禹)의 후예 동루공(東樓公)으로 하여금 우(禹)의 제사를 지내게 하기 위해 세운 나라이다. 「징(徵)」은 증명한다는 뜻이다.

· 有宋存焉(유송존언) : 그리고 은의 후손이 봉해진 송(宋)나라가 있다. 은나라를 멸한 주무왕(周武王)이 주(紂)의 아들 무경(武庚)을 송나라에 봉하고 제사를 받들게 했다. 그러나 그가 반란했으므로 주공(周公)이 무경을 주멸(誅滅)하고 주(紂)의 서형인 미자(微子)를 봉했다.

· 今用之(금용지) : 오늘에 실지로 주례(周禮)가 쓰이고 있다.

[集註 選譯] (1) 三代之禮 孔子皆嘗學之 而能言其意 但夏禮 旣不可考證 殷禮雖存 又非當世之法 惟周禮 乃時王之制 今日所用 孔子旣不得位 則從周而已. : 「하(夏)·은(殷)·주(周)」 3대의 예를 공자는 이

전에 다 배워서 알고 있으며, 따라서 그 대의를 능히 말할 수 있다. 그러나 하나라의 예는 이미 고증할 수 없고, 은나라의 예는 비록 남아 있기는 하나, 역시 당대의 예법이 아니다. 오직 주나라의 예법만이, 곧 현세의 임금의 제도이고, 현재 쓰이고 있는 예법이고 제도이다. 공자는 성인이지만 자리를 얻지 못했으므로 <예법을 제정할 수 없으며> 주나라의 예법을 따를 뿐이다.

【참고 보충】「나는 주를 따른다(吾從周)」

유교는 「요(堯)・순(舜)・우(禹)」를 성제(聖帝)로 높인다. 총명하고 덕이 높고, 공을 세운 사람에게 천하의 대권을 선양(禪讓)했으며, 또 무위(無爲)의 덕치(德治)를 폈다.

다음은 「하(夏)・은(殷)・주(周)」 3대를 이상적인 왕조로 높인다. 하(夏)의 시조 우(禹)는 치수의 공을 세웠다. 은(殷)의 시조 탕(湯)은 포악무도한 걸(桀)을 치고 새 나라를 창건했다. 주나라의 「문왕(文王)・무왕(武王)・주공(周公)」은 천명을 받고 폭군 주(紂)를 멸하고 이상적인 왕국을 세웠다.

특히 주나라는 천도(天道)에 합치되는 찬란한 문물제도를 제정하고 윤리도덕을 확립하고 예악의 덕치를 펴서 천하를 흥성케 했다. 그래서 공자는 주나라를 최고로 높이고 「주례(周禮)를 따르겠다(吾從周)」고 말한 것이다.

공자는 다음같이도 말했다. 「현재는 성군에 의해서 제정된 문물제도에 의해서 천하가 통일되었다. 그러므로 따라야 한다.」 「예법이나 문물제도는 자리에 오르고 덕을 갖춘 천자만이 제정한다. 그러므로 둘을 다 갖추지 못한 사람은 함부로 예악을 논하거나 만들려고 하면 안 된다.」 「우매하고 하천한 사람이 자기 주장을 내세우고 멋대로 행동하면 재화가 닥친다.」

공자는 주나라의 예악과 문물제도와 덕치와 교화를 최고로 높였다. 그래서 「오늘에 살면서 옛날로 돌아가자고 하면 안 된다」고 말한 것이다.

【참고 보충】「비천자 불의례(非天子 不議禮)」

천자(天子)는 아무나 될 수 없다. 선조 대대로 천도(天道)를 따르고 행해서, 지덕(地德)을 세운 가문에서 나온다. 하늘의 운세와 때가 맞았을 때, 하늘의 뜻에 맞게 혁혁한 공을 세워야, 비로소 천명(天命)이 내리고, 천자의 자리에 올라, 천하 만민을 다스리게 된다. 그 대표적인 예가 주(周)나라의 왕실이다.

시조 후직(后稷)에서부터 오랜 세월에 걸쳐 인덕을 베푼 끝에, 마침내 문왕(文王), 무왕(武王) 및 주공(周公)에 이르러 천명이 내렸다. 그래서 천하를 통일하고, 새로 문물제도를 제정하고 온 천하를 다스렸던 것이다. 이와 같이 천자가 되는 것도, 새 나라를 창건하고 새로운 문물제도, 특히 예악을 제정하는 것도 다 아무나 하는 것이 아니다. 그래서 「참다운 천자가 아니면 예를 논하지 못한다(非天子 不議禮)」고 말한 것이다.

【참고 보충】「금천하(今天下)」

자사(子思)는 공자의 아들인 백어(伯魚)의 아들로, 공자의 손자다. 그는 주경왕(周敬王) 40년(B.C. 480)에 출생했으므로, 그가 말하는 「금천하(今天下)」는 「전국(戰國) 초기」이다.

주나라의 위세는 춘추(春秋)에 이어 전국시대에는 심하게 쇠미했다. 그러나 주 왕실은 명목상으로나마 존재했으며, 특히 공자나 자사는 주나라의 문물제도 및 「예악의 덕치」를 높였다.

그래서 여기서 말하는 「금천하 차동궤 서동문 행동륜(今天下 車同軌 書同文 行同倫)」을 「주나라에는 차궤(車軌), 문자, 윤리 등이 통일되었다」로 해석해야 한다.

주나라의 예악이나 문물제도는 성인에 의해서 제정되었으며, 천리에 합당하는 문물제도이다. 그래서 다음 5절에서 공자가 「나는 주의 예악을 배웠으며, 지금 쓴다면, 주를 따르겠다(吾學周禮 今用之 吾從周)」라고 말했다.

주자도 이같이 해석했으며, 이 책에서도 그들의 설을 따랐다. 이렇게 해석하는 것이 유교의 도통사상의 깊은 뜻에 맞는다.

다른 학설도 있다. 청(淸)나라 유월(兪樾)은 「차동궤(車同軌) 서동문(書同文)」은 진(秦)나라가 이룬 것이다. 따라서 이 글은 후세에 혼입(混入)된 것이라고 하는 설도 있다. 그러나 주자는 주나라에서 모든 문물제도를 새로 제정하고 통일했다는 설을 고집하고 있다. 사실 예기(禮記) 주례(周禮) 및 의례(儀禮) 등의 경서를 보면, 주나라의 예악 문물제도가 「방대하고 치밀하게 제정되었음」을 알 수 있다.

【참고 보충】「예악」

「천명으로 부여된 것이 본성이다.(天命之謂性)」 이때의 성(性)은 곧 이(理)다. 이(理)의 대본(大本)은 천리(天理)다. 천리는 형이상의 절대선(絶對善)의 도리다. 그 도리를 개인이나, 가정이나, 국가적인 차원에서 구체화해서, 여러 가지 행동규범으로 정한 것이 곧 예의범절, 가정윤리 및 국가의 문물제도이며, 이를 총괄해서 예(禮)라고 한다.

「예」의 내면은 「천리」이고 외형이나 형식은 「예의, 의식, 덕행 및 덕치」이다.

「희노애락」을 예에 맞게 하는 것을 「중(中)」이라 한다. 감정을 절도에 맞게 하는 것이 「화(和)」다. 「중화(中和)를 이루어야 천지가 바르게 자리를 잡고, 만물이 잘 자란다.(致中和 天地位焉 萬物育焉)」

中庸 제29장

* 제29장은 모두 6절이다. 그러나 전체의 요점은 천자나 임금이 몸소 「세 가지 중대사[三重]」를 실천해서 덕을 세워야 함을 강조했다. 덕을 세움은 곧 백성에게 징험을 나타내게 함이다. 실지로 백성을 잘살게 해주어야 한다. 그래야 천지신명도 인정한다.

제29장 1절

王天下 有三重焉 其寡過矣乎.

왕천하(이) 유삼중언(이니) 기과과의호(인져)

천하를 다스릴 천자에게는 세 가지 귀중한 일이 있다. <세 가지를 잘해야> 허물이 적게 될 것이다.

▶ 어구 설명

· 王天下(왕천하) : 천하를 다스릴 임금은. <즉 천하를 왕도(王道)로써 덕치를 할 천자에게는.>

· 有三重焉(유삼중언) : 세 가지의 귀중한 일이 있다. 주자(朱子)는 「의례(議禮), 제도(制度), 고문(考文)」의 셋을 들었다. 「의례」는 천하에 통용하는 예법을 논하고 제정함이다. 「제도」는 천하의 문물제도 및 제반 법규를 통일적으로 제정함이다. 「고문」은 서로 다르게 쓰이는 서체(書體)와 혼잡한 뜻의 문자를 비교 연구하고, 전국적으로 문자를 통일함이다. <* 「삼중(三重)」에 대해서는 설이 많다. 여기서는 주자의 설을 따랐다.>

· 其寡過矣乎(기과과의호) : <천자가 세 가지를 신중하게 하면 백성들에게 끼치는> 허물이 적게 될 것이다.

[集註 選譯] (1) 呂氏曰 三重謂議禮 制度 考文 惟天子得以行之 則國不異政 家不殊俗 而人得寡過矣. : 여대림(呂大臨)이 말했다. 세 가지 중대한 사항은 곧 「의례(議禮), 제도(制度), 고문(考文)」이다. 오직 천자만이 이 세 가지를 전국적 규모로 통일할 수 있다. 그러면 <천하의 모든> 나라들이 저마다 정치를 달리하지 않을 것이다. <또 모든> 집안이 관습이나 규범을 달리하지 않을 것이다. 그래서, 모든 사람에게 미치는 허물도 적게 될 것이다.

제29장 2절

上焉者 雖善無徵 無徵不信 不信民弗從 下焉者 雖善不尊 不尊不信 不信民弗從.

상언자(는) 수선(이나) 무징(이라) 무징(이니) 불신(이라) 불신(이니) 민불종(이니라) 하언자(는) 수선(이나) 부존(이라) 부존(이니) 불신(이라) 불신(이니) 민불종(이니라)

옛날의 <예법은> 좋기는 해도 증거할 수 없다. 증거할 수 없으므로 믿고 따르게 할 수 없다. 믿고 따르게 할 수 없으므로 백성들이 따르지 않는다. <성인이면서 자리에 오르지 못한 공자는> 밑에 있었다. <그러므로 공자가> 비록 예법을 잘 알아도 존귀하지 못했고, 존귀하지 못했으므로 <제후나 신하들이> 믿고 따르지 않았다. 믿고 따르지 않았으므로 백성들도 따르지 않았다. <신(信)은 「믿고 따르게 한다」는 뜻>

▶ **어구 설명**

- 上焉者(상언자) : 옛날의. <예법>
- 雖善無徵(수선무징) : 비록 좋기는 해도 증거할 수 없다.
- 無徵不信(무징불신) : 증거할 수 없으니, 믿고 따를 수 없다.
- 不信民弗從(불신민불종) : 믿을 수 없으니 백성들이 믿고 따르지 않았다.
- 下焉者(하언자) : <성인이면서 자리에 오르지 못하고> 밑에 있으면. <즉 공자를 가리킨다.>
- 雖善不尊(수선부존) : 비록 예법을 잘 알지만, 존귀하지 못했다.
- 不尊不信(부존불신) : 존귀하지 못했으므로 <제후나 신하들이> 믿고 따르지 않았다.

[集註 選譯] (1) 上焉者 謂時王以前 如夏商之禮雖善 而皆不可考 下焉者 謂聖人在下 如孔子雖善於禮 而不在尊位也. : 「상(上)」은 현재의 임금 이전의 시대를 말한다. 예로 말하면, 하(夏)나라 혹은 은(殷)나라의 예법이 비록 좋다 해도, 고증할 수가 없다. 「하(下)」라고 한 것은 성인이 아래 자리에 있다는 뜻이다. 예를 들면 공자는 예법을 잘 알았을 것이다. 그러나 <예법을 논하고 제정할 만한> 존귀한 천자 자리에 오르지 못했다는 뜻이다.

제29장 3절

故君子之道 本諸身 徵諸庶民 考諸三王而不謬 建諸天地而不悖 質諸鬼神而無疑 百世以俟聖人而不惑.

고(로) 군자지도(는) 본제신(하야) 징제서민(하며) 고제삼왕이불류(하며) 건제천지이불패(하며) 질제귀신이무의(하며) 백세이사성인이불혹(이니라)

고로 천자가 천하를 잘 다스리는 도리는 자신의 덕행을 바탕으로 하고 백성에게 사실로 나타나게 한다. 그러므로 하(夏)·은(殷)·주(周) 3대의 여러 성왕(聖王)에게 계고(稽考)하여도 잘못이 없고, <만물을 생육하는> 하늘과 땅의 도리에도 어긋나지 않으며, 귀신에게 질정(質正)해도 아무런 이의가 없으며, 백세 후에 나타날 성인에게 물어도 아무런 의혹이 없다.

▶ **어구 설명**

· 君子之道(군자지도) : 천자가 천하를 잘 다스리는 도리. 「군자」는 「천자나 성군(聖君)」의 뜻이다. 「도(道)」는 「왕도덕치의 도리」이다. 그 바탕은 「의례(議禮), 제도(制度), 고문(考文)」이다.
· 本諸身(본제신) : 몸을 바탕으로 한다. 즉 자신의 덕행을 바탕으로 한다.
· 徵諸庶民(징제서민) : 서민이나 백성에게 나타나는 사실을 징험으로 삼아야 한다. 백성이 잘살면 잘하는 것이고, 못살면 못하는 것이다.
· 考諸三王而不謬(고제삼왕이불류) : 하(夏)·은(殷)·주(周) 3대의 여러 성왕(聖王)에게 계고(稽考)하여도 잘못이 없다.
· 建諸天地而不悖(건제천지이불패) : <지성무식(至誠無息)으로 만물을 생육(生育)하는> 하늘과 땅의 도리 앞에도 어긋나지 않는다. 천지의 도와 일치한다.
· 質諸鬼神而無疑(질제귀신이무의) : 귀신에게 질정(質正)해도 아무런 의심이 없다. 즉 인귀(人鬼)와 천신(天神)의 도리와도 일치한다.
· 百世以俟聖人而不惑(백세이사성인이불혹) : 백세 후에 나타날 성인에게 물어도 아무런 의혹이 없다. 백세 후의 성인도 찬성할 것이다.

[集註 選譯] (1) 天地者道也 鬼神者造化之迹也 百世以俟聖人而不惑 所謂聖人復起 不易吾言者也. : 「천지(天地)」는 「천지의 도」라는 뜻이다. 「귀신」은 곧 <눈에 보이지 않으나> 조화의 흔적이다. 백세 후에 나타날 성인도 미혹하지 않을 것이다. 이른바 성인이 다시 나타나도 내 말을 바꾸지 않는다는 뜻이다.

제29장 4절

質諸鬼神 而無疑 知天也 百世以俟聖人 而不惑 知人也.

질제귀신 이무의(는) 지천야(요) 백세이사성인 이불혹(은) 지인야(니라)

귀신에 질정해도 의아함이 없음은 하늘의 도리를 앎이다. 백세 후의 성인을 기다려 물어도 미혹하지 않음은 사람의 도리를 앎이다.

[集註 選譯] (1) 知天 知人 知其理也. : 「지천(知天), 지인(知人)」은 도리를 안다는 뜻이다.

제29장 5절

是故君子 動而世爲天下道 行而世爲天下法 言而世爲天下則 遠之則有望 近之則不厭.

시고(로) 군자(는) 동이세 위천하도(이니) 행이세 위천하법(하며) 언이세 위천하칙(이라) 원지즉유망(이오) 근지즉불염(이니라)

그러므로 임금은 움직이면 천하의 도가 되고, 행하면 천하의 법도가 되고, 말하면 천하의 준칙이 된다. 먼 나라도 우러러보고, 이웃 나라도 싫어함이 없느니라.

▶ 어구 설명

- 君子(군자) : 자리에 있으면서 성인의 도를 따라 덕치를 하는 천자나 임금.
- 動而世爲天下道(동이세위천하도) : 그의 움직임이 바로 천하의 도가 되고.

· 行而世爲天下法(행이세위천하법) : 그의 행함이 바로 천하의 법도가 되고.
· 言而世爲天下則(언이세위천하칙) : 그의 말이 바로 천하의 준칙이 된다.
· 遠之則有望(원지즉유망) : 먼 나라 사람들도, 그를 우러러 높인다.
· 近之則不厭(근지즉불염) : 가까운 신하나 백성 및 이웃도 싫어하지 않는다.

제29장 6절

詩曰 在彼無惡 在此無射 庶幾夙夜 以永終譽 君子未有不如此 而蚤有譽於天下者也.

시왈 재피무오(하며) 재차무역(이라) 서기숙야(하야) 이영종예(라하니) 군자(이) 미유불여차 이조유예어천하자야(니라)

시경 주송(周頌) 진로편(振鷺篇)에 있다. 「저기에서도 미워하지 않고, 여기에서도 싫어하지 않는다. 바라노라, 이른 아침부터 밤늦게까지 열심히 해서, 영원히 영광과 명예를 끝까지 지키고 빛내기를!」 군자로서 이와 같이 하지 않고서는, 일찍이 천하에 이름을 낸 사람이 없었다.

▶ 어구 설명

· 在彼無惡(재피무오) : 저기에서도 미워하지 않는다.
· 在此無射(재차무역) : 여기에서도 싫어하지 않는다. 「射(싫어할 역)」
· 庶幾(서기) : 「……하기를 바란다」. 「아마 ……에 가깝다」.
· 夙夜(숙야) : 이른 아침부터 밤늦게까지.
· 以永終譽(이영종예) : 영원히 영광과 명예를 빛내다.
· 而蚤有譽於天下者也(이조유예어천하자야) : 일찍이 천하에 이름을 낸 사람이. <없었다.>

【참고 보충】「왕도덕치의 우주적 의의」

「제29장」의 대의를 요약하면 대략 다음과 같다.

1절 : 「삼중(三重)」으로 다스려야 허물이 적다.(有三重 其寡過)」

2절 : 선(善)이 징험으로 나타나야, 만민이 믿고 따르고 존경한다. 안 그러면 만민이 믿고 따르지 않는다.(不信 民弗從)」

3절 : 「천자나 임금은 몸소 덕을 세우고 만민에게 사실로 나타내야 한다.(君子之道 本諸身 徵諸庶民)」 「천지, 귀신, 성인」이 찬동해야 한다.

4절 : 결국 천도(天道)와 인도(人道)가 하나 되어야 한다.

5절 : 그러므로 「천자나 임금의 언행은 천하 만민의 행동 규범이 되고, 따라서 존경을 받게 된다.(爲天下道 爲天下法 遠之則有望 近之則不厭)」

이상과 같은 경지는 결국 성인의 왕도덕치가 우주적인 차원에서 역사적으로나 세계적으로나 공인되고 존경을 받는다는 뜻이다.

【참고 보충】「예법 · 제도 · 문자의 통일」

대학의 「평천하(平天下)」를 중용에서는 「중화(中和)」라고 했다.

가정에서는 아버지를 중심하고 하나로 뭉쳐야 한다. 국가에서는 군주를 중심하고 하나로 뭉쳐야 한다. 천하에서는 천자를 중심하고 하나로 뭉쳐야 한다. 그러므로 천자는 천도를 따라 「예법 · 제도 · 문자」를 통일해야 한다. 그래야 사람들이 같은 문화제도에서 하나가 될 수 있다.

中庸 제30장

* 제30장은 공자가 「요순(堯舜)의 도(道)」를 조술(祖述)하고, 「문무(文武)의 법」을 헌장(憲章)하여 도통(道統)의 가르침을 세상에 밝혔음을 기술했다.

제30장 1절

仲尼 祖述堯舜 憲章文武 上律天時 下襲水土.

중니(는) 조술요순(하시고) 헌장문무(하시며) 상률천시(하시고) 하습수토(하시니라)

중니(仲尼)가 요순의 도를 조술(祖述)하고, 문왕 무왕의 법을 헌장(憲章)하고, 위로는 하늘의 때를 법으로 삼고, 아래로는 지리를 따랐다.

▶ 어구 설명

- 仲尼(중니) : 공자의 자(字).
- 祖述堯舜(조술요순) : 요임금·순임금의 도나 도리를 근본으로 삼고 풀었다. 「조술(祖述)」은 「계승하고 더욱 발전하게 한다」는 뜻이 포함되어 있다.
- 憲章文武(헌장문무) : 「헌장(憲章)」은 「법으로 삼고 높이 내세우다」. 즉 주(周)나라 문왕(文王)과 무왕(武王)이 제정한 예악, 문물, 교령(教令), 제도 등을 당시의 나라가 따르라고 선양(宣揚)했다.
- 上律天時(상률천시) : 위로는 천도(天道)와 사계절, 즉 자연의 도리를 율법(律法)으로 삼고 지키다.
- 下襲水土(하습수토) : 아래로는 지형과 지리, 기후와 풍토, 토양과 수질

(水質) 등을 바탕으로 하고 농업이나 목축 어업 등의 생산과 풍습을 잘 어울리게 제정했다. 「습(襲)」은 「바탕으로 하고 이루다」의 뜻. 「수토(水土)」는 「산천강하(山川江河)의 지세, 혹은 자연의 풍토」라는 뜻도 있다. 「모두 다 내외를 겸하고, 본말(本末)을 포함해서 맞게 한다」는 뜻이다.

제30장 2절

辟如天地之無不持載 無不覆幬 辟如四時之錯行 如日月之代明.

비여천지지무부지재(하며) 무불부도(하며) 비여사시지착행(하며) 여일월지대명(이니라)

비유하면 하늘과 땅이 만물을 받치고 실어주고, 또 덮고 보호해 주지 않음이 없음과 같다. 비유하면 사계절이 바뀌어 나감과 같고, 해와 달이 바뀌면서 낮과 밤이 교체함과 같다.

▶ 어구 설명

- 天地之無不持載 無不覆幬(천지지무부지재 무불부도) : 하늘과 땅이 만물을 받치고 실어주고, 또 덮고 보호해 주지 않음이 없음과 같다. 「지재(持載)」는 「땅이 만물을 받쳐들고, 땅 위에서 살고 자라게 한다」는 뜻. 「부도(覆幬)」는 「하늘이 땅과 지상의 만물을 덮어 감싸고, 살아 번식하게 해준다」는 뜻. 「覆(뒤집힐 복)」을 여기서는 「덮을 부」로 읽는다. 「幬(휘장 주)」를 여기서는 「덮을 도」로 읽는다.
- 辟如四時之錯行(비여사시지착행) : 비유하면 사계절이 바뀌어 나감과 같다. 「착(錯)」은 「갈마들다(迭)」의 뜻이다.
- 如日月之代明(여일월지대명) : 해와 달이 바뀌어 밝히면서, 낮과 밤이 교체함과 같다.

제30장 3절

萬物竝育 而不相害 道竝行 而不相悖 小德川流 大德敦化 此天地之所以爲大也.

만물(이) 병육 이불상해(하며) 도병행 이불상패(라) 소덕(은) 천류(이오) 대덕(은) 돈화(이니) 차(이) 천지지소이위대야(니라)

<우주 천지에는> 자연 만물이 다 함께 자라나고 있다. 그러나 서로 해치지 않는다. 도나 도리가 함께 행해지고 나가지만, 서로 반대하고 어긋나지 않는다. 「소덕(小德)」은 냇물처럼 저마다 흐르고, 「대덕(大德)」은 <천지 자연 만물을> 돈독하고 후하게 조화하고 살아 번성하게 한다. 그러니깐, 천지를 위대하다고 말하는 것이다.

▶ 어구 설명

- 道竝行 而不相悖(도병행 이불상패) : 도나 도리가 함께 행해지고 나가지만 서로 반대하고 어긋나지 않는다. 「패(悖)」는 「어긋나다[背]」와 같은 뜻이다.
- 小德川流(소덕천류) : 「소덕(小德)」은 냇물처럼 저마다 흐르고.
- 大德敦化(대덕돈화) : 「대덕(大德)」은 <천지 자연 만물을> 돈독하고 후하게 조화하고, 살아서 번성하게 한다.
- 此天地之所以爲大也(차천지지소이위대야) : 이것이 천지를 위대하게 만든다. 그런 까닭으로 천지가 위대한 것이다.

[集註 選譯] (1) 天覆地載 萬物並育於其間 而不相害 四時日月 錯行代明而不相悖. : 하늘은 덮어주고 땅은 실어준다. 만물이 그 사이에 함께 자라나지만 서로 해치지 않는다. 춘하추동(春夏秋冬) 사계절과 해와 달이 서로 바뀌어 나가고 밝히지만, 서로 어긋나지 않는다.

(2) 所以不害不悖者 小德之川流 所以並育並行者 大德之敦化 小德

者 全體之分 大德者 萬殊之本. : 서로 해치지 않고 어긋나지 않으므로 「소덕(小德)」이 냇물처럼 흐른다. 함께 자라고 함께 나가기 때문에 「대덕(大德)」이 돈독하게 <만물을> 조화한다. 「소덕」은 전체에서 나누어진 부분이고, 「대덕」은 만물의 근본이다.

(3) 川流者 如川之流 脈絡分明 而往不息也 敦化者 敦厚其化 根本盛大 而出無窮也 此言天地之道 以見上文取譬之意也. : 「천류(川流)」는 냇물의 흐름과 같이 물줄기가 분명하며, 쉬지 않고 흘러간다. 「돈화(敦化)」는 그 조화가 돈독하고 후하며 <천지 만물의> 근본이 성대함으로 <만물을 낳고 키우는 조화가> 끝없이 나타난다. 이는 곧 천지의 도를 말함으로써 앞의 글에서 비유한 것의 본의(本意)를 밝힌 것이다.

【참고 보충】「우주의 생명력」=「성(誠)」

공간을 우(宇)라 하고, 시간을 주(宙)라고 한다. 우주는 공간과 시간을 통합한 개념이다. 눈에 보이는 체(體)가 없다. 이를 한마디로 「천(天)」이라고 한다. 그리고 「우주의 이법(理法)」을 「천도(天道)」라고 한다.

우주는 하나의 큰 생명체다. 자연 만물은 우주적 존재로 우주의 힘으로 생육화성(生育化成)을 끝없이 되풀이한다. 이를 역경(易經)에서는 「생생불이(生生不已)」라고 한다.

이와 같이 만물을 낳고 키우고 번성케 하는 힘의 근원을 오늘의 과학에서는 「우주의 에너지」라고 한다.

이를 중용에서는 「성(誠)」이라 했다. 「중용 제20장 17절」에 있다. 「성자 천지도(誠者 天之道)」. 이는 곧 「우주적 에너지, 즉 생명력을 바탕으로 진실무망(眞實無妄)하게 만물을 낳고 키우는 것이 바로 하늘, 혹은 하늘의 도리」라는 뜻이다.

그와 같은 「성(誠)을 성실하게 받들고 따르는 것이 사람의 도리다」. 그래서 「성지자 인지도야(誠之者 人之道也)」라고 했다.

「중용 제30장」에서 말한 바, 「공자가 계승한 도통(道統)」은 곧 「하늘과 땅이 어울려 만물을 끝없이 생육하는 우주의 도리이며, 동시에 그 도리를 따르고 실천해서 얻는 덕이다. 이를 천도(天道) 지덕(地德)이라고도 한다. 하늘은 만물을 덮고, 땅은 만물을 싣고 생육한다. (天覆地載)」

【참고 보충】「소덕(小德)과 대덕(大德)」

자연 만물은 「우주의 에너지=생명력」에서 태어나 번성한다.

만물은 개별적 존재로 생존 활동한다. 즉 시간과 형상, 기능이 저마다 다르다.

이와 같은 개별적이고 분립된 존재를 여기서는 「소덕(小德)」이라 했다. 즉 우주에서, 작은 일부를 얻어 가지고 분립되어 있는 물건을 「소덕」이라고 한 것이다.

한편 공간적으로 무한하고 시간적으로 무궁하며, 만물을 낳고 키워 주는 「전체 우주」를 「대덕(大德)」이라고 한 것이다. 공자와 자사의 사상은 참으로 위대하다. 그 위대한 사상을 현대적으로 이해해야 한다.

【참고 보충】「만물병육(萬物竝育) 도병행(道竝行)」

자연 만물은 「우주의 에너지=생명력」을 바탕으로 하늘 땅 사이에서 생육한다. 이때 눈에 보이지 않는 형이상의 도리, 혹은 자연법칙을 통틀어 천도(天道)라고 한다.

지상에 눈에 보이게 나타나고 변화하는 만물과, 그들에 의해서 발생하는 모든 현상을 통틀어 지덕(地德)이라고 한다. 「덕」은 「얻을 득

(得)」과 뜻이 통한다. 즉 「도」를 따르고 행해서 얻은 「좋은 성과」를 「덕」이라 한다.

그러므로 땅 위에서 살고, 또 번식하는 식물 동물 사람 기타 만물은 다 천도를 따라 지덕(地德)을 누리고 있는 것이다. 천도를 따르지 않으면 지덕도 없게 된다.

무한한 공간과 무궁한 시간을 통합한 것이 하늘, 즉 우주다. 그러므로 우주에는 삼라만상이 다 살고 저마다의 삶을 누리고, 저마다 번식하고 있다. 그래서 「만물이 함께 자라고, 서로 해치지 않는다.(萬物竝育 不相害)」고 말한 것이다. 이것도 하늘의 도리다.

그런데 악한 사람이나 나쁜 나라는 자연을 파괴하고, 남의 나라를 무력으로 침공하고, 남의 재물을 탈취하고, 혼자만의 탐욕을 채우고 있다. 이는 천도를 어기는 죄악이다 <* 그래서 오늘의 인류세계는 위기에 빠져 있는 것이다.>

거듭 강조하겠다. 인간과 만물은 모두 「우주의 에너지=생명력」에 의해서 태어나 살고 있다. 근본은 하나다. 그러나 저마다 각기 다른 본성과 도리를 따라 살고 있다. 그래서 「만물의 도리는 저마다 다르지만 함께 나가고 서로 해치지 않는다.(道竝行 不相害)」라고 한다.

【참고 보충】「성인의 덕(聖人之德)」

「성인지덕(聖人之德)」은 곧 인류대동(人類大同)의 하나의 평화세계를 창건하는 것이다. 이를 「제30장 2절」에서 다음같이 말했다.

「하늘이 만물을 덮고 보호하고 살아 번식하게 함과 같다.(辟如天地之無不持載 無不覆幬)」 계절과 낮과 밤이 교체하고 시간과 세월이 흐름에 따라, 천지 만물이 더욱 번식하고 인류 문화도 발전한다. 이를 「비여사시지착행 여일월지대명(辟如四時之錯行 如日月之代明)」이라고 했다.

中庸 제31장

* 제31장은 「지성선사(至聖先師) 공자」를 「하늘과 짝지어서(配天)」 높인 글이다. 1절 : 공자는 하늘이 내린 지성(至聖)이다. 천성으로 「총명예지(聰明睿知)」한 그는 인의예지(仁義禮智)의 덕을 갖추고 천하를 교화했다. 2절 : 공자의 「지덕(知德)」은 샘이 솟아, 큰 못을 이룬 것처럼 뿌리 깊고, 천지처럼 넓고 두터우며 때에 맞게 발현했다. 3절 : 그래서 만민이 공경하고, 믿고, 좋아했다. 4절 : 공자의 명성은 중국만이 아니라, 온 세계 만민에게 뻗고 퍼진다. 그래서 공자를 하늘에 비기고 짝하는 것이다.

제31장 1절

唯天下至聖 爲能聰明睿知 足以有臨也 寬裕溫柔 足以有容也 發强剛毅 足以有執也 齊莊中正 足以有敬也 文理密察 足以有別也.

유천하지성(이) 위능총명예지(이) 족이유림야(이니) 관유온유(이) 족이유용야(이며) 발강강의(이) 족이유집야(이며) 제장중정(이) 족이유경야(이며) 문리밀찰(이) 족이유별야(니라)

오직 천하의 지극한 성인만이 능히 총명과 예지로 아랫사람, 즉 백성에게 임할 수 있다. 관용과 온유한 태도로 족히 <모든 사람들을> 포용할 수 있다. 강함을 발휘하고 굳세고 의연한 태도로 족히 정의를 고집할 수 있다. 단정하고 장중하고, 중정(中正)한 태도로, 족히 <모든 사람에게> 예를 차리고 공경할 수 있다. 학문이나 글의 문리를 세밀하게 살피고 족히 사물의 도리를 분별할 수 있다.

▶ 어구 설명

- 爲能聰明睿知(위능총명예지) : 총명하고 예지로써 ……할 수 있다. 「총명예지」는 태어나면서부터 아는 사람의 자질이다.
- 足以有臨也(족이유림야) : 족히 아랫사람, 즉 백성에게 임할 수 있다. 「임(臨)」은 「윗자리에 올라, 아랫사람에게 임한다」는 뜻이다.
- 寬裕溫柔 足以有容也(관유온유 족이유용야) : 관용과 온유한 태도로써 족히 <모든 사람들을> 포용할 수 있다.
- 發强剛毅 足以有執也(발강강의 족이유집야) : 강함을 발휘하고 굳세고 의연한 태도로써, 족히 정의를 굳게 지킬 수 있다.
- 齊莊中正 足以有敬也(제장중정 족이유경야) : 단정하고 장중하고, 중정(中正)한 태도로써, 족히 <모든 사람에게> 예를 차리고 공경할 수 있다.
- 文理密察 足以有別也(문리밀찰 족이유별야) : 학문이나 글의 문리를 세밀하게 살피고, 족히 사물의 도리를 분별할 수 있다. 「문(文)」은 문장의 뜻이다. 「이(理)」는 조리(條理)의 뜻이다. 「밀(密)」은 자세하고 세밀하다는 뜻이다. 「찰(察)」은 밝게 분별한다는 뜻이다.

제31장 2절

溥博淵泉 而時出之.

보박연천(하야) 이시출지(니라)

<성인의 지극한 지(知)와 덕이> 두루 돌고 넓게 퍼지고 깊은 못에서 샘솟듯이 솟아 나온다. 그리고 때맞추어 나타난다.

▶ 어구 설명

- 溥博淵泉(보박연천) : <성인의 지극한 지(知)와 덕이> 두루 돌고 넓게

퍼지고 깊은 못에서 샘솟듯이 솟아 나온다. 「보박(溥博)」은 두루 미치고 넓게 퍼져 나간다는 뜻이다. 「연천(淵泉)」은 <성인의 덕이> 고요하고 깊고 뿌리가 있다는 뜻이다. 「溥(넓을 보)」

· 而時出之(이시출지) : 그리고, 때맞추어 나타난다. 시중(時中)한다. 「출(出)」은 밖으로 나타나 발현한다는 뜻이다.

[集註 選譯] (1) 言五者之德 充積於中 而以時發見於外. : 「다섯 가지 덕」 <즉 「총명예지」와 「인의예지」가> 속에 깊이 차고 쌓여 때맞추어 적절하게 밖으로 발현함을 말한 것이다.

제31장 3절

溥博如天 淵泉如淵 見而民莫不敬 言而民莫不信 行而民莫不說.

보박(은) 여천(하고) 연천(은) 여연(이라) 현이민막불경(하며) 언이민막불신(하며) 행이민막불열(이니라)

성인의 덕이 두루 돌고 넓게 퍼짐이 마치 하늘과 같고, 또 성인의 덕이 깊은 못의 샘처럼 솟아 나와서 넓은 못같이 고인다. 성인의 덕이 발현하면 만민이 공경하지 않음이 없고, 성인의 덕을 말로 하면 만민이 믿지 않음이 없고, 성인이 행하면 만민이 기뻐하지 않음이 없다.

[集註 選譯] (1) 言其充積極其盛 而發見當其可也. : 성인의 덕이 충만하고 쌓여서 그 성대함이 극을 이루었으며, 따라서 발현함이 당연함을 말한 것이다.

제31장 4절

是以 聲名洋溢乎中國 施及蠻貊 舟車所至 人力所通 天之所覆 地之所載 日月所照 霜露所隊 凡有血氣者 莫不尊親 故曰配天.

시이(로) 성명(이) 양일호중국(하야) 이급만맥(하야) 주거소지(와) 인력소통(과) 천지소부(와) 지지소재(와) 일월소조(와) 상로소추(에) 범유혈기자(이) 막부존친(하니) 고왈배천(이니라)

그런 고로 성인, 즉 공자의 명성이 중국에 넘쳐 퍼지고 오랑캐나 야만 민족이 사는 지방에까지 미치고 뻗는다. 배나 수레가 갈 수 있는 곳, 사람의 힘으로 갈 수 있는 곳, 하늘이 덮고 있는 곳, 땅이 싣고 있는 곳, 해와 달이 비치는 모든 곳, 서리와 이슬이 내리는 곳, <지상세계 어디에서나> 모든 혈기를 가진 사람은, 공자를 존경하고 친애하지 않는 사람이 없다. 그러므로 공자를 하늘에 비기고, 하늘과 짝한다고 말하는 것이다.

▶ 어구 설명

· 聲名洋溢乎中國(성명양일호중국) : 성인, 즉 공자의 명성이 중국에 넘쳐 퍼지고. 「중국」은 황하(黃河) 일대의 모든 나라. 중원(中原), 중하(中夏), 중토(中土)라고도 한다.
· 施及蠻貊(이급만맥) : 오랑캐나 야만 민족이 사는 지방에까지 미친다. 「施(뻗을 이), 蠻(오랑캐 만), 貊(북방 종족 맥)」
· 舟車所至(주거소지) : 배나 수레가 갈 수 있는 곳.
· 人力所通(인력소통) : 사람의 힘으로 통하고 갈 수 있는 곳.
· 天之所覆(천지소부) : 하늘이 덮은 곳, 하늘 아래의 지상세계.
· 地之所載(지지소재) : 땅이 싣고 있는 곳, 즉 지상세계.
· 霜露所隊(상로소추) : 서리와 이슬이 내리는 모든 곳. 「隊=墜(떨어질

추)」

· 莫不尊親(막부존친) : 공자를 존경하고 친애하지 않는 사람이 없다.

[集註 選譯] (1) 舟車所至以下 蓋極言之 配天言其德之所及 廣大如天也. : 「주거소지(舟車所至)」 다음의 글은 <성인의 명성이 미치는 지역을> 대충해서 극단적으로 말한 것이다. 「배천(配天)」이라고 한 말은 성인의 덕이 미치는 범위나 지역이 광대하기가 하늘처럼 넓고 크다는 뜻이다.

【참고 보충】「보박(溥博) · 연천(淵泉) · 배천(配天)」

「하늘과 땅이 성실하게 만물을 낳고 자라게 하는 우주의 생명력과 그 도리는 잠시도 쉴 때가 없다. 쉬지 않으므로 오래 쌓이고, 오래 쌓이면 나타나게 마련이다.(至誠無息 不息則久 久則徵)」

성인은 「지성무식(至誠無息)」한다. 그러므로 성인의 덕은 「하늘처럼 두루 돌고, 넓게 퍼지며(溥博如天)」, 「못에서 솟아 나오는 샘물처럼, 쉬지 않고 나와 깊고 넓은 못에 가득 차 있다.(淵泉如淵)」

성인의 덕은 때맞추어 나타난다. 그래서 만민이 공경하고, 믿고, 또 기뻐하게 마련이다. 만물을 생육화성(生育化成)하는 천지의 대덕이 바로 성인의 덕이다. 그래서 다음 구절에서 하늘에 짝한다고 했다.

中庸 제32장

* 제31장에서 공자의 지성(至聖)을 논하고, 제32장에서는 공자의 지성(至誠)을 논했다. 앞 장에서 공자가 「총명예지」와 「인의예지」의 사덕(四德)으로 천하 만민을 교화했음을 말했으며, 그것을 「소덕천류(小德川流)」라 했다. 이 장에서는 「공자가 지극한 정성, 즉 지성(至誠)으로 만물을 독실하게 화육(化育)한다」는 뜻의 「대덕돈화(大德敦化)」를 논했다. 1절 : 천하에서 가장 지성된 사람, 공자가 윤리 도덕을 바르게 잡고, 사람의 본성 속의 천리를 바르게 세우고, 천지의 화육에 동참했다. 2절 : 공자의 인덕(仁德)은 하늘처럼 넓고, 또 고요한 못처럼 깊다. 3절 : 공자는 천성으로 타고난 「총명성지(聰明聖知)」와 「지극한 정성, 즉 지성」으로 「천지 대덕(大德)」의 높은 경지에 도달했다.

제32장 1절

唯天下至誠 爲能經綸天下之大經 立天下之大本 知天地之化育 夫焉有所倚.

유천하지성(이아) 위능경륜천하지대경(하며) 입천하지대본(하며) 지천지지화육(이니) 부언유소의(리오)

천하에서 가장 지성(至誠)한 공자만이 천하의 대경(大經)이 되는 오상(五常)을 바르게 다스릴 수 있다. 천하의 대본(大本)이 되는 본성의 성리를 온전하게 세울 수 있다. 또 천지 화육(化育)의 도리를 알고 행할 수 있다. 어찌 다른 것을 의지하겠는가.

▶ **어구 설명**

· 爲能經綸天下之大經(위능경륜천하지대경) : 천하의 대경(大經)을 바로잡고 다스릴 수 있다. 주자(朱子)는 「대경」을 「오상(五常) 인륜」이라 했다. 「경륜(經綸)」은 「국사(國事)나 정치를 바르게 다스린다」는 뜻이다. 그러나 본래 경륜은 길쌈할 때의 용어다. 실을 추리고 나누는 것을 「경(經)」이라 하고, 비슷한 실을 견주어 합하는 것을 「윤(綸)」이라 한다.

· 大本(대본) : 주자는 「대본」을 「본성 속에 주어진 천리의 전체(所性之全體)」라고 주를 달았다.

· 夫焉有所倚(부언유소의) : 어찌 <다른 것을> 의지하겠는가. 오직 지성(至誠)만을 의지하고 행한다.

[集註 選譯] (1) 惟聖人之德 極誠無妄 故於人倫 各盡其當然之實 而皆可以爲天下後世法 所謂經綸之也. : 성인의 덕은 지극히 성실하고 망령됨이 없으므로 오륜에 있어서도, 저마다 당연히 지켜야 할 행실을 다할 것이다. 그래서 모든 면에서, 천하나 후세의 법도가 될 수 있다. 이것을 두고 경륜한다고 말하는 것이다.

(2) 其於所性之全體 無一毫人欲之僞 以雜之 而天下之道千變萬化 皆由此出 所謂立之也. : 성인은 자기의 본성 속에 있는 천리를 온전하게 간직하고 지키며, 털끝만큼의 인간적인 욕심의 거짓됨이 섞이지 않았다. 그래서 천하를 다스리는 도리나 혹은 천변만화(千變萬化)하는 모든 사물을 처리하는 도리가 다 본성 속에 있는 천리(天理)에서 나온다. 이것을 이른바 <바르게> 세운다고 말한 것이다.

(3) 其於天地之化育 則亦其極誠無妄者 有默契焉 非但聞見之知而已. : 천지가 만물을 화육(化育)하는 것도 역시 지성무망(至誠無妄)한 성인과 묵계(默契)가 있을 것이다. <즉 천지의 화육과 성인의 지성이 말없이 일치할 것이다.> 그러므로 다만 보고 듣는 지(知)만

이 아니다. <즉 성인의 덕도 천지와 일치한다.>

(4) 此皆 至誠無妄 自然之功用 夫豈有所倚著於物而後能哉. : 이와 같이 <공자의> 지성무망(至誠無妄)은 <천지와 하나가 된> 스스로 이루어진 공용(功用)이다. 어찌 다른 것에 의존해서 그렇게 될 수 있겠느냐. <지성으로써 그렇게 된 것이다.>

제32장 2절

肫肫其仁 淵淵其淵 浩浩其天.

준준기인(이며) 연연기연(이며) 호호기천(이니라)

지성스럽고 믿음직한 그의 인덕(仁德)이, 고요하고 깊은 못 같고, 높고 넓은 하늘 그대로이다.

▶ 어구 설명

- 肫肫(준준) : <성인의 인덕(仁德)이> 지성스럽고 믿음직하다는 형용이다.
- 淵淵(연연) : 고요하고 깊은 모습을 형용한 말이며, 그와 같은 <고요하고 깊은 인덕을 가지고> 근본을 세운다는 뜻을 말한 것이다.
- 浩浩(호호) : 넓고 크고 높다는 뜻이다. 성인이 <하늘처럼 넓고 높고 위대한> 지(知)와 덕(德)으로 천하 만민을 교화한다는 뜻이다.

[集註 選譯] (1) 以知化而言也 其淵其天 則非特如之而已. : 성인의 지(知)와 덕(德)이 못 같고, 또 하늘 같다고 했으나, 그와 같을 뿐만이 아니다. <성인의 지성(至誠)의 공용은 바로 천지화육(天地化育)에 일치한다.>

【참고 보충】「준준기인(肫肫其仁)」

「인(仁)」은 공자가 가장 높이 내세우는 덕목, 덕행이다. 「인」은 본성 속에 있는 사랑의 뿌리다. 그 뿌리에서 「육친애, 가족애, 동포애, 민족애, 인류애」가 자라고, 또 우주적으로 확대된다. 「인」은 사람만 사랑하지 않고, 자연 만물을 사랑하고 양육하는 자연애(自然愛)로 확대된다. 「지성(至誠)」은 곧 천하 만물을 하늘처럼 사랑하고 양육함이다. 「공자의 지성」은 하늘처럼 넓고, 또 고요한 못처럼 깊다. 「2절」은 그것을 말한 것이다.

제32장 3절

苟不固 聰明聖知 達天德者 其孰能知之.

구불고 총명성지 달천덕자(이면) 기숙능지지(리오)

참으로 천성으로 타고난 「총명성지(聰明聖知)」로 「하늘의 덕」에 도달한 사람이 아니면, 그 누가 능히 알고 잘 다스릴 수 있겠는가. <즉 바르게 경륜(經綸)할 수 있겠는가.>

▶ 어구 설명

- 苟不固(구불고) : 만약, 굳게 지키지 못하면. 「고(固)」는 「실(實)」의 뜻이다.
- 聰明聖知 達天德者(총명성지 달천덕자) : 천성으로 타고난 「총명성지」를 바탕으로 「하늘의 덕」에 도달할 정도가 아니면.
- 其孰能知之(기숙능지지) : 그 어떤 사람이 바르게 알고 잘 다스릴 수 있겠는가.

[集註 選譯] (1) 鄭氏曰 唯聖人能之聖人也. : 정현(鄭玄)이 말했다. 「오직 성인이라야 성인의 경지를 행할 수 있다.」

【참고 보충】「지극한 성인」

공간과 시간을 통합한 「하늘」은 무형의 실재이다. 하늘에 의해 우주가 질서정연하게 운행되고, 자연만물이 끝없이 생육화성(生育化成)한다. 이를 주자학(朱子學)에서는 「천(天)=이(理)」라고 이화(理化)했다.

지상에서 만물이 살아 번식하는 것을 통틀어 지덕(地德)이라고 한다. 역경(易經)에서는 이를 다시 「하늘과 땅이 어울려 사실적으로 이루어 내는 좋은 성과가 바로 끝없이 이어지는 생이다.(天地之大德 曰生)」라고 했다.

이와 같이 「우주적 차원에서 천도와 지덕을 깨닫고 실천하는 사람」「천지의 대덕」과 하나 된 사람을 「지극한 성인, 즉 지성(至聖)」이라고 한다. 공자가 바로 지성이다.

中庸 제33장

* 각 절마다 풀이하고 설명을 가하겠다.

제33장 1절

詩曰 衣錦尙絅 惡其文之著也 故君子之道 闇然而日章 小人之道 的然而日亡 君子之道 淡而不厭 簡而文 溫而理 知遠之近 知風之自 知微之顯 可與入德矣.

시왈 의금상경(이라하니) 오기문지저야(이라) 고(로) 군자지도(는) 암연이일장(하고) 소인지도(는) 적연이일망(하나니) 군자지도(는) 담이불염(하며) 간이문(하며) 온이리(니) 지원지근(하며) 지풍지자(하며) 지미지현(이면) 가여입덕의(리라)

시경에 있다.「비단옷을 입고, 밖에 홑옷을 덧입는다.」<그 이유는> 비단옷의 문채(紋彩)가 드러나는 것을 싫어하기 때문이다. 고로 군자의 도는 어두운 듯하면서 날로 빛이 나고, 소인의 도는 뚜렷하지만 날로 시들어진다. 군자의 도는 담박하면서도 싫증나지 않고, 간결하면서도 문채가 나고, 온화하면서도 조리가 바르다. 그러므로 원대한 일도 가까운 일에서 비롯됨을 알고, 바람이 불어도 그 근원을 알고, 은미한 것이 밖으로 나타난다. <이와 같은 것을> 알아야 도에 들어갈 수 있다.

▶ 어구 설명

- 詩曰(시왈) : 시경에 있다. 그러나 시경의 구절과 다르다.
- 衣錦尙絅(의금상경) : 비단옷을 입고, 밖에 홑옷을 덧입는다. 「상(尙)」은 덧입는다는 뜻이다. 「絅(홑옷 경)」 시경 위풍(衛風) 석인편(碩人篇)에는 「의금경의(衣錦褧衣)」라 했고, 정풍(鄭風) 봉편(丰篇)에는 「의금경의(衣錦褧衣) 상금경상(尙錦褧裳)」이라 했다.
- 惡其文之著也(오기문지저야) : 문채(紋彩)가 드러나는 것을 싫어하기 때문에. <홑옷을 덧입는다.>
- 闇然而日章(암연이일장) : 어두운 듯하면서도 날로 빛난다. 「闇(어두울 암)」
- 的然而日亡(적연이일망) : 뚜렷하지만 날로 시들어진다.
- 淡而不厭(담이불염) : 담박하면서도 싫증나지 않고.
- 知遠之近(지원지근) : 원대한 일도 가까운 일에서 비롯됨을 알고.
- 知風之自(지풍지자) : 바람의 시발점을 알고.
- 知微之顯(지미지현) : 은미한 것이 밖으로 나타나 보인다는 것을 알아야 한다.
- 可與入德矣(가여입덕의) : 그래야 도에 들어갈 수 있다. 「가여(可與)」는 「가이(可以)」와 같다.

[集註 選譯] (1) 前章 言聖人之德 極其盛矣 此復自下學立心之始言之 而下文 又推之 以至其極也. : 앞의 제32장에서는 성인의 덕이 지극히 성대함을 말했다. 이 장에서는 다시 아래서부터 배우고, 마음을 바르게 세우는 데서부터 시작해야 함을 말했다. 그리고 다음 글에서는 더 나가서, 지극한 경지에 이르게 함을 말했다.

(2) 古之學者爲己 故其立心如此 尙絅 故闇然 衣錦故有日章之實 淡簡溫 絅之襲於外也 不厭而文且理焉 錦之美在中也. : 옛날에 글을 배우는 사람은 자기 자신의 수양을 위해서 배웠다. 그러므로 마음 세움을 이와 같이 했다. 비단옷 위에 홑옷을 덧입었다. 그래서 <겉으

로는> 어둡고 흐린 듯하지만, 속에는 비단옷을 입고 있으므로, <속에 있는 빛나는 학식이나 덕이> 날로 실하고 알차게 나타난다. <군자의 태도나 도리가> 담담하고, 간결하고, 온화하게 나타나는 것은, 마치 홑옷을 덧입어서, <문채를 누른 것과 같다.> 그래도 사람들이 군자를 싫어하지 않는 것은 속에 아름다운 비단옷을 입고 있듯이, 군자는 속에 총명하고 지극한 덕을 갖추고 있기 때문이다.

(3) 小人反是 則暴於外 而無實以繼之 是以的然而日亡也. : 소인은 이와 반대가 된다. 즉 모든 것을 밖에 드러내보인다. 그래서 알찬 열매가 뒤따르지 않는다. 그러므로 소인은 <부분적 · 일시적으로> 뚜렷하게 내보이지만, 결국은 날로 시들고 스러지게 된다.

(4) 遠之近 見於彼者 由於此也 風之自 著乎外者 本乎內也 微之顯 有諸內者 形諸外也. : 먼 것이 가까운 것에서 비롯된다 함은, 저기서 나타난 것이 여기서 비롯한다는 뜻이다. 바람도 근원지가 있다고 함은, 밖에 나타난 것은 안에 뿌리를 두고 있다는 뜻이다. 은미(隱微)한 것이 나타나 보인다 함은 속에 있는 것이 밖으로 나타난다는 뜻이다.

(5) 有爲己之心 而又知此三者 則知所謹而可入德矣 故下文引詩 言謹獨之事. : 학문을 자기 수양을 위해 하겠다는 마음이 있고, 그리고 또 이 세 가지를 잘 알면, 삼갈 바를 알아서, 덕에 들어갈 수 있다. 그러므로 다음에서 시를 인용해서 「자기 자신을 삼가는 일」에 대한 말을 했다.

제33장 2절

詩云 潛雖伏矣 亦孔之昭 故君子內省不疚 無惡於志 君子之所不可及者 其唯人之所不見乎.

시운 잠수복의(나) 역공지소(라하니) 고(로) 군자(는) 내성불구(하야) 무오어지(니) 군자지소불가급자(는) 기유인지소불견호(인저)

시경 소아(小雅) 정월편(正月篇)에 있다. 「<물고기가> 비록 물속에 잠기고 엎드려 있어도, 역시 매우 밝게 드러나 보인다.」 고로, 군자는 자기가 속으로 반성해서, 병폐가 없어야 하고, 자기 마음에 부끄러움이 없어야 한다. <보통사람들이> 군자를 따라갈 수 없는 점은, 오직 <군자가> 남들이 보지 않는 곳에서도 <스스로> 근신(謹愼)하는 점일 것이다.

▶ 어구 설명

· 潛雖伏矣(잠수복의) : <물고기가> 비록 물속에 잠기고 엎드려 있어도.
· 亦孔之昭(역공지소) : 역시 매우 밝게 드러나 보인다.
· 故君子內省不疚(고군자내성불구) : 고로 군자는 속으로 반성하고 병폐가 없어야 하고. 「구(疚)」는 병폐라는 뜻이다.
· 無惡於志(무오어지) : 「뜻에 싫어함이 없다」 함은 마치 「마음에 부끄러운 바가 없다」는 뜻과 같다.
· 君子之所不可及者(군자지소불가급자) : 군자를 따라갈 수 없는 바는.
· 其唯人之所不見乎(기유인지소불견호) : 오직 남들이 보지 않는 곳에서도 <스스로> 근신(謹愼)하는 점이다.

[集註 選譯] (1) 承上文 言莫見乎隱 莫顯乎微也 此君子謹獨之事也. : 앞의 글을 이어받고, 「숨은 것보다 더 잘 나타나 보이는 것이 없고, 미세한 것보다 더 잘 나타나 보이는 것이 없다」는 뜻을 말한 것이다. 이상은 「군자는 자기를 근신해야 함」을 말한 것이다.

제33장 3절

詩云 相在爾室 尙不愧于屋漏 故君子 不動而敬 不言而信.

시운 상재이실(혼대) 상불괴우옥루(라하니) 고(로) 군자(는) 부동이경(하며) 불언이신(이니라)

시경 대아(大雅) 억편(抑篇)에 있다. 「그대가 방안에 있는 것을 보고, 구석방에서도 부끄럽지 않기를 바라노라.」 고로 군자는 움직이지 않아도 남들이 공경하고, 말하지 않아도 남들이 믿는다.

▶ 어구 설명

- 相在爾室(상재이실) : 그대가 방안에 있는 것을 보다. 「상(相)」은 본다는 뜻이다.
- 尙不愧于屋漏(상불괴우옥루) : 구석방에서도 부끄럽지 않기를 바란다. 「상(尙)」은 「바란다」는 뜻. 「옥루(屋漏)」는 「서북쪽에 있는 후미진 구석방」.
- 不動而敬(부동이경) : 움직이지 않아도 남들이 공경하고.
- 不言而信(불언이신) : 말하지 않아도 남들이 믿는다.

[集註 選譯] (1) 承上文 又言君子之戒謹恐懼 無時不然 不待言動 而後敬信 則其爲己之功 益加密矣 故下文引詩 幷言其效. : 앞의 글을 이어받고, 다시 군자는 <마음이나 몸가짐에 있어> 경계하고, 근신하고, 겁내고 두려워해야 하며, 항상 그렇게 해야 함을 말한 것이다. <군자가> 말하거나 움직이지 않아도, <사람들이> 그를 존경하고 믿으니, 즉 자기를 위한 공부의 효과가 더욱 치밀하게 된 것이다. 고로 다음에서 시경을 인용하고 아울러 효과를 말했다.

제33장 4절

詩曰 奏假無言 時靡有爭 是故君子 不賞而民勸 不怒而民威於鈇鉞.

시왈 주격무언(하야) 시미유쟁(이라하니) 시고(로) 군자(는) 불상이민권(하며) 불노이민위어부월(이니라)

시경 상송(商頌) 열조편(烈祖篇)에 있다. 「제단 앞에 나가서 <정성으로 제사를 드리면> 신령이 감동하여 강림한다. <그래서 사람들도 감동하고> 말없이 조용하다. 그래서 그때에 다투거나 예의를 어기는 일이 없다.」 그러므로, 임금이 상을 주지 않아도 백성들이 스스로 부지런히 일하고, 임금이 성을 내지 않아도 백성들이 작두나 도끼보다 더 두려워한다.

▶ 어구 설명

- 奏假無言(주격무언) : 주자(朱子)는 「제단 앞에 나가서 <정성으로 제사를 드리면> 신령이 감동하여 강림한다. <그래서 사람들도 감동하고> 말없이 조용하다」로 풀이했다. 「주(奏)」는 <신령 앞에> 나간다는 뜻이다. 「가(假)」를 「격(格)」으로 읽고, 풀이한다.
- 時靡有爭(시미유쟁) : 그래서 그때에 다투거나 예의를 어기는 일이 없게 된다.
- 不賞而民勸(불상이민권) : <임금이> 상을 주지 않아도 백성들이 스스로 부지런히 일하고.
- 不怒而民威於鈇鉞(불노이민위어부월) : <임금이> 성을 내지 않아도 백성들이 작두나 도끼보다 더 두려워한다. <임금의 총명과 덕이 높고 밝기 때문이다.> 「위(威)」는 「경외한다」는 뜻이다. 「부(鈇)」는 여물을 베는 작두. 「월(鉞)」은 도끼.

[集註 選譯] (1) 承上文而遂及其效言 進而感格於神明之際 極其誠敬

無有言說而人自化之也.:「앞의 글을 이어받고, 마침내 <자신을 성실하고 경건하게 간직한> 효험에 대해서 언급한 것이다. <제주(祭主)가> 앞에 나가서 <제사를 드리고> 신명을 감동케 하고, 또 강림케 할 때에 정성과 존경을 다하면, <제사를 드리는 종묘 안에 있는 모든 사람들이> 말하지 않고 모두 감화된다.

제33장 5절

詩曰 不顯惟德 百辟其刑之 是故君子篤恭 而天下平.

시왈 불현유덕(을) 백벽기형지(라하니) 시고(로) 군자(는) 독공 이천하평(이니라)

시경 주송(周頌) 열문편(烈文篇)에 있다.「천자의 드러나지 않는 덕을 모든 임금, 즉 제후들이 본받고 따른다.」그러므로 천자가 독실하고 공경하고 <덕을 드러내 보이지 않아도> 천하가 평화롭게 다스려진다.

▶ 어구 설명

· 百辟其刑之(백벽기형지) : 모든 임금, 즉 제후들이 본받고 따른다.「벽(辟)」은 지방을 다스리는 제후, 임금.「형(刑)」은「본으로 삼는다, 법도로 삼는다」는 뜻.

· 君子篤恭 而天下平(군자독공 이천하평) : 천자가 독실하고 공경하고 <덕을 드러내 보이지 않아도> 천하가 평화롭게 다스려진다.

[集註 選譯] (1) 不顯說見二十六章 此借引以爲幽深玄遠之意 承上文 言天子有不顯之德 而諸侯法之 則其德愈深 而效愈遠矣 篤厚也 篤恭言不顯其敬也 篤恭而天下平 乃聖人至德淵微 自然之應 中庸之極

功也. : 「임금이 덕을 보이지 않음」에 대한 설명은 제26장에 있다. 여기서는 「불현(不顯)」을 인용해서, 「유심현원(幽深玄遠)」의 뜻으로 삼았다. 앞의 글을 이어받고, 천자가 「불현지덕(不顯之德)」을 가지고 있으면, <지방을 다스리는> 제후들도 법도로 삼고 모방하고, 따라서 그 덕이 더욱 깊고, 또 효험이 더욱 멀리까지 나타남을 말한 것이다. 「독(篤)」은 두텁다는 뜻이다. 「독공(篤恭)」은 「그 공경을 내보이지 않는다」는 뜻이다. 천자가 덕을 깊이 간직하고 내보이지 않아도 천하가 태평하게 됨은 곧 성인의 지극한 덕이 못같이 깊고 고요하고 은미(隱微)하고, 이에 천하가 자연히 응한 것이다. 그것이 곧 중용의 지극한 공이다.

제33장 6절

詩云 予懷明德 不大聲以色 子曰 聲色之於以化民末也 詩云 德輶如毛 毛猶有倫 上天之載 無聲無臭 至矣.

시운 여회명덕(의) 부대성이색(이라하야늘) 자왈 성색지어이화민(에) 말야(라하시니라) 시운 덕유여모(이라하니) 모유유륜(어니와) 상천지재 무성무취(아) 지의(니라)

시경 대아(大雅) 황의편(皇矣篇)에 있다. 「나는 그대의 명덕을 좋게 생각한다. 큰 소리를 내지 않고, 얼굴빛을 꾸미지 않기 때문이다.」 <이에 대해서> 공자가 말했다. 「성색(聲色)을 가지고 백성을 교화하는 것은 말단에 속한다. 시경에 덕은 가볍기가 터럭 같다고 했다. 터럭은 그래도 비교할 것이 있다. <그리고 또 시경의 말을 인용했다.> 하늘은 만물을 낳고 키우는 일을 하면서도, 소리도 없고 냄새도 없다. 이렇게 하는 것이 지극한 경지이다」

▶ **어구 설명**

· 予懷明德(여회명덕) : 원래는 상제(上帝)가 문왕(文王)에게 한 말이다. 「나는 그대의 명덕을 좋게 생각한다」는 뜻이다.
· 不大聲以色(부대성이색) : <그 이유는 문왕이> 「큰 소리를 내지 않고, 얼굴빛을 꾸미지 않기 때문이다.」 <상제가 문왕을 칭찬한 말이다.> 「성(聲)」은 「명령이나 호령을 크게 한다」는 뜻. 「색(色)」은 「여러 가지로 꾸미는 의식이나 의용(儀容) 등을 상징한 말이다.」
· 聲色之於以化民 末也(성색지어이화민 말야) : 성색(聲色)을 가지고 백성을 교화하는 것은 말단에 속한다.
· 詩云(시운) : 시경 대아(大雅) 증민편(烝民篇)의 시.
· 德輶如毛(덕유여모) : 덕은 가볍기가 터럭 같다.
· 毛猶有倫(모유유륜) : 터럭은 그래도 비교할 것이 있다.
· 上天之載 無聲無臭(상천지재 무성무취) : 「하늘이 만물을 낳고 키우는 일을 하지만, 하늘은 소리도 없고 냄새도 없다.」 <시경 대아 문왕편(文王篇)의 구절>
· 至矣(지의) : <이와 같은 경지가> 지극하고 최고다. <공자가 시를 인용하고 덧붙인 말이다.>

[集註 選譯] (1) 引之以明 上文 所謂不顯之德者 正以其不大聲與色也. : 이 시를 인용해서 앞의 글에서 말한 「불현지덕(不顯之德)」이 바로 음성과 안색을 크게 하지 않기 때문임을 밝힌 것이다.

(2) 又引孔子之言 以爲聲色 乃化民之末務 今但言不大之而已 則猶有聲色者存 是未足以形容不顯之妙. : 또 공자의 말을 인용해서, 성색(聲色)으로 백성을 교화하고 다스리는 것이 말단이라고 말했다. 그러나 <시경에서는> 다만 「성색」을 크게 하지 않았다고 <말했으니>, 「성색이 여전히 있음을」 <말한 것으로 그 경지는> 아직도, 「불현의 묘(不顯之妙)」의 경지를 형용하기에는 부족하다.

(3) 不若烝民之詩所言 德輶如毛 則庶乎可以形容矣 而又自以爲謂之毛 則猶有可比者 是亦未盡其妙 不若文王之詩所言 上天之載 無聲無臭 然後 乃爲不顯之至耳. : 증민편(烝民篇)의 시에서 말한 바에 미치지 못한다. 〈증민편의 시에서〉 덕의 가볍기가 털끝 같다고 했으니, 그만하면 거의 가깝게 형용했다고 할 수 있다. 그러나 그래도 역시 「털」이라고 하면, 역시 비길 물건이 있게 되며, 역시 「불현지덕」을 형용하기에는 충분하지 못하다. 〈그래서〉 차라리 문왕편(文王篇)에서 말한 구절, 「하늘의 하는 일은 소리도 없고 냄새도 없다」는 구절을 인용한 것이다. 이에 비로소 「불현지덕」의 지극함을 형용할 수 있게 된 것이다.

(4) 蓋聲臭 有氣無形 在物最爲微妙 而猶曰無之 故惟此可以 形容不顯篤恭之妙 非此德之外 又別有是三等 然後爲至也. : 허기는 소리나 냄새는 기(氣)만 있고, 형체는 없으며, 물질 중에서는 가장 미묘한 것이며, 역시 없다고 말할 수 있다. 그러므로 「성취(聲臭)」를 가지고 「불현독공지묘(不顯篤恭之妙)」를 형용할 수 있다. 그 덕 이외로 또 다른 세 등급이 있고, 〈그 등급을 거쳐야〉 그 다음에 지극한 경지에 이른다는 뜻이 아니다.

【참고 보충】「제1장과 제33장」

중용 「제1장 첫 구절」은 「천명지위성(天命之謂性)」이다.

마지막 장 「제33장 마지막 구절」은 「무성무취지의(無聲無臭至矣)」다.

「천명지위성(天命之謂性)」은 곧 「하늘이 절대 명령으로 내려준 본성 속에 주어진 천리이다」. 천리는 보이지 않는 형이상의 도리, 즉 「천도 천리」이며 「소리도 없고 냄새도 없다」.

중용 첫 장에서 말했다. 「본성 속에 주어진 천리를 따르는 것이

사람의 도리다.(率性之謂道)」「그 도리를 따르고 행하기 위해 사람은 저마다의 품격을 조절하는 것이 교육 교화다.(修道之謂敎)」「교육과 교화의 최종 목표는 천리를 따라 진정한 평화세계를 창건하는 것이다」.

그래서 공자는 말했다.「천자가 천리를 돈독하게 따르고 공경하면 평천하를 이룬다.(君子篤敬而天下平)」

결론을 내렸다.「무성무취한 천리를 따라 평천하하는 것이 최고다.(無聲無臭至矣)」「하나에서 시작하고, 만 가지로 퍼졌다가 다시 하나로 돌아오는 것이 천도(天道)다」.

그러므로 임금이나 군자도 다음같이 해야 한다.「군자의 길은 어두운 듯하지만 날로 빛난다.(君子之道 闇然而日章)」

【참고 보충】「독공이천하평(篤恭而天下平)」

중용의 마지막「제33장」을 간략하게 복습해보자.

1절 : 군자는 속에 총명하고 고명한 학식과 인덕(仁德)을 깊이 간직하고 있어도, 경솔하게 내보이지 않고, 더욱 자신의 학식과 인덕을 넓히고 높여야 한다.

2절 : 속에 깊이 숨어 있는 것 같은 마음은 결국은 밝게 나타나게 마련이다. 그러므로 군자는 자기 마음속을 항상 하늘이나 하늘의 도리와 하나되게 해야 한다.

3절 : 남이 안보고, 혼자 있을 때의 몸가짐이나, 남은 모르고 자기 혼자만이 아는 마음가짐에도, 항상 근신(謹愼)하고, 천리(天理)를 존양(存養)하고 아울러 사사로운 욕심을 경계하고 겁내야 한다. 즉 계구(戒懼)해야 한다. 그렇게 수양하면,「움직이지 않아도 사람들이 존경하고, 말하지 않아도 사람들이 믿는다.(不動而敬 不言而信)」

4절 : 제사를 지낼 때 정성을 다하면 신령이 감동하고 강림하듯이,

지성(至聖)과 지성(至誠)으로 천도를 따르고 행하면, 천하 만민이 감동하고 교화되어, 상을 주지 않아도 스스로 분발하고, 벌을 내리지 않아도 죄를 짓지 않게 된다.

5절 : 뿐만 아니다. 지방을 다스리는 모든 임금들도 따르고 행한다. 그러므로 천자가 「독경(篤敬)」하면, 참다운 평천하(平天下)가 이루어진다.

6절 : 천자가 성색(聲色), 즉 명령이나 법령 혹은 의식이나 제도를 가지고 백성을 교화하는 것은 말단에 속한다. 역시 「소리도 없고 냄새도 없는 하늘(上天之載 無聲無臭)」같이 「학식이나 인덕조차도 나타내지 않고 교화하는 경지」가 최고의 지극한 경지이다.

【참고 보충】「중용의 현대적 의의」

「중(中)과 용(庸)」의 뜻을 현대적으로 풀이하고 그 깊은 뜻을 알자.

「하늘의 도리가 중용의 도리다.」 우주 천지 자연 만물은 실제로 있으며, 저마다 도리를 따라 생육화성(生育化成)한다. 이와 같은 실존하는 만물을 창조하고, 또 생화(生化)하는 도리의 근원적 본체를 기독교에서는 「하느님, 하느님의 진리」, 유교에서는 「하늘, 하늘의 도리[天道]」라고 한다.

하늘은 자연 만물에게 저마다의 형상과 저마다의 본성과, 또 그 본성에 딱 맞는 도리를 내려주었다.

식물에는 식물의 본성과 도리를, 동물에게는 동물의 본성과 도리를, 인간에게는 인간의 본성과 도리를 내려주었다.

그 도리는 모든 사물에게 딱 맞는다. 치우치거나, 지나치거나, 모자라지도 않는다. 또 그 도리는 우주 천지 만물에 편재하고, 또 언제나 변하지 않고 항상 있고, 또 작용을 한다. 그것을 가리켜 「불편불의(不偏不倚) 무과불급(無過不及)」 및 「만물에 평등하게 있고, 또 항상 있다는 뜻」으로 「평상(平常)」이라고 한 것이다.

결국 중용은 「하늘의 도리가 만물의 본성 속에 딱 맞게 있고 작용한다」는 뜻이다.

만물의 영장인 사람은 중용에 맞게 살고, 또 사물을 처리하고 인류의 역사 문화 발전에 이바지해야 한다.

【참고 보충】「중용의 체(體)와 용(用)」

신안 진씨가 말했다. 「불편불의는 발하지 않은 중이고, 마음을 논한 것이며, 중의 체다. 무과불급은 때를 맞춘다는 중이고, 사물을 논한 것이고 중의 용이다.(新安陳氏曰 不偏不倚 未發之中 以心論者也 中之體也 無過不及 時中之中 以事論者也 中之用也)」<大全註疏>

사물에 내재하고 있는 도리나 법칙은 원래 보이지 않는다. 그것을 「발현하지 않은 중(未發之中)」이라고 한다. 그러나 도리나 법칙은 때와 장소와 경우에 맞게 발현한다. 그것을 「때에 맞게 나타나는 중(時中之中)」이라고 한다. 이상을 다음같이 도시할 수 있다.

중용지중(中庸之中) ┬ 미발지중(未發之中) ─ 체(體) ┐
　　　　　　　　　└ 시중지중(時中之中) ─ 용(用) ┘ 심(心)

보통사람들은 「미발지중(未發之中)」을 알지 못한다. 그러나 사물을 처리할 때에는 「하늘의 도리」에 맞게 해야 한다. 그래야 「시중지중(時中之中)」하게 된다.

【참고 보충】「중용 공부의 3단계」

경전의 공부는 다음과 같이 3단계를 포괄해야 한다. 그 예를 중용의 뜻풀이를 가지고 설명하겠다.

① 일반적 기본 의미 : 하늘의 절대선의 도리는 우주 천지 만물에

편재하고 만고에 변하지 않는다.

② 나의 인식과 수양 : 하늘의 절대선의 도리는 동서고금(東西古今) 모든 사람에게 주어져 있다. 나도 본성 속에 주어져 있으므로 수양하면 성인 군자가 될 수 있다.

③ 나의 사물 처리 : 나는 남과 함께 살고 또 모든 사물을 처리해야 한다. 그때 남들도 절대선의 하늘의 도리를 본성 속에 지니고 있으며, 또 모든 사물도 본성 속에 하늘의 도리가 주어져 있다. 그러므로 남을 대하거나 사물을 처리함에 있어, 나는 절대선의 도리를 기준하고 해야 한다.

이와 같은 세 가지 원칙을 바탕으로 「수기치인(修己治人)」해야 한다. 이를 대학에서는 「삼강팔조(三綱八條)」로 설명했다.

【참고 보충】「심법(心法)」

「심법」이란 「마음을 다스리는 법」이다. 주자는 말했다. 「마음은 몸의 주체다.(心者 身之主也)」 즉 마음을 주체로 하고 몸이 기능하고 활동한다. 착한 마음은 착한 행동으로 나타나고, 악한 마음은 악한 행동으로 나타난다.

또 주자는 말했다. 「마음은 성과 정을 통솔한다.(心統性情)」 즉 「마음이 본성 속에 내재하는 이(理)와 육신과 형기를 바탕으로 나타나는 정(情)을 통솔한다」는 뜻이다.

「정(情)」은 「인정, 정서, 감정」과 아울러 「사물에 나타나는 사정」을 포함한다. 덕성을 바탕으로 다스리면 덕치가 된다. 수심(獸心)을 바탕으로 하면 악덕정치가 된다.

사랑의 마음을 실천하면, 사랑의 세계를 건설한다. 욕심과 악덕한 감정을 바탕으로 하면 생지옥(生地獄)이 된다.

여기서 말하는 「심법」은 곧 「본성 속에 주어진 천리와 도덕성을 기준으로 하고 사랑의 세계를 창건하는 법이다」.

【참고 보충】「착한 마음과 악한 욕심」

사람은 이중적 존재다. 육신을 지닌 동물이면서 동시에 정신을 가진 영특한 영장(靈長)이다.

「동물적 존재로서의 인간」은 「동물적·본능적 욕구가 있다. 배고프면 먹고, 남녀가 어울려 자손을 생육(生育)하려는 본능이 있다.」 이를 인심(人心)이라고 한다. 인심도 하늘에 의해서 주어졌으므로 그 자체는 나쁘지 않다. 그러나, 인심은 「개별적·이기적·외형적·물질적·일시적·쾌락적 욕구 욕심」에 빠지기 쉽다. 그래서 「인심은 위태롭다(人心惟危)」라고 말한다.

한편 「영적(靈的)·정신적 존재로서의 인간」은 「천도천리(天道天理)를 깨닫고 윤리 도덕을 실천하는 도심(道心)」을 바탕으로 「인류대동의 평화세계를 창건할 도덕정치」를 할 수 있다.

사람의 마음은 하나다. 그 하나의 마음속에 「동물적 욕구와 관능적 쾌락을 채우려는 이기심」과 「천도천리를 따라 서로 사랑하고 함께 잘살려는 도덕심=인심(仁心)」이 공존한다.

수심(獸心)을 버리고 도심(道心)의 덕치를 해야 한다.

【참고 보충】「중용과 도통(道統)」

주자(朱子)는 「중용장구서(中庸章句序)」에서 자사(子思)가 중용을 저술한 목적은 「도통(道統)」을 전하기 위해서라고 말했다.

도통은 「요순(堯舜)」 같은 성제(聖帝)가 도심(道心)을 바탕으로 덕치를 한 전통을 말한다. 옛날의 순(舜) 임금은 우(禹)에게 「인간의 사사로운 욕심은 위태롭다. 하늘이 사람에게 내려준 도심(道心)은 은미(隱微)하지만 정성되고 한결같다. 그러므로 그 속마음을 잘 지키고 행해야 한다.(人心惟危 道心惟微 惟精惟一 允執厥中)」라고 했다.

「윤집궐중(允執厥中)」의 「중(中)」은 곧 「은미(隱微)하고 정성되고 또 한결(惟一) 같은 도심(道心)」이다.

하늘은 사람에게만 「도심」을 주었다. 「도심」은 곧 「천도천리」를 따르고 행하는 「도덕심」이다.

도덕심은 인간의 본성이자 도리를 따르려는 이성이기도 하다. 그래서 주자는 「성즉리(性卽理)」라고 했다.

사람도 동물이므로 「인심(人心)」이 없을 수 없다. 「인심」은 「형기지사(形氣之私)」에서 나온다. 그러나 동물적 욕구, 관능적 쾌락을 추구하는 욕심이 지나치거나 한쪽으로 쏠리면 덕치를 할 수 없다.

그래서 평천하(平天下)의 덕치를 하기 위해서는 「유미(惟微) 유정(惟精) 유일(惟一)」한 「도심」을 바탕으로 해야 한다. 그것이 곧 「윤집궐중(允執厥中)」이다.

「중(中)」은 곧 「절대선(絶對善)의 천리를 굳게 지키고 실천함이다」. 이를 「존천리 멸인욕(存天理 滅人欲)」이라고도 한다.

찾아보기 - 대학

ㄱ

가이인이불여조호(可以人而不如鳥乎) 37
가제이후(家齊而后) 국치(國治) 25
개인심지령(蓋人心之靈) 막불유지(莫不有知) 48
개자명야(皆自明也) 32
거이불능선(擧而不能先) 명야(命也) 94
견불선이불능퇴(見不善而不能退) 64
견현이불능거(見賢而不能擧) 94
고군자(故君子) 필성기의(必誠其意) 56
고군자(故君子) 필신기독야(必愼其獨也) 52, 54
고시천지명명(顧諟天之明命) 31
고지욕명명덕어천하자(古之欲明明德於天下者) 선치기국(先治其國) 23
고호이지기악(故好而知其惡) 62
교태(驕泰) 이실지(以失之) 95
구일신(苟日新) 33
국치이후(國治而后) 천하평(天下平) 25
군자(君子) 무소불용기극(無所不用其極) 35
군자(君子) 불출가이성교어국(不出家而成教於國) 66
군자선신호덕(君子先愼乎德) 83
군자유대도(君子有大道) 95
군자유제기이후(君子有諸己而後) 구제인(求諸人) 70
군자유혈구지도야(君子有絜矩之道也) 76
군자(君子) 현기현이친기친(賢其賢而親其親) 43
극명덕(克明德) 30
극명준덕(克明峻德) 32
기본(其本) 난이말치자(亂而末治者) 부의(否矣) 27

기소후자박(其所厚者薄) 이기소박자후(而其所薄者厚) 미지유야(未之有也) 27
기의불특(其儀不忒) 정시사국(正是四國) 74

ㄴ

낙지군자(樂只君子) 민지부모(民之父母) 80

ㄷ

대학지도(大學之道) 16
덕자본야(德者本也) 재자말야(財者末也) 84
도득중즉득국(道得衆則得國) 82
도선즉득지(道善則得之) 88
도성덕지선(道盛德至善) 민지불능망야(民之不能忘也) 41

ㅁ

막지기묘지석(莫知其苗之碩) 64
망인무이위보(亡人無以爲寶) 89
목목문왕(穆穆文王) 오즙희경지(於緝熙敬止) 38
무자기야(毋自欺也) 52
무제기이후(無諸己而後) 비제인(非諸人) 70
무타기(無他技) 기심(其心) 휴휴언(休休焉) 91
물격이후(物格而后) 지지(知至) 25
물유본말(物有本末) 21
미유부고재(未有府庫財) 비기재자야(非其財者也) 99
미유상호인(未有上好仁) 이하불호의자야(而下不好義者也) 99
미유학양자이후(未有學養子而后) 가자야(嫁者也) 67
미유호의(未有好義) 기사부종자야(其事不終者也) 99
민법지야(民法之也) 74
민지부모(民之父母) 80
민지소오(民之所惡) 오지(惡之) 80
민지소호(民之所好) 호지(好之) 80

ㅂ

방기천리(邦畿千里) 유민소지(惟民所止) 36
벽즉위천하륙의(辟則爲天下僇矣) 81
부윤옥(富潤屋) 덕윤신(德潤身) 56

불선즉실지의(不善則失之矣) 88
불이리위리(不以利爲利) 100, 102
불인자(不仁者) 이신발재(以身發財) 98

ㅅ

사유종시(事有終始) 21
상로로이민(上老老而民) 흥효(興孝) 76
상장장이민(上長長而民) 흥제(興弟) 76
상휼고이민(上恤孤而民) 불배(不倍) 76
생재유대도(生財有大道) 97
성기의자(誠其意者) 52
소오어상(所惡於上) 무이사하(毋以使下) 78
소오어우(所惡於右) 무이교어좌(毋以交於左) 78
소오어전(所惡於前) 무이선후(毋以先後) 78
소오어좌(所惡於左) 무이교어우(毋以交於右) 78
소오어하(所惡於下) 무이사상(毋以事上) 78
소오어후(所惡於後) 무이종전(毋以從前) 78
소인(小人) 낙기락이리기리(樂其樂而利其利) 43
소인지사위국가(小人之使爲國家) 재해병지(菑害竝至) 102
소인한거(小人閒居) 위불선(爲不善) 무소부지(無所不至) 54
소장호신불서(所藏乎身不恕) 이능유제인자(而能喩諸人者) 미지유야(未之有也) 70
수신위본(修身爲本) 26
수신이후제가(身修而后家齊) 25
수신(修身) 재정기심(在正其心) 59
시위불인지성(是謂拂人之性) 94
식이부지기미(食而不知其味) 60
신불수(身不修) 불가이제기가(不可以齊其家) 64
신수이후(身修而后) 가제(家齊) 25
신유소분치(身有所忿懥) 즉부득기정(則不得其正) 59
실중즉실국(失衆則失國) 82
심광체반(心廣體胖) 56
심부재언(心不在焉) 시이불견(視而不見) 60
심성구지(心誠求之) 수부중(雖不中) 불원의(不遠矣) 67
심정이후(心正而后) 신수(身修) 25

십목소시(十目所視) 십수소지(十手所指) 55

ㅇ

안이후(安而后) 능려(能慮) 19
어지지기소지(於止知其所止) 37
언패이출자(言悖而出者) 역패이입(亦悖而入) 87
여국인교(與國人交) 지어신(止於信) 38
여보적자(如保赤子) 67
여오악취(如惡惡臭) 여호호색(如好好色) 52
여이후(慮而后) 능득(能得) 19
여절여차(如切如磋) 여탁여마(如琢如磨) 40
여절여차자(如切如磋者) 도학야(道學也) 41
여탁여마자(如琢如磨者) 자수야(自修也) 41
오이지기미자(惡而知其美者) 천하선의(天下鮮矣) 62
오인지소호(惡人之所好) 94
외본내말(外本內末) 쟁민시탈(爭民施奪) 85
욕성기의자(欲誠其意者) 선치기지(先致其知) 23
욕수기신자(欲修其身者) 선정기심(先正其心) 23
욕정기심자(欲正其心者) 선성기의(先誠其意) 23
욕제기가자(欲齊其家者) 선수기신(先修其身) 23
욕치기국자(欲治其國者) 선제기가(先齊其家) 23
우일신(又日新) 33
위인군(爲人君) 지어인(止於仁) 38
위인부(爲人父) 지어자(止於慈) 38
위인신(爲人臣) 지어경(止於敬) 38
위인자(爲人子) 지어효(止於孝) 38
유덕차유인(有德此有人) 83
유명불우상(惟命不于常) 88
유선이위보(惟善以爲寶) 88
유인인(唯仁人) 위능애인(爲能愛人) 능오인(能惡人) 93
유인차유토(有人此有土) 83
유재차유용(有財此有用) 83
유토차유재(有土此有財) 83
은지미상사(殷之未喪師) 극배상제(克配上帝) 82
의감우은(儀監于殷) 82
의기가인이후(宜其家人而后) 가이교국인(可以教國人) 72

의성이후(意誠而后) 심정(心正) 25
의형의제이후(宜兄宜弟而后) 가이교국인(可以教國人) 73
이오심지전체대용(而吾心之全體大用) 무불명의(無不明矣) 49
이의위리야(以義爲利也) 100, 102
이천하지물(而天下之物) 막불유리(莫不有理) 48
인막지기자지악(人莫知其子之惡) 64
인자(仁者) 이재발신(以財發身) 98
인친이위보(仁親以爲寶) 89
일가양(一家讓) 일국흥양(一國興讓) 68
일가인(一家仁) 일국흥인(一國興仁) 68
일시개이수신위본(壹是皆以修身爲本) 26
일언분사(一言僨事) 일인정국(一人定國) 68
일인탐려(一人貪戾) 일국작란(一國作亂) 68
일일신(日日新) 33

ㅈ

자자(慈者) 소이사중야(所以使衆也) 66
작신민(作新民) 34
재명명덕(在明明德) 16
재산즉민취(財散則民聚) 86
재지어지선(在止於至善) 16
재취즉민산(財聚則民散) 86
재친민(在親民) 16
재필체부신(菑必逮夫身) 94
정이후(靜而后) 능안(能安) 19
정이후(定而后) 능정(能靜) 19
제기가(齊其家) 재수기신자(在修其身者) 62
제자(弟者) 소이사장야(所以事長也) 66
주수구방(周雖舊邦) 기명유신(其命維新) 34
준명불이(峻命不易) 82
지소선후(知所先後) 즉근도의(則近道矣) 21
지지이후(知止而后) 유정(有定) 19
지지이후(知至而后) 의성(意誠) 25

ㅊ

차위격물(此謂物格) 50
차위성어중형어외(此謂誠於中形於外) 54

차위수신(此謂修身) 재정기심(在正其心) 61
차위신불수(此謂身不修) 불가이제기가(不可以齊其家) 64
차위지본(此謂知本) 45
차위지지지야(此謂知之至也) 50
차지위자겸(此之謂自謙) 52
청송(聽訟) 오유인야(吾猶人也) 45
청이불문(聽而不聞) 60
초국무이위보(楚國無以爲寶) 88
치국(治國) 재제기가(在齊其家) 72, 74
치국(治國) 필선제기가자(必先齊其家者) 66
치지재격물(致知在格物) 23, 47

ㅌ

퇴이불능원(退而不能遠) 과야(過也) 94

ㅍ

평천하(平天下) 재치기국자(在治其國者) 76
필야사무송호(必也使無訟乎) 45
필충신이득지(必忠信以得之) 95

ㅎ

혈구지도(絜矩之道) 76, 78
호인지소오(好人之所惡) 94
화패이입자(貨悖而入者) 역패이출(亦悖而出) 87
효자(孝者) 소이사군야(所以事君也) 66

찾아보기 - 중용

ㄱ

가리(可離) 비도야(非道也) 129
가여입덕의(可與入德矣) 332
거동궤(車同軌) 303
거상불교(居上不驕) 위하불배(爲下不倍) 298
건제천지이불패(建諸天地而不悖) 311
경대신야(敬大臣也) 233
경대신즉불현(敬大臣則不眩) 236
경자(傾者) 복지(覆之) 197
고명배천(高明配天) 283
고명(高明) 소이복물야(所以覆物也) 281
고시조지의야(故時措之宜也) 276
고왈배천(故曰配天) 325
고제삼왕이불류(考諸三王而不謬) 311
곡능유성(曲能有誠) 267
곤제야(昆弟也) 224
공구호(恐懼乎) 기소불문(其所不聞) 129
관성임사(官盛任使) 소이권대신야(所以勸大臣也) 239
관유이교(寬柔以敎) 불보무도(不報無道) 157
구미능일언(丘未能一焉) 176
구부지덕(苟不至德) 지도불응언(至道不凝焉) 295
구즉징(久則徵) 280
국가장망(國家將亡) 필유요얼(必有妖孼) 270
국가장흥(國家將興) 필유정상(必有禎祥) 270
국무도(國無道) 기묵족이용(其默足以容) 298
국무도(國無道) 지사불변(至死不變) 강재교(强哉矯) 159
국유도(國有道) 기언족이흥(其言足以興) 298
국유도(國有道) 불변색언(不變塞

焉) 강재교(强哉矯) 159
군신야(君臣也) 224
군자거이이사명(君子居易以俟命) 183
군자거지(君子居之) 157
군자계신호(君子戒愼乎) 기소부도(其所不睹) 129
군자(君子) 내성불구(內省不疚) 무오어지(無惡於志) 334
군자독공(君子篤恭) 이천하평(而天下平) 338
군자동이세위천하도(君子動而世爲天下道) 313
군자무입(君子無入) 이부자득언(而不自得焉) 181
군자부동이경(君子不動而敬) 불언이신(不言而信) 336
군자성지위귀(君子誠之爲貴) 275
군자소기위이행(君子素其位而行) 불원호기외(不願乎其外) 180
군자(君子) 신기독야(愼其獨也) 130
군자이시중(君子而時中) 137
군자중용(君子中庸) 136
군자지도(君子之道) 170, 185, 332
군자지도(君子之道) 비이은(費而隱) 166
군자지도사(君子之道四) 176
군자지도(君子之道) 암연이일장(闇然而日章) 332
군자지소불가급자(君子之所不可及者) 334
군자지중용야(君子之中庸也) 137
군자호부조조이(君子胡不慥慥爾) 176
귀신지위덕(鬼神之爲德) 기성의호(其盛矣乎) 188
극고명이도중용(極高明而道中庸) 296
급기성공(及其成功) 일야(一也) 227
급기지야(及其至也) 찰호천지(察乎天地) 170
급기지지(及其知之) 일야(一也) 227
기과과의호(其寡過矣乎) 309
기명차철(旣明且哲) 이보기신(以保其身) 298
기사이위순호(其斯以爲舜乎) 146
기위물불이(其爲物不貳) 285
기유인지(其唯人之) 소불견호(所不見乎) 334
기인무(其人亡) 즉기정식(則其政息) 217

기인존(其人存) 즉기정거(則其政擧) 217

ㄴ

내백공야(來百工也) 233

ㄷ

달천덕자(達天德者) 기숙능지지(其孰能知之) 330
담이불염(淡而不厭) 간이문(簡而文) 332
대기인(待其人) 이후행(而後行) 295
대덕(大德) 196
대덕자(大德者) 필수명(必受命) 198
덕위성인(德爲聖人) 존위천자(尊爲天子) 195
덕유여모(德輶如毛) 339
도기불행의부(道其不行矣夫) 145
도병행이불상패(道竝行而不相悖) 318
도불원인(道不遠人) 172
도야자(道也者) 불가수유리야(不可須臾離也) 129
도전정즉불궁(道前定則不窮) 245
도지불명야(道之不明也) 아지지의(我知之矣) 142
도지불행야(道之不行也) 아지지의(我知之矣) 142
독행지(篤行之) 254
돈후이숭례(敦厚以崇禮) 296
동즉변(動則變) 변즉화(變則化) 267
둔세불현지(遯世不見知) 이불회(而不悔) 164
득일선즉권권복응(得一善則拳拳服膺) 152

ㅁ

막현호미(莫顯乎微) 막현호은(莫見乎隱) 130
만물병육(萬物竝育) 이불상해(而不相害) 318
명변지(明辨之) 254
명즉성의(明則誠矣) 259
무왕주공(武王周公) 기달효의호(其達孝矣乎) 207
무위이성(無爲而成) 284
문지(問之) 불지(弗知) 불조야(弗措也) 255

민불가득이치의(民不可得而治矣) 247
민선능구의(民鮮能久矣) 140

ㅂ

박학지(博學之) 254
박후배지(博厚配地) 283
박후(博厚) 소이재물야(所以載物也) 281
반고지도(反古之道) 301
반구제기신(反求諸其身) 183
반제신불성(反諸身不誠) 불순호친의(不順乎親矣) 247
발이개중절(發而皆中節) 위지화(謂之和) 132
백세이사성인이불혹(百世以俟聖人而不惑) 311, 313
벌가벌가(伐柯伐柯) 기칙불원(其則不遠) 173
범사(凡事) 예즉립(豫則立) 245
범위천하국가(凡爲天下國家) 유구경(有九經) 233, 244
범유혈기자(凡有血氣者) 막부존친(莫不尊親) 325
변지(辨之) 불명(弗明) 불조야(弗措也) 255
보박여천(溥博如天) 324
보박연천(溥博淵泉) 이시출지(而時出之) 323
보우명지(保佑命之) 자천신지(自天申之) 197
본제신(本諸身) 징제서민(徵諸庶民) 311
부대성이색(不大聲以色) 339
부동이변(不動而變) 284
부모(父母) 기순의호(其順矣乎) 166
부모지상(父母之喪) 무귀천일야(無貴賤一也) 204
부부지불초(夫婦之不肖) 가이능행언(可以能行焉) 167
부부지우(夫婦之愚) 가이여지언(可以與知焉) 167
부자야(父子也) 224
부정야자(夫政也者) 포로야(蒲盧也) 218
부제도(不制度) 불고문(不考文) 303
불가이불수신(不可以不修身) 221
불감작례악언(不敢作禮樂焉) 304
불노이민위어부월(不怒而民威於鈇鉞) 337
불명호선(不明乎善) 불성호신의

(不誠乎身矣) 247
불사이득(不思而得) 종용중도(從容中道) 250
불상이민권(不賞而民勸) 337
불선필선지지(不善必先知之) 270
불성무물(不誠無物) 275
불식즉구(不息則久) 280
불예즉폐(不豫則廢) 245
불현유덕(不顯惟德) 백벽기형지(百辟其刑之) 338
불현이장(不見而章) 284
붕우지교야(朋友之交也) 224
비례부동(非禮不動) 소이수신야(所以修身也) 238
비여등고(辟如登高) 필자비(必自卑) 185
비여행원(辟如行遠) 필자이(必自邇) 185
비천자(非天子) 불의례(不議禮) 303

ㅅ

사망여사존(事亡如事存) 212
사사여사생(事死如事生) 212
사사친(思事親) 불가이부지인(不可以不知人) 221
사수신(思修身) 불가이불사친(不可以不事親) 221
사유사호군자(射有似乎君子) 183
사전정즉불곤(事前定則不困) 245
사지(思之) 불득(弗得) 불조야(弗措也) 255
사지인(思知人) 불가이부지천(不可以不知天) 221
삼년지상(三年之喪) 달호천자(達乎天子) 204
상률천시(上律天時) 하습수토(下襲水土) 316
상불원천(上不怨天) 하불우인(下不尤人) 182
상언자(上焉者) 수선무징(雖善無徵) 310
상재이실(相在爾室) 상불괴우옥루(尙不愧于屋漏) 336
상천지재(上天之載) 무성무취(無聲無臭) 339
서기숙야(庶幾夙夜) 이영종예(以永終譽) 314
서동문(書同文) 303
선계인지지(善繼人之志) 208
선술인지사자야(善述人之事者也) 208
성기(成己) 인야(仁也) 276

성물(成物) 지야(知也) 276
성색지어이화민말야(聲色之於以化民末也) 339
성신유도(誠身有道) 247
성자물지종시(誠者物之終始) 275
성자(誠者) 불면이중(不勉而中) 250
성자(誠者) 비자성기이이야(非自成己而已也) 276
성자자성야(誠者自成也) 274
성자(誠者) 천지도야(天之道也) 250
성즉명의(誠則明矣) 259
성즉형(誠則形) 형즉저(形則著) 267
성지덕야(性之德也) 합내외지도야(合內外之道也) 276
성지불가엄(誠之不可揜) 192
성지자(誠之者) 인지도야(人之道也) 250
성지자(誠之者) 택선이고집지자야(擇善而固執之者也) 250
소덕천류(小德川流) 대덕돈화(大德敦化) 318
소부귀(素富貴) 행호부귀(行乎富貴) 181
소빈천(素貧賤) 행호빈천(行乎貧賤) 181
소은행괴(素隱行怪) 162
소이변귀천야(所以辨貴賤也) 209
소이변현야(所以辨賢也) 209
소이서소목야(所以序昭穆也) 209
소이서치야(所以序齒也) 209
소이성물야(所以成物也) 276
소이적(素夷狄) 행호이적(行乎夷狄) 181
소이행지자삼(所以行之者三) 224
소이행지자일야(所以行之者一也) 224, 244
소인반중용(小人反中庸) 136, 137
소인이무기탄야(小人而無忌憚也) 137
소인지도(小人之道) 적연이일망(的然而日亡) 332
소인행험이요행(小人行險以徼幸) 183
소환난(素患難) 행호환난(行乎患難) 181
솔성지위도(率性之謂道) 126
수도이인(修道以仁) 219
수도지위교(修道之謂教) 126
수성인(雖聖人) 역유소부지언(亦有所不知焉) 167
수성인(雖聖人) 역유소불능언(亦有

所不能焉) 167
수신야(修身也) 233
수신이도(修身以道) 219
수신즉도립(修身則道立) 236
수우필명(雖愚必明) 수유필강(雖柔必强) 256
수유기덕(雖有其德) 구무기위(苟無其位) 304
수유기위(雖有其位) 구무기덕(苟無其德) 304
순기대지야여(舜其大知也與) 146
순기대효야여(舜其大孝也與) 195
순호문(舜好問) 146
순호친(順乎親) 유도(有道) 247
시사박렴(時使薄斂) 240
시제기이불원(施諸己而不願) 역물시어인(亦勿施於人) 175
신가역사(矧可射思) 191
신사지(愼思之) 254
신지격사(神之格思) 불가탁사(不可度思) 191
신호붕우(信乎朋友) 유도(有道) 247
심문지(審問之) 254

ㅇ

어대(語大) 천하막능재언(天下莫能載焉) 167
어소(語小) 천하막능파언(天下莫能破焉) 167
언고행(言顧行) 행고언(行顧言) 176
언이민막불신(言而民莫不信) 324
언이세위천하칙(言而世爲天下則) 313
언전정즉불겁(言前定則不跲) 245
여회명덕(予懷明德) 339
역불감작례악언(亦不敢作禮樂焉) 304
역행근호인(力行近乎仁) 230
연천여연(淵泉如淵) 324
예소생야(禮所生也) 220
예의삼백(禮儀三百) 294
예이시지(睨而視之) 유이위원(猶以爲遠) 173
오기문지저야(惡其文之著也) 332
오불능이의(吾弗能已矣) 163
오불위지의(吾弗爲之矣) 162
온고이지신(溫故而知新) 296
온이리(溫而理) 지원지근(知遠之近) 332
왕천하(王天下) 유삼중언(有三重焉) 309

용기중어민(用其中於民) 146
용덕지행(庸德之行) 용언지근(庸言之謹) 176
우이호자용(愚而好自用) 301
원지즉유망(遠之則有望) 근지즉불염(近之則不厭) 313
위능경륜천하지대경(爲能經綸天下之大經) 327
위능진기성(爲能盡其性) 263
위의삼천(威儀三千) 294
위정재인(爲政在人) 취인이신(取人以身) 219
유구무강(悠久無疆) 283
유구(悠久) 소이성물야(所以成物也) 281
유불문(有弗問) 255
유불변(有弗辨) 255
유불사(有弗思) 255
유불학(有弗學) 255
유불행(有弗行) 255
유성자능지(唯聖者能之) 164
유소부족(有所不足) 불감불면(不敢不勉) 176
유여(有餘) 불감진(不敢盡) 176
유원인야(柔遠人也) 233
유천지명(維天之命) 오목불이(於穆不已) 291
유천하지성(唯天下至誠) 위능화(爲能化) 267
은악이양선(隱惡而揚善) 146
의금상경(衣錦尙絅) 332
의이실가(宜爾室家) 낙이처노(樂爾妻帑) 186
의자의야(義者宜也) 220
의호중용(依乎中庸) 164
이도자도야(而道自道也) 274
이불능기월수야(而不能期月守也) 149
이인치인(以人治人) 개이지(改而止) 173
인개왈(人皆曰) 여지(予知) 149
인도민정(人道敏政) 218
인십능지(人十能之) 기천지(己千之) 255
인일능지(人一能之) 기백지(己百之) 255
인자인야(仁者人也) 220
인지위도(人之爲道) 이원인(而遠人) 불가이위도(不可以爲道) 172
일성월시(日省月試) 희름칭사(旣稟稱事) 240
입천하지대본(立天下之大本) 327

ㅈ

자로문강(子路問强) 156
자명성(自明誠) 위지교(謂之教) 259
자서민야(子庶民也) 233
자성명(自誠明) 위지성(謂之性) 259
잠수복의(潛雖伏矣) 역공지소(亦孔之昭) 334
재급기신자야(烖及其身者也) 301
재상위(在上位) 불릉하(不陵下) 182
재자(栽者) 배지(培之) 197
재피무오(在彼無惡) 재차무역(在此無射) 314
재하위(在下位) 불원상(不援上) 182
재하위(在下位) 불획호상(不獲乎上) 247
저즉명(著則明) 명즉동(明則動) 267
정기(正己) 이불구어인(而不求於人) 즉무원(則無怨) 182
조단호부부(造端乎夫婦) 170
족이유경야(足以有敬也) 322
족이유림야(足以有臨也) 322
족이유별야(足以有別也) 322
족이유용야(足以有容也) 322
족이유집야(足以有執也) 322
존덕성이도문학(尊德性而道問學) 296
존현야(尊賢也) 233
존현위대(尊賢爲大) 220
존현즉불혹(尊賢則不惑) 236
존현지등(尊賢之等) 220
주격무언(奏假無言) 시미유쟁(時靡有爭) 337
준도이행(遵道而行) 반도이폐(半塗而廢) 163
중립이불의(中立而不倚) 강재교(强哉矯) 159
중야자(中也者) 천하지대본야(天下之大本也) 132
중용기지의호(中庸其至矣乎) 140
중용불가능야(中庸不可能也) 154
즉가이여천지참의(則可以與天地參矣) 263
즉가이찬천지지화육(則可以贊天地之化育) 263
즉능진물지성(則能盡物之性) 263
즉능진인지성(則能盡人之性) 263
즉지소이수신(則知所以修身) 231
즉지소이치인(則知所以治人) 231

즉지소이치천하국가의(則知所以治天下國家矣) 231
지도민수(地道敏樹) 218
지성무식(至誠無息) 279
지성여신(至誠如神) 270
지성지도(至誠之道) 가이전지(可以前知) 270
지소이수신(知所以修身) 231
지소이치인(知所以治人) 231
지인야(知人也) 313
지인용(知仁勇) 224
지자과지(知者過之) 우자불급야(愚者不及也) 142
지천야(知天也) 313
지천지지화육(知天地之化育) 327
지치근호용(知恥近乎勇) 230
지풍지자(知風之自) 지미지현(知微之顯) 332
질제귀신이무의(質諸鬼神而無疑) 311, 313
집가이벌가(執柯以伐柯) 173
집기량단(執其兩端) 146
징즉유원(徵則悠遠) 280

ㅊ

천명지위성(天命之謂性) 126
천이호자전(賤而好自專) 301
천지소이위천야(天之所以爲天也) 291
천지위언(天地位焉) 만물육언(萬物育焉) 133
천지지대야(天地之大也) 167
천지지도(天地之道) 가일언이진야(可一言而盡也) 285
천지지소이위대야(天地之所以爲大也) 318
천하국가가균야(天下國家可均也) 154
천하지달덕야(天下之達德也) 224
천하지달도야(天下之達道也) 224
천하지달도오(天下之達道五) 224
청지이불문(聽之而弗聞) 189
체군신야(體群臣也) 233
체물이불가유(體物而不可遺) 189
충서(忠恕) 위도불원(違道不遠) 175
충신중록(忠信重祿) 소이권사야(所以勸士也) 239
치광대이진정미(致廣大而盡精微) 296
치국기여시제장호(治國其如示諸掌乎) 213
치중화(致中和) 133

친친야(親親也) 233
친친위대(親親爲大) 220
친친즉제부곤제불원(親親則諸父昆弟不怨) 236
친친지쇄(親親之殺) 220

ㅌ

택호중용(擇乎中庸) 149, 152

ㅍ

필득기명(必得其名) 필득기수(必得其壽) 196
필득기위(必得其位) 필득기록(必得其祿) 196
필인기재(必因其材) 이독언(而篤焉) 197

ㅎ

하언자(下焉者) 수선부존(雖善不尊) 310
학지(學之) 불능(弗能) 불조야(弗措也) 255
행동륜(行同倫) 303
행이민막불열(行而民莫不說) 324
행이세위천하법(行而世爲天下法) 313
행전정즉불구(行前定則不疚) 245
행지(行之) 불독(弗篤) 불조야(弗措也) 255
헌헌령덕(憲憲令德) 의민의인(宜民宜人) 197
현이민막불경(見而民莫不敬) 324
현자과지(賢者過之) 불초자불급야(不肖者不及也) 142
호학근호지(好學近乎知) 230
혹곤이지지(或困而知之) 227
혹리이행지(或利而行之) 227
혹면강이행지(或勉强而行之) 227
혹생이지지(或生而知之) 227
혹안이행지(或安而行之) 227
혹학이지지(或學而知之) 227
화복장지(禍福將至) 선(善) 필선지지(必先知之) 270
화야자(和也者) 천하지달도야(天下之達道也) 132
화이불류(和而不流) 강재교(强哉矯) 159
회제후야(懷諸侯也) 233
회제후즉천하외지(懷諸侯則天下畏之) 236
회지위인야(回之爲人也) 152

획호상(獲乎上) 유도(有道) 247
효지지야(孝之至也) 212
희노애락지미발(喜怒哀樂之未發) 위지중(謂之中) 132

대학 중용의 명언 명구

초판 인쇄 – 2013년 6월 20일
초판 발행 – 2013년 6월 25일

編　著 – 張 基 槿
발행인 – 金 東 求
발행처 – 명 문 당(창립 1923년 10월 1일)
서울특별시 종로구 안국동 17-8
우체국 010579-01-000682
전 화 (02) 733-3039, 734-4798
FAX (02) 734-9209
Homepage www.myunmundang.net
E-mail mmdbook1@kornet.net
등록 1977.11.19. 제1-148호

■

* 낙장 및 파본은 교환해 드립니다.

* 정가 15,000원
ISBN 978-89-7270-461-4 93140

新選明文東洋古典大系(신선명문동양고전대계)

❶ 改訂增補版 新譯 李太白(이태백)

장기근 譯著 | 신국판 값 12,000원 | 4×6배판 값 17,000원

❷ 改訂增補版 新譯 陶淵明(도연명)

장기근 譯著 | 신국판 값 12,000원 | 4×6배판 값 17,000원

❸ 改訂增補版 新譯 白樂天(백낙천)

장기근 譯著 | 신국판 값 12,000원 | 4×6배판 값 17,000원

❹ 改訂增補版 新譯 杜　甫(두보)

장기근 譯著 | 신국판 값 12,000원 | 4×6배판 값 17,000원

❺ 改訂增補版 新譯 屈　原(굴원)

장기근 · 하정옥 譯著 | 신국판 값 12,000원 | 4×6배판 근간

중국을 대표하는 시인들로써
각 시(詩)의 내용을 자세히 풀이한 책!!